旧上海见闻录

开乐凯◎著

王跃如◎译

中国文史出版社

图书在版编目（CIP）数据

旧上海见闻录／（英）开乐凯原著；王跃如译. --
北京：中国文史出版社，2020.12
　（近代世界对华印象）
ISBN 978 - 7 - 5205 - 2853 - 5

Ⅰ.①旧… Ⅱ.①开… ②王… Ⅲ.①中国历史 - 近
代史 - 史料 Ⅳ.①K250.6

中国版本图书馆 CIP 数据核字（2020）第 253267 号

责任编辑：李军政

出版发行 **中国文史出版社**

社　　址：北京市海淀区西八里庄路 69 号　　　邮编：100142

电　　话：010 - 81136606　81136602　81136603　81136605（发行部）

传　　真：010 - 81136655

印　　装：廊坊市海涛印刷有限公司

经　　销：全国新华书店

开　　本：710×1020　1/16

印　　张：17

字　　数：180 千字

版　　次：2021 年 2 月北京第 1 版

印　　次：2021 年 2 月第 1 次印刷

定　　价：58.00 元

出版说明

1840 年，鸦片战争打开了中国闭关锁国的大门，大量外国人来华，或居住，或经商，或考察，或传教，或工作。他们中的很多人记录下了在华的经历和所见所闻所感。

翻阅这些浸染着岁月沧桑的文字，我们可以看到从一个别样的视角描述的中华辽阔的大地、壮美的山河、悠久的历史，当然，还有贫穷落后的社会和苦难深重的人民。我们选择其中"亲历、亲见、亲闻"性的文字及历史图片资料，比如裴丽珠女士的《北京纪胜》、利特尔先生的考察记《穿越扬子江峡谷》、乔斯林勋爵的《随军六月记》等等，编辑本丛书，以期为了解、研究近代中国提供助力。

这些异域的作者，由于不同的文化背景与生活背景，在给我们带来观察、审视近代中国别样角度的同时，也或多或少失之因缺乏对中国社会历史文化的深刻了解而产生误会与误读，甚至是偏见。虽然，本丛书重在采择"亲历、亲见、亲闻"的叙述性文字，对整章整节等大量议论、评价类文字进行了删节，但作者的观点和情感常常是渗透在文章的字里行间的，请读者在阅读过程中予以注意。

此外，有些作品中的地名、人名是作者根据当地百姓的口语发音记录下来的，时至今日已不可考，所以在翻译过程中只能根据语音翻译，特此说明。

编者
2018 年 8 月

前　言

　　这些信笔写就的见闻，大部分断断续续地刊发在《文汇报》上，还有一些则已经出版成书。今天，毫无删节地将其再次付梓，就是希望它们还有一些参考价值，或者能为广大对远东地区的民众及其风土人情感兴趣的讲英语的读者，提供一些消遣。这些文章不会故弄玄虚地探讨什么深奥的政治或科学问题，而是撷取大家在日常生活中司空见惯的事情，以上海为缩影，呈现出中国人的群体肖像。人们会说，中国人是多面的，毫无疑问中国问题也是多面的，但我们不打算就此深究下去。不管怎么说，中国的个体，如果不是多面的，那么尽可以像欧洲人一样用"棱角分明"来形容他们；要想很好地理解他们，需要从很多维度去刻画。那些通过条约才开埠通商的港口就是一扇扇窗户，那里普通居民的生活也最能勾勒出他们真实的世界。尽管"天朝上国"是中国人极其喜欢的称谓，然而对于普通的欧洲民众来说，从心底里得出这样的看法绝非易事。虽然柳树纹样依然是我们对中国呼之欲出的意象，但是，当欧洲人把话题集中到中国人身上的时候，脑海中十之八九都会浮现出这样的形象：脸若满月，目光从不直视对方，长长的辫子和宝塔形状的帽子；漂亮的女士们穿着款式奇特的长裙，脚踝处装饰着大大的花边，裙子上还绣着一个光头赤脚、金鸡独立站在池塘荷花丛中钓鱼的小男孩。这些都构成了中国人与我们不一样的形象。中国人身处的环境也与众不同：一两座玲珑宝塔立于山巅，三四座形态各异的桥梁横跨在纵横交错的水道上，高大的树上挂着罕见的水果。

然而，对于居住在那里的外国人来说，哪怕只要短短几个月的时间，就会发现中国人一如普通欧洲大众。他们的举止教条呆板，书生气十足，只要是严肃的场合，他们就会遵循一套程式化的刻板礼仪。但在日常生活中，他们又非常随性。

在此，我们并不打算深入探究，我们的观点本质上还是一种外在的结论。我们对中国人各方面的看法尚处于远距离的视角，太多的细节被隐藏在东方人惯有的思维迷雾当中。

作为局外的"观察者"，上海为我们了解中国提供了诸多便利，我们希望读者能从阅读中感到愉悦，或许还能得到一些认识和考察中国的指南。上海真是展示中国再合适不过的地方了，那里不仅是渴望发财的商人在远东的度假胜地，而且简直就是大清帝国之中涂金的伊甸园。自由的体制，无尽的快乐，会让那些身处办公室或者商海中饱受尔虞我诈之苦的人们从中获得解脱。

在上海，我们能见到自命不凡、头脑灵光的广东人，他们将中国人的性格诠释得淋漓尽致。在这个度假的天堂还有许多性格坚毅的福建人，他们作为来自海峡两岸和其他地方的移民，许多方面值得人们尊敬。还可以看到大量棱角分明的浙江人，他们大多来自宁波或者舟山，在生意上谨小慎微，简直就是中国的苏格兰人。我们也能见到人数庞大的山西人，他们爱钱也会挣钱，充满进取心，是天生的金融家，常常被人们称为"中国的犹太人"。这里也有来自长江流域的湖南居民，他们自认为承载着中国的精神，曾经英勇地把大清帝国从太平天国叛乱中拯救出来，现在，他们以爱国者自居，发誓要驱逐那些令人憎恨的外国人。天津和北方的商人也来到这里，他们身材健硕，怡然自得地过着自己的生活，很少为南方同胞那些"时刻准备交易，时刻准备竞争"的问题而感到烦恼，并且他们出手阔绰，比南方同胞更加慷慨大方。

尽管各个省份之间存在着如此显著的差异，然而，中国人作为一个民族却惊人地同质。共同的政府，共同的语言，共同的宗教，共同的服饰，他们是家国同构的共同体。从临近越南的山野村社到塞北大漠的蒙古部落，都齐心协力地融合为一个民族。人们有着相同的思维模式，有着相同的社会荣誉感和民族愿景。尽管方言存在着发音上的差异，但全国却只有一个语言文字体系。在北方人听来上海人说话简直就是鸟语，但因为有共同的文字，沟通并非难事，故而中国人形成了彼此紧密联系的纽带，外来的因素很难对其产生重大的影响。所有的中国人都倾向于认为自己属于一个特立独行、与众不同的民族，这一点无论是上海还是其他地区的中国人概莫能外。因此，他们在异地同质这一点上胜过其他任何国家。没有任何一个身处美国的爱尔兰人，会非常清楚地知道怎样实现这种复杂的融合。这样的情形客观上造就了中国人性格的优缺点，其优点在于一旦出现利益分歧，中国人非常容易形成统一的意志；而其缺点则是当他们与异族在一起生活时，常常因为不合群而招致或多或少的敌意。

有时候，我为是否应当把所见所闻都记录下来而颇费踌躇。毕竟，和中国人在一起相处还算融洽，即便有什么问题，解决得也很妥当。当然，在共同生活的租界里，我们也只能通过相互让步来化解矛盾。我们的许多风俗习惯，中国朋友都很喜欢。这是因为他们的民族文化中具有一种宽容的心态，所以对于其他民族的风俗习惯，自然而然地体现出了兼容并包的态度。比如，我们喜欢下午出去透透气，他们也会欣然同往；又比如，我们穿上风格迥异的运动装，他们也喜欢尝试。他们会温文尔雅且兴趣盎然地观看我们的赛马会，也会对我们的志愿兵投去赞许和欣赏的目光；当我们的乐队演奏甜美的音乐时，他们或许会对为什么洋人喜欢巴松管而不是好听洪亮的铜锣而感到纳闷，但他们宁肯笑而不语，也不愿去轻蔑地质疑。他们使用我们的煤气炉，欣赏我们的自来水系统，只要不断地提升其技术，他们终将也会用上令其赞叹不已的电灯。虽然，即便煤气再好，他们也不会完全引进到自己的生活中。外国租界的社会生活和治安管理，比任何一个中国城镇的都要更加完善，在外国人看来，这里所有的举措都足以大幅度地提升他们目前的生活状况，但中国人却始终不以为然。在他们的认知里，这些都不过是转瞬即逝的幻象，就如同一切经不起时间考验的东西一样，来也匆匆，去也匆匆。

当罗马帝国在屋大维的统治下创造光辉岁月的时候，中国的封建王朝已经有将近 200 百年的历史了。诚然，社会动荡不安、朝代不断更迭，但自从伟大的秦始皇建立了大一统的帝国以后，中国就基本保留着她最本质的样貌，从未改变。在中国，没有上演过欧洲的黑暗时代，而且至今也没有经历过像罗马那样从共和制到君主制的政体转化。即便目前在与欧洲短暂的交往后，中国已经发生了许多变化，我们还是很难判断这样的变化是否会有长久的影响力。据我们所知，葡萄牙人是第一批来中国的开拓者，但是现在却像一个领着养老金的老人，无所事事地蜷缩在澳门这块小小殖民地上，当年与他们争夺新大陆的荷兰人实际上已经从这里消失了。曾经在中国水域高高飘扬的美国国旗，如今也已经不知遗失在了哪里。哪怕是曾经在 1842 年横冲直撞的大英帝国，今日也已经屈居世界第二。所以，现在成为热门话题的汽船、铁路、电报和电灯，会不会也只是昙花一现？谁能保证再过半个世纪它们还会继续存在呢？

人们常说中国人不懂时间的价值，从某种角度来说这话有几分道理，但它就像所有的经验之谈一样，常常建立在大量错误信息的基础之上。中国人非常懂"寸金难买寸光阴"的道理，而且，对一个利益至上的国家而言，他们自然明白拖延时间所带来的恶果。但是，在当今这个电气化的时代，他们的精神压力从来没有像欧洲人，特别是美国人那么大。他们的神经绷得没有那么紧，时代的共鸣需要更长的时间才能到达他们的大脑。谁能说清楚在这一点上，他们是对还是错呢？谁又能说清楚在我们标榜的十九世纪高级文明中是否包含着未来衰败的种子呢？

就像一位法国哲学家告诉我们的那样，人生所有的遭遇不过是让我们学会等待，中国人早早就已知晓保持淡定安逸的功效。在过去漫长的历史长河中，一代人或两代人的变革是微不足道的，毫无疑问，它在未来也同样无足轻重。新的技术多快被掌握，就会多迅速地被淘汰，这似乎是再自然不过的事了，30年的时光流转足以看尽世事变迁。本书所收录的这些短文对中国浮光掠影地叙述，可能会给你带来此类话题的不同侧面，现在我们将它们付梓刊行，以期得到亲爱的读者对它的了解与共情。也许，散落在历史长河岸边的这些时光的碎石并非一无是处，它们会慢慢证明自己存在的价值。

J. D. 克拉克

1894 年 7 月 26 日于上海南京

《文汇报》《华洋通闻》办公室

目　录

中国戏院的演出

在中国流传着一个家喻户晓的传说，大唐盛世，唐明皇和宠妃们以及大小扈从一起去月宫里游玩。但见那月宫里婀娜的少女翩跹起舞，只听那仙乐笙箫婉转，一时间君臣完全沉醉在曼妙的歌舞当中。唐明皇的这段传奇经历不仅造就了流传千古的《霓裳羽衣曲》，也为日后中国梨园舞台上表演古代历史剧和现代喜剧开了先河。

如今，戏剧已经是中国人生活中必不可少的一部分。无论在城市还是乡村，无论是正规剧院还是临时搭建的戏台，都有戏剧正在上演。在国外，只要有中国人聚居的地方，比如说旧金山，就会有他们的戏院。在上海这个大都会，"华界"加上"租界"，大约生活着25万中国人。无论在哪里，戏院都是重要的公共设施，几乎场场都座无虚席。据我们了解，目前英租界有四家大剧院，法租界有一家，每天都有剧目在如火如荼地上演。这些剧院的存在，让当地人的生活有了别样的乐趣；虽然这些表演在洋人看来有些奇怪，但却是中国人的最爱。剧院基本上全天营业，尤其到了晚上，戏剧一旦开演，里边挤得简直水泄不通，直到午夜依然灯火通明。大的剧院会雇佣百余名演员，清一色都是男性。那些成了名的台柱子，是人们竞相瞩目和追捧的"角儿"，所到之处，万人空巷，名利双收。但是，大部分年轻演员和刚刚登台学艺的小男孩儿，收入都极其低薄。

昨晚，我们一行三四个欧洲游客光顾了位于福建路上的一家剧院——锦桂园，一位中国绅士充当了翻译。现在，我们就为大家描绘一下在那里的所见所闻。

剧院是一座很大的方形建筑，耸立在街角显眼的位置，一条宽阔的马路通向那里。马路两旁的二层建筑多是商店和茶馆，一到夜晚那里就变得灯火通明，连剧院的门脸也被照亮了。剧目上演的时候，这条路上挤满了密密麻麻的中国人，搞得人寸步难行。剧场的入口更是拥挤不堪，揽活的黄包车夫、轿夫和他们的车子、轿子挤成一团，让人几乎无法下脚。我们刚走到剧院入口，戏园子里的热闹气氛就扑面而来。锣鼓声、唱戏声、台下人们的说笑声响成一片。那些戏曲演员的吟唱对于我们的耳朵，毋宁说更像是尖叫。同行的朋友断言，有趣的大戏在里边早已经激情上演了。

剧院的门厅如同一个商店，售票处和衣帽寄存处紧挨着，前边是一个长长的柜台。许多中国的侍应生穿梭其间，忙得不亦乐乎。这里的包厢需要提前几天预订，一位侍应生带着我们穿过前面和右边的走廊，登上一段摇摇晃晃的楼梯，来到了一个装潢得相当不错的包厢，坐在这里正好可以从右侧俯瞰到整个舞台。剧场的一层用木质的栏杆围出了观众席，里边摆了五排桌椅，每排五到六张桌子，每张桌子配四把木椅，观众们围桌而坐，观看演出。席间坐的基本上都是中国人，从衣着外表来看，大多数都是商人、店主，或此类社会阶层的人。他们穿着深紫色的外套或者斗篷，衣着十分讲究。在围栏的外边还留有一些空间，那里的座位价格相对便宜，为穿着蓝布棉袍的民众提供了选择的余地。在并不太宽敞的走廊里，左手边有一两个独立的包厢，其余的地方都摆着小桌子小椅子；前面的空间相较于两侧又宽又长，虽然没设私人包厢，但放置了一排桌子，被称作"贵宾席"。我们刚刚就是从"贵宾席"后面的过道来到包厢的。"贵宾席"不止这几张，在后边更高一些的地方，还有好几排。私人包厢主要集中在右边的走廊，我们预订的包厢紧挨着舞台，就在它正上方大约十英尺的地方。包厢里的桌子上摆着梨、橘子等水果；浅碟里放着烘炒的西瓜子；精美的绿色茶杯里斟满了醇香的清茶，品茗的过程就像是在鉴赏中国的某种艺术品。桌面上还放着一张朱红色的纸，上面印着当天演出的节目单。各排桌子之间非常宽敞，方便侍应生和观众自由行走。在私人包厢前面有一个供侍应生使用的小露台，跑堂的拎着巨大的黑色水壶不停地前后穿梭，用热水为客人冲泡放在绿色杯子里的茶叶。他们或者为客人添加新鲜水果，或者给客人准备火柴，因为每张桌子上都放着黄铜或者白银做的水烟筒。来到这儿的外国人大多都会入乡随俗，不仅喝茶，吃水果、点心，甚至于水烟筒也会尝试一下。

　　戏院一般都是木制的舞台，高出地面 4 英尺多。前边的每个角上都有两根粗大的柱子，不仅用来支撑着台面，同时也被用来吊挂简陋的煤气照明灯。气灯就挂在柱子顶端伸出来的两三个支架上，几盏用来照亮舞台，其余的则为走廊和观众席提供照明，整个剧场都被照得亮亮堂堂。这两根柱子还有一个用途，在其顶端距离舞台大约 15 英尺的地方，固定着一根横梁，上面可以进行杂技表演。舞台正面，一块巨大的牌匾挂在台口中间，上面用鎏金大字写着戏院的名称。舞台四周没围布景，后边是木制的隔墙，由一块块精雕细刻的木板拼接而成。正中间是一面巨大的穿衣镜，对中国人来说镜子似乎意味着某种超凡的魔力，但这面镜子是否对在场的所有人都能发挥吸引的效用，我们就不得而知

了。在我们眼中，它的功能性大于装饰性。我们发现演员们可以
方便地在它前边更换长袍和头饰，而不必再费力地跑到台下去做
这些。在隔断墙上挂着许多朱红底子金字书法的中国卷轴；在穿
衣镜的两边还醒目地挂着两个美国时钟，一个比另一个走得快了
很多。隔断墙的两边各有一扇门，供演员们登台和退场。敞开的
门上各挂着一块门帘，看得出它们曾经鲜艳夺目，但如今脏得早
该清洗了。在时钟、镜子和木雕隔板的上方，有四幅绘画，可谓
是舞台上唯一的本土"艺术作品"。每幅画都不是很大，大约四
英尺见方，两侧描绘的是花草树木，水墨丹青让画面显得朦胧而
富有诗意；中间两幅画的是几个人物和山川美景，可能表现的是
某个历史题材的场景。舞台中央铺着一块地毯，它过去极可能铺
在某个外国居民的客厅里，如今已经破旧不堪了，中间还缀着一
块帆布的补丁。舞台边上摆放着一些道具桌椅，应该是演出过程
中用它们来配合不断推进的剧情，呈现精彩的舞台效果。

　　舞台后边，围坐在两张桌子旁的七八位老人组成了戏院的乐
队。他们仅仅用锣鼓铙钹、笙管笛箫以及几块硬木，就奏出了与
地球上任何一支乐队同等嘈杂的声音。作为乐队领班的司鼓就坐
在竹竿架着的皮鼓旁边，皮鼓的直径大约 12 英寸，是用羊皮蒙
在圆形木框上制成。司鼓的右手握着根铅笔一样的鼓键子，缓慢
地击打着这个样貌奇特的皮鼓；左手拿着两块儿长方形的紫檀木
板，一块握在手中，另一块用绳子松松地系着，抖动着手腕，击
打着节奏。当乐曲进入到高潮，需要指挥全力以赴的时候，司鼓
就放下左手里的檀木板，用两手的鼓键子轮番快速地击打那个羊
皮小鼓，发出爆豆子一样清脆响亮的声音。司鼓后面站着一位打
锣的老人，我猜想他之所以站着是因为如果他坐下就无法正常地
敲锣了；但是，如果乐曲里没有要求连续不断的锣声，他会不失

时机地坐在椅子上休息。这位很有天分的敲锣老人无疑是称职的，他总能在关键的时刻重重一击，恰到好处地完成击打的动作。看起来他对自己的表现相当满意，似乎在整场演出中充当了最需要技巧的角色。他不仅能在敲锣时让锣面长时间振动产生雷鸣般的轰隆声，有时还会在猛然一击后，迅速把手放在锣面上，让锣声戛然而止。旁边的一个乐手双手拿着铜钹，击打出各种花样繁多的节奏和震耳欲聋的声音。另外四名乐手围坐在一张桌子旁边，使出浑身解数演奏着他们手中奇形怪状的乐器。戏院里的演奏还在继续，敲锣的乐手偶尔还会敲打两块硬木使之发出很响亮的声音。还有一个老人在舞台上拖着条腿走来走去地打杂，一会儿挪动桌子椅子，一会儿又得参与乐队的表演，左手拿一根硬木，时不时用右手里的木棍击打一下，这样的角色真是需要很高的智商。这位老人看起来无精打采，尽管嘈杂的声音近在咫尺，他却昏昏欲睡。偶尔，当幕间休息时，乐队的一些成员会拿出长长的竹竿烟管，享受一下抽烟的快乐。事实上，他们似乎并不在意大家演奏得是否协调一致，甚至于当他们正在演奏一些华丽的改编乐曲时，司琴的乐手也会突然停下来，不紧不慢地装满自己的烟斗并从容点燃，然后继续演奏。我们认为这可真是一种改进，如果乐队的成员都像他们的榜样学习，那么一定会变得更加开心吧！

中国剧院上演的戏剧，大多是历史题材。有些折子戏需要几年的时间才能演完，这是因为一个朝代的所有历史往往会浓缩在一出全本的大戏当中，每天上演的折子戏就只能表现这个朝代的某个历史片段了。中国也有类似于两幕或三幕的喜剧作品，只不过他们是把这些内容集中在一幕里边来表现，并且整场演出是在没有舞台背景的烘托下来完成。戏剧的服装非常考究，无论设计还是制作，显然都颇费心思。人物性格的刻画也需要相当复杂的演技。由于舞台道具、布景的不足，所以剧情的推进需要发挥观众各自的想象力来弥补，因此剧中的台词显得尤为关键。菲利普·西德尼爵士在 1583 年发表过关于英国戏剧和舞台的评论，如今被约翰·戴维斯爵士恰到好处地用在了中国，他说："当你看到三位小姐迈着碎步去采花，我们就得相信舞台是一座美丽的花园；没过多久传来了消息，就在这儿发生了沉船事故，如果不能坦然接受有一块巨大礁石的存在，显然就是我们的过失了。如果在此之后又出现了一个吞烟吐火的可怕怪兽，那么对于无辜的观众来说，此时的舞台已经变成了一个神秘的洞穴；就在此时，代表两支军队的四个人举着剑和盾牌飞奔而来，大概只有榆木脑袋才不把这个舞台当作枪林弹雨的战场！"

上周五，锦桂园的节目单就非常具有代表性。它以一出古代历史剧的片段开场，接着上演了一出审案剧、一出喜剧、一出引人发笑的滑稽戏，接着又是一出喜剧，最后以一出历史剧结束整场演出。这个戏园子里的演员都来自天津，其他三家当地剧院的演员构成也大致如此，还有一座戏园子里的演员则是来自苏州。

当我们晚上九点钟左右走进戏院的时候，舞台上正在上演一幕审案剧，一个罪犯被指控谋杀。法官穿着一件蓝白相搭的绸缎长袍，上边绣得花团锦簇。演员戴着一副白胡子髯口，长长的一直垂撒到胸前。远远望去，长长的胡须赋予了演员一种家长式的威严外表，但靠近观察他的胡须和脸颊，就会发现这副髯口松松垮垮地挂在他的脸上，无论怎么看都不太合适，给人一种非常滑稽的感觉。法官的头上戴着一顶绣满了图案的乌纱帽，其两侧有一对儿像翅膀一样的奇怪东西伸了出来。他的官靴也十分夸张，靴底有三英寸厚，漆得雪白，足尖的部位棱角鲜明，像停泊在港口里的船头一样。老法官在舞台上来回威严地踱着方步，用尖锐的声音念着道白，而他的侍从也时不时地随声附和一下，只不过他们的念白时常被淹没在乐队发出的声音中。法官身边有六个衙役和扈从，他们戴着圆锥形的红帽子，穿着打扮和我们在中国道台、县令衙门里见到的相差无几。那个正在受审的囚犯被两个衙役押着跪倒在舞台中央，正对着端坐在椅子上的法官，竟然没有一句为自己辩解的台词。舞台上摆放的一张桌子和三把椅子构成了法官的公堂。匆匆审讯几句之后，接下来就全是法官嗯嗯啊啊地演唱。过了一会儿，犯人的双手被绑在背后，两个衙役把他拖起来，从舞台的一扇门带了出去，又从另一扇门被带了进来。不过，此时舞台道具的简单切换已经令人难以置信地完成了戏剧场景的切换，他们从审判大堂来到了刑场。押着他的衙役已经换成了两个身穿黑衣、头戴面具、凶神恶煞一样的刽子手，囚犯被绑在了一根立柱上，然后一个刽子手挥舞着闪闪发光的鬼头刀，手起刀落，一个脏兮兮的红袋子被扔在了舞台的地板上，这代表着罪犯的头颅已经被砍下，那个罪犯也直挺挺地倒在了舞台上。在乐队高亢的乐曲声中，上来四个人把囚犯的尸体抬了起来，扛下了舞台。

整场演出没有一点儿时间浪费在不必要的地方，比如说更换幕布。乐队稍停了片刻，算是给了我们一点儿喘息之机，一位伴奏的老人家还抽空点燃了他的烟袋。紧接着，乐队的领班儿敲起他的皮鼓，一时之间，锣、钹、胡琴、檀板声又响成了一片，另一出戏的演员开始纷纷登上舞台。身边的朋友介绍说，马上开演的是一部非常有趣的喜剧。

首先登台的是一对年轻的夫妇，他们衣着朴素，无所事事地坐在一起，既无唱词也没道白，显然是没有名气的配角。又一个演员登台了，扮演的是一个职业惯偷，他声明自己要从这户正经人家里偷点儿东西。他才是剧中真正的主角。这个老贼衣衫褴褛，身上穿着一件破旧的黑袍，腰里扎着一条白色的棉带，一双薄底儿的旧毡靴子，穿得已经破了洞。他戴着长长的黑胡子髯口，前额和下巴上抹了红色的油彩，而鼻梁上和眼睛下面则涂成白色的"豆腐块"，鼻尖看起来闪闪发亮。他的头上没有辫子，要么可能就是个秃子，要么是戴了一个光光的假头套。不管怎么说，顶上是没有一根头发。他手中拿着一顶红色的帽子，小到无论如何也戴不到脑袋上去，不时就会掉下来，头上也确实没有什么东西可以固定住它。显然这个演员是戏剧中的"丑角儿"，整体的打扮和妆容与众不同。

"老贼"走到舞台灯光明亮的地方，在那儿唱了好长时间，还蹿上跳下地炫耀自己高超的偷盗技巧，并告诉观众他要神不知鬼不觉地偷走这位年轻女士的贵重财物。幽默的唱词和滑稽的动作，不时引得观众哄堂大笑。随后，他转向那对儿安静的夫妇，半说半唱地与他们攀谈。通过讲述自己身世的连篇谎话，贼人骗取了女士的信任，并且打听到了金银珠宝、贵重衣物都藏在什么地方。在表演了几个程式化的动作后，他转身告诉观众，自己已经盗取了这些宝贝。正在此时，两个饰演男女祖先鬼魂的演员登台了，他们来保护家族的财产，其扮相确实阴森可怖。他们五短身材，穿着花花绿绿的刺绣长袍。一个黑发，一个白发，长长地垂在背后。不过最显眼的还是他们像海豚一样的畸形头颅，有半个身子那么长，戴着像手铐一样粗大的耳环；每个鬼魂的右手里都拿着一根巨大的鼓槌。那个小偷看起来对此毫无知觉，他的鼻尖被游来荡去的鬼魂们用鼓槌碰了碰，立刻就打了个喷嚏。他仿佛对即将到来的惩罚有了预感。这时，大头鬼从腰间取下一条拴狗的链子，在小偷正向观众卖弄自己的本事时，把他捆了起来。小偷当即倒在地上，屋里的年轻夫妇听到响动也发出了惊恐的叫声，完美烘托气氛的伴奏音乐随之响起。拥有强大法力的鬼魂把小偷高高举起，扛下了舞台。

很快场景再次转换，众演员再次登台。小偷已经完全康复，可以自己走路了。鬼魂召集了满满一舞台的人，显然此刻的小偷已经身处阴曹地府。在前一出戏中扮演法官的人，在这里又以法官的身份出现，不过穿着和之前大不相同。那个乐队里打杂的人迅速把桌椅板凳摆放在地府法官的面前。小偷早已吓破了胆，赶紧磕头认罪，然而铁面无私的法官坚持秉公断案，判处老贼鞭笞之刑。一个身材矮胖的男孩，头上戴一顶圆锥形的红帽子，手里拿一根长长的竹板，装扮成了衙役的模样。浑身栗抖的老贼被两个大头鬼脸朝下扔在了地上。衙役脱掉了自己的上衣，露出了粗壮的臂膀，双手抓起竹板，狠狠地抽了小偷一板子。小偷立刻疼得鬼哭狼嚎、满地打滚。小偷乘鬼魂松手之际站了起来，向打他的衙役招手，示意要和他说悄悄话。于是两人走到舞台的一边，比比画画地进行交涉，小偷掏出"银票"来贿赂衙役，恳请他在打板子的时候千万要手下留情，打得轻一些。衙役从小偷手里抢过那几张银票，点了点头，表示他会处理得天衣无缝。此时的法官一直坐在长凳上，面无表情、一言不发。小偷又一次趴在地上，对接下来的刑罚完全没有了方才的恐惧，衙役再次举起了竹板，不过击打的动作变得格外轻柔。然后，佯装受刑的小偷被释放，阴曹地府的审判也结束了，舞台上只剩下老贼和那一对儿温顺的夫妻。老贼决定将他偷来的东西物还原主，年轻夫妇自然十分高兴，甚至还邀请这个干了坏事的老头和他们一起生活。演员们纷纷退场，一出大团圆的喜剧就这样落幕了。

喜剧结束之后，深受中国观众喜爱的滑稽小品就上演了。此前曾在广东路的剧院看过一次，如今又在锦桂园欣赏一遍，两次都看到观众在表演的时候大笑不止，由此可见中国人喜欢它的程度。唯一令人感到遗憾的是其表现手段主要是对话，所以无法将其有趣的情节活灵活现地展现在欧洲读者面前。

今天滑稽戏的主角是一个瘸子，还有他的医生和仆人，一个小妾及其父母，抑或是她年迈的亲戚。我们唯一想要跟大家分享的是戏里男扮女装的演出方式。我们之前已经说过，中国舞台上所有的演员都是男性，所以当他们不得不扮演女性角色时，就要化非常漂亮的女妆，并且用尖细的声调和语气说话，如此一来很少有人发现事情的真相。在舞台上，男演员还必须展现中国女性小脚的特点，为此，他们特意制作了一种道具，将木材切削成中国女人所穿鞋子一般大小，并彩绘成只能放进被裹得如同百合一样的畸形脚趾的绣花鞋模样。演出时，演员将自己正常尺寸的大脚踩在这块有倾斜角度的木头上，然后用绷带把它和自己的脚缠在一起。站在这样的木头块儿上，演员会显得比一般的中国女性高一些。在舞台上行走的时候，他们身形如风摆杨柳、步态婀娜，真像是裹成"三寸金莲"的妇人。但事实上，如此走路并非刻意模仿，而是因为演员天生的大脚被极不自然地绑在了两块木头上，除了这样走，真是别无他法！

舞台上这位男扮女装的旦角穿着十分华丽的衣服，虽然宽大的紫色裤子并不显眼，但绣着漂亮花边的上衣却着实是件精品。原本黄色的脸庞，在涂抹上胭脂以后，让他的脸颊看起来艳若桃花，就像所有化了妆的妇女一样。嘴唇上抹了鲜红的唇膏，映衬出一口珍珠般白亮的牙齿。他的假发勒得比较靠后，乌黑的头发从中间分开，显得前额比较宽大；那些工匠精心制作的头饰，比如脑后用镶着珠宝的发卡夹着的美丽假发，还有耳朵前边金色玫瑰花式样的发簪，都与中国现实生活中女性的精美饰品一样。扮演这个角色的演员非常有名，毫无疑问，他的表演非常专业，技艺纯熟，足以让观众感到心满意足。相比之下，瘸老头和他的小妾吵架拌嘴的情节并没有引起我多大的兴趣。

接着上演的一出戏里只有两名演员，他们自顾自地在舞台上表演了大约半个小时，旁边的朋友告诉我们这段表演和对话对中国人来说非常有趣，但我们着实没有觉得它有多么可乐，反倒是有几分乏味。这出戏讲述了一个铁匠与妻子的家庭生活，他们先是彼此相爱，中间发生了争执，最后又和好如初。首先登场的是穿着朴素的妻子，她一言不发径直走在舞台的前面，坐在了一尺见方的小竹凳上。旁边摆放着一把如同外国餐厅里常见的木椅；但是，亲爱的读者，你肯定想象不到这件朴实无华、孤零零摆放在那里的家具，是一件舞台上重要的道具，用来渲染剧情效果。老妇接过乐队杂役递给她的一根细长的竹竿，然后在椅子下面开始一前一后地缓慢推拉。此刻的场景或许已经发生转换，我们绞尽脑汁也猜不出这个妇人到底在做什么。嗨！她的丈夫是干吗的？铁匠呀！中国朋友提示我们。闹了半天老妇人正在铁匠铺里干活，一前一后地拉着风箱。中国的乡村铁匠在冶铁的时候并不使用"皮老虎"，而是发明了风箱，用木棍来回拉动风箱里边的活塞，从而加速空气流动，促进炭火燃烧。

伴随着乐队舒缓的琴声，妇人一直重复着这个单调的动作，大概有五六分钟。丈夫终于登场了，边走边唱，颇有一些歌剧的氛围。要不是他咿咿呀呀地唱了十几分钟，真让人有些审美疲劳，其实这段唱腔还是非常动听的。在此期间，妻子已经离开风箱，搬着自己的小竹凳，背对着观众坐在了舞台的中心。右手的小拇指放在嘴里，显得非常沮丧。铁匠唱完后，坐在了一块砖头上。妻子从桌子上拿起一个空碗和一双筷子，搬起自己的板凳坐到了丈夫身旁。铁匠看到妻子端来了碗筷，非常高兴，含情脉脉地注视着她，把右手搭在了妻子的肩膀上。他们像所有演员在舞台上表演用餐时一样，程式化地吃完了饭，然后乐队里的那个杂役收走了台上的碗筷道具。紧接着，发生了一场争吵，双方的唱腔都变得高亢而尖锐。夫妻同时站了起来，铁匠顺手拿起刚才坐在身下的砖头就朝着妻子的头上扔去。但是，妻子并没有受伤，她像棒球场上的接球手一样，灵巧地接住了砖头，转而扔到了丈夫的脚上，他立刻假装自己的脚受到了严重的伤害。这场小小的家庭骚乱，很快就结束了，两口子又像刚开始一样愉快地坐在一起。可好景不长，他们又起了争执，刚才受了气的妻子率先出手了，她推了一把铁匠，虽然看起来并没有用力，但没有坐稳的丈夫却骨碌碌地滚到了舞台的后面。正当两人争吵得不可开交的时候，上来了一个卖衣服的小贩，铁匠给自己买了一套新衣服便走下了舞台，漫不经心的妻子也跟在后面慢吞吞地走了下去。这出戏竟然就这样结束了，观众再也没有看到这两人的身影。

在前边这出戏还没结束的时候，其他的演职人员已经开始为今晚舞台上的压轴大戏做准备了，伴奏乐队也把桌椅板凳从舞台的后边一股脑儿地搬到了右侧。接下来上演的将是今晚最为盛大瑰丽的作品，所以要为下一幕戏腾出足够宏大的舞台布景空间。在整晚演出过程中，我们注意到舞台的一角堆放着许多木头架子和帆布，于是满怀期待想要看看它们在演出时会派上什么用场。一部分乐队成员和布景师们已经开始工作了，他们把这些木框摆放在了一起。之前那个不放过任何时间坐下来休息的天才敲锣手，也放下了手中的乐器，爬到一张桌子上面，把那只走得慢的美国钟拨快了一刻钟，这样两块钟表的指针都指向了十一点。

负责舞台布景的工匠和徒弟们在乐队成员的帮助下，首先搭起了最大的一个木头架子，这与英国木偶剧《庞奇和朱迪》①的舞台布景十分相似，其他两三个小的木头架子被搭在了旁边，每一个独立的木质构件都有四五根立柱，以及许多横梁和支架；布景的正面约有十英尺宽，八英尺高，被墨绿色的帆布覆盖着，上面绘着浅色的花朵和人物。或许两三个黄包车夫的绿色雨衣能让这样的舞台布景变得更加漂亮一点儿。一个鸽子笼似的箱子被固定在木架子的顶上，而另一个箱子则摆放在舞台上，里面固定了一根高高耸立的大柱子，超过了木架结构和帆布的高度。把所有的零件都组装起来需要众人做大量艰巨的工作。最后，在这个"木偶戏"舞台布景的上方，又覆盖了一个方形的架子，架子的前横梁上安装了一根拱形的竹竿，上面悬挂着一块棉布，这应该是代表了一个拱形的大门或是窗户；另一个帆布覆盖的架子被安置在整个建筑的前面，你可以将其猜想成一段台阶，或者是一个阳台，事实上，它可以代表一个花园，或者任何东西。不管怎么说，这个类似于木偶戏台的巨大布景终于搭好了，其上半部分左边敞开着，右边松松地挂着一块帘子，很明显代表了门窗。这么费时费力用木架和帆布搭建起来的是什么呢？当然是一座宫殿，一座中国的皇宫！

当皇宫搭建完成的时候，上一出喜剧的演员正款款地退出舞台。乐队在新的位置上蓄势待发，奏出的音乐一定更加聒耳，因为他们就处在我们包厢的前下方。最后一出戏的演员开始登台了，朋友告诉我们接下来要上演的是一出历史剧，但其第一部分

① 《庞奇和朱迪》是英国的木偶戏，常在盖有条纹帆布的可折叠高棚式微型舞台上表演——译者注。

显然不是，我们在其他剧院里也看过类似的剧目，这部分会把杂耍特技、翻筋斗、舞剑、格斗、歌唱以及各种各样的表演形式混搭在一起。

四位杂技演员率先登场了，他们一边歌唱，一边在舞台上飞快地旋转腾挪，令人应接不暇的高难度动作如同苏格兰的里尔舞。接下来他们又开始翻筋斗，其中一个主演就是之前在滑稽小品里扮演小脚妇女的那个人，仍然绑着那双人造的木头小脚，他毫不费力地翻着筋斗，显示出非凡的技艺。

又有一名演员走上台来，手里拎着一块或许是代表武士腰刀的木板，在台上胡乱地挥舞了半天。他的衣着样式奇特、色彩瑰丽，脸上画着白色的脸谱，戴着黑色的大胡子髯口。他先把木板放在皇宫的门前，然后以一种奇特的姿势站起身来从木板上跨了过去。我没有看懂他要干吗，过了很长一段时间之后，我才弄明白他举起那块木板是什么意思。

那些转圈、翻筋斗的杂技演员退场后，另外四个年轻人走了上来，肩上还扛着一个人。他们跨过皇宫前的那块木板，把肩上扛的小伙子向着宫殿的窗户抛了过去。那个窗户非常狭小，仅可容一人穿过，几乎没有任何富余的空间，但那个小伙子嗖的一声鱼跃而过，安全落地。如果他万一不慎失手，这劳神费力搭建的布景就毁于一旦了。小伙子很快从皇宫后面闪出来，从半分钟前上场的那个门走了下去。之前那个画着白脸的老者拿起他的木板也走了，这时我们才恍然大悟，原来那块木板代表的居然是一座吊桥！

一名杂技演员走上台来，表演了一个高难度动作。他在台角上倏地一下腾空跃起，先把一条腿踢得很高，然后用手去拍击自己另一条飞腿的脚面。在表演一个二踢脚之后，他摆了一个英俊的亮相。然后他挥舞着双臂，一边跳跃，一边拍脚，奔向另一个台角。接着，另外四个杂技演员也走了上来，他们在舞台上翻着筋斗，一个接一个穿插地跳过去。那个绑着木头小脚的演员倒立着用手在台上绕场一圈，博得了满堂喝彩。在舞台左右的柱子跟前，各摆了两张桌子。四个杂技演员分开两拨各站一边，他们爬上桌子，然后站到两根柱子之间的那根横木上，四人同时在上面表演各种高难度的杂技动作。最后，都以一个漂亮的后空翻，从最高的桌子上挨个跳落在舞台上。他们落地的动作极具力量，砸得台面咚咚直响，好像舞台都要被震倒了。接着，他们又把一张小桌子单独放在舞台中央，四个人轮流地翻跟斗，在丝毫不触碰那张桌子的前提之下，从它上面飞越过去。诚然，这些杂技表演都非常精彩，但是跟皇宫布景又有什么关系呢？我们急于想看一看这出历史剧的剧情。然而，尽管已经快到了午夜了，乐队震耳欲聋的声音吵得我们脑仁都疼，剧情却还是毫无进展。

那个白脸的老者拿着他的木板又出现在舞台上，并且还郑重其事地把木板放下来。有四个人跟在他后面，跨过木板爬到了皇宫的高处，越过屋顶跳落在地面，当其中一名演员再次出现在屋顶上时，他把代表着人头的红色袋子挂在那根大柱子上，然后从宫殿的墙顶上一个跟头翻了下来。他的同伴从搭建的宫殿里边走出来，其中一个还扛着一个五花大绑、头发蓬乱的女人。这看起来终于跟历史剧似乎沾点边儿了。当又有三四个人冲进宫殿里的时候，乐队里的几个老头和舞台上的一些剧务坐不住了，纷纷走上前去扶住那些木头架子，他们一定是担心这个搭建的皇宫会一不小心倒塌下来。劫持了姑娘的这伙儿匪徒从一扇门跑出去，又从另一扇门跑进来，如此跑了几圈。其中的三个人手里拿着锡箔做的明晃晃的宝剑，似乎在保护那个肩头扛着姑娘的人。那个人看起来一点也不吃力，肩上的姑娘仿佛如一匹绸缎般轻盈。又来了四五个顶盔掼甲的武士，看到挂在柱子上的红色"人头"，一个人便爬上去把它扔了下来，紧接着一个筋斗翻到了地面；其余人等冲进了宫殿，又冲了出来，大声哭喊着下台追赶前边那一伙人去了。他们的对手又一次登上舞台，白脸黑髯的人又一次放下代表吊桥的木板，让自己人过去，再把吊桥拉了起来，免得敌人追上他们。两伙人聚得越来越多，不停地涌上舞台，又匆匆下去。有三四对儿武将开始交锋打斗，在台上挥舞着剑和长矛，时而打斗一番，时而吵闹一顿。跑龙套的演员也掺和了进来，在打斗的场景中翻过来翻过去，不断重复着相同的动作，看不出剧情有什么新的进展。

差一刻十二点钟的时候，我们实在坐不住了。站起身来离开了剧场，让他们在台上继续打斗去吧。

街道、寺庙、监狱和花园

初到上海的外国朋友都非常乐于游览这座陌生的城市，但是你需要一名对当地了如指掌的中国朋友为你做向导，否则你不但看不到这座城市的全貌，也很难发现它的价值并乐在其中。大多数来到这里的外国朋友都有过一两次游览的经历，但很少有人告诉你哪里真正值得去游玩，因为他们自己就是漫无目的地在街道上闲逛，随意在地摊上挑选几件古玩器具，用不了多久就会对这里心生厌恶，于是赶紧夺路而逃。但你想想，在一个人生地不熟的环境里找到出路谈何容易，少不得一番狼奔豕突；因此，他们一旦成功逃离，就发誓再也不踏进上海城里。

一个星期天的下午，在两名中国朋友的陪同下，我们一行五六人开启了一段上海的城市之旅。如同伦敦的马车夫清楚地知晓如何从齐普赛街到皮卡迪利大道一样，我们的一位中国朋友对迷宫般的上海街道了如指掌，另外一位则充当了临时翻译的角色。这是一位受过高等教育的中国绅士，毕业于美国的耶鲁大学，并为自己能成为美国公民而感到骄傲。下午两点半进城的时候，天气晴朗，道路干爽。如果在盛夏时节，湿热的天气令人十分厌烦，所以初冬成为探索这座城市最佳的季节。我们不知道中国的老皇历是否把阴历十月十七确定为一个适合游玩的日子，但那天的行程无论从哪方面讲都特别顺利。尽管我们没做进一步考证，但所见所闻足以证明这一天对于中国人来说，是个十分特殊的日子。城里仿佛在搞派对一样，到处人山人海，我们在人潮中费力地穿梭了将近两个半小时。

我们从新开的北门进了城，径直向一个叫作"茶园"①的地方走去。想到达目的地，需要穿过很多错综复杂但四通八达的狭窄街道。首先，我们穿过一条两边都是商店和货栈的长街，然后沿着一条脏兮兮的小溪前行，对面几乎也都是商店。跨过一座小桥后，走进了一条更为狭窄的弄堂，从街头到巷尾，两边挂满了用原木或者帆布做成的招牌，还有装饰漂亮的牌匾，几乎把整个天空都遮住了。再跨过一座小桥，穿过逼仄拥挤的夹道，终于到了小河边上一片比较宽敞的地方。

小河两岸非常开阔，为中国的说书艺人、杂技演员、算命师和赌徒们提供了施展的空间。再往前走，就到达了一个偌大池塘环绕着的老茶馆。虽然人们叫这里"茶园"，倒不如说它更像一个非常大的集贸市场。每一个地方都被占得满满当当，这热闹非凡的场面几乎跟节假日里的汉普斯特西斯公园②一样。匆匆一瞥，我们就已觉得不虚此行。

首先吸引我们目光的是位卖艺的老人，热切的观众从四面八方涌来，男女老少加起来差不多有五六十号人，层层围在他占着的一小块河边空地上。老人看上去有五十多岁，脸上布满了岁月的沧桑，花白的头发梳成细细的小辫儿。他光着上身，穿着一件已经洗得发白的蓝棉布裤子，上面缀满了大大小小的补丁。他的裤子实在是太肥大了，宽得可以装下两三个人。他穿的旧毡靴已经破烂不堪，千补百纳的长筒布袜让他的脚踝看起来如象腿般的

---

① 应该是豫园——译者注。
② 汉普斯特西斯公园位于伦敦北部，是伦敦著名的休闲胜地——译者注。

粗笨。他在这块围起来的场子里来回地迈着大步，双臂像疯子一样挥舞着。他先用右手拍打自己的前胸，过了一会儿又换成了左手。时而握紧双拳，时而又伸直双臂。当他一圈圈在地上寻找观众丢下的铜钱时，垂着双臂，耷拉着双手。最后，他亮出了看家的绝活，从地上捡起一只孩子们都能轻松拿起的铁箭，朝着地上狠狠一掷，箭头瞬间插进了土里。于是，他不失时机地赶紧转圈要钱。虽然围观的中国人乐此不疲地看他在那儿折腾，却不可能施舍给这个假把式多少钱。

离这儿不远有一个用帆布和竹子搭成的小棚子，里面坐着五六个中国人。摆摊儿的是一位摸骨算命的先生，正襟危坐在棚子深处，身后挂着一些达官显贵的画像，面前的小桌子上放着香烛、笔墨纸砚和其他一些用具。看热闹的众人围在四周，听这位大仙儿如何给一个有钱人讲说他的财运。算命先生把双手放在那个人的头上，窸窸窣窣地摸索了很长时间，然后摆出一副洞悉一切的神情，说出了一长串指点迷津的建议和箴言。言毕，算命先生伸出手来，将此人放在桌子上的卦资揣入囊中。后者赶紧又掏出五元现钞放在桌上，看样子他不惜血本也要让算命先生再给他多透露一些命运的天机。

过了这个算命先生的摊子，我们终于看到了艺人会聚的"茶园"，这里有六七个看"西洋景"的摊子。所谓"西洋景"是将一个装饰成外国风格的大箱子放在一张桌子上，箱子上有几个小小的窥视孔，中国人趴在上边，透过这些小孔凝视里边，观赏世界各地的风情画片。从这几个西洋景机子的外形来看，它们应该是外国生产的，在华丽的玻璃柜子里应该是一些外国宫殿和国际展览大楼的图片。这些舶来品并没有让我们驻足太久。

在推车挑担卖糖果、水果的人当中，有一个老人引起了我们的注意，他别开生面地用博彩小游戏售卖自己的烤栗子。他的一只手中拿着三根大约六英寸长的竹棍儿，在其中一根的头上系着红色的丝线，他把小棍握在手中，然后让人们去猜哪根的上面系着红线，选中的概率如同猜"三张纸牌"一样。他鼓动人们下注，把钱押在某根小棍上，然后抽出这根看看下边有没有系着红线。一个中国人抛下几个小钱来试试手气，如果猜中了，他将得到一些烤栗子，如果没猜中，那也只好自认倒霉。老人不停地把三根木棍在手中倒来倒去，观众哪里能够分清哪根是系红线的，结果当然是屡猜不中，押的赌注有去无回。

在这个花花绿绿的集市上，有无数贩卖糖果、鸭梨、橘子，还有烤红薯的摊位。还有些摊位上则堆放着玩具、古籍，摆满了供人观赏的各种东西，从价值不菲的玉石饰品到陈旧的铁钉甚至还有香槟酒的软木塞。熙熙攘攘的当地民众在集市里游来荡去，许多人都钟情于看西洋景。从桌上堆放的现金来看，卖糖果的店家生意很是不错。与之形成鲜明对比的是那些在露天打把式卖艺的杂耍演员，因为不是买票进剧场那样的强制性消费，所以很少有人会主动地把钱扔到表演的场子里。当杂耍的艺人拿着帽子转圈讨赏钱的时候，方才还里三层、外三层围观的人群，瞬间就轰的一声四下逃散了。

在茶园池塘的东侧有一座寺庙，旁边聚集了一大群人。我们踮起脚尖努力向里边观瞧，发现有人正在掷骰子赌钱，怪不得吸引了这么多围观者。紧挨着他们还有一大圈人，围着两名杂耍的演员。演员在场子里走来走去，比画着各种奇特的动作，仿佛是要表演一些高难度的特技，诸如跟斗、杂耍或者别的什么江湖把戏。不过，他们太像前面提到的那个卖艺老人了，只是不停地虚张声势，却没有显示什么真正的本领，所以我们也只是匆匆一瞥便离开了。与这番热闹的景象不同，旁边矗立的那座小庙，反倒是门庭冷落。虽然神像前供着几根燃烧的红蜡，但除了照管寺庙的老人以外，并没有别的善男信女。

我们把关注的目光转向了老茶馆周边的小湖。它虽然被游人看作景观湖，但其实是一个人工挖掘的池塘，浑浊的一潭死水表面，漂浮着绿色的水草，四周高及地面的石堤把它围了起来。不管叫它湖也好、池塘也罢，面积大约有 30 码见方，一座湖心亭矗立在湖的中间。虽说这座老茶馆位置比较偏僻，可谓是上海城里通风最好的茶馆了。湖水中架着一座曲曲折折的梁桥，据说已经有 1500 多年的历史。每座桥墩都由两根相隔大约 3 英尺的灰色花岗岩石柱和一根摆放在上边相同材质的横梁组成。两座桥墩之间，架设了 3 块结实的长条石板。如此这般，在湖上构建起一条狭窄蜿蜒的通道。整座桥从头至尾都安装着粗壮低矮的木质栏杆，看起来像是现代人的杰作。

茶楼的地基也是同样的花岗岩，不过很明显，这座房子的历史并没有石板桥那么悠远。尽管规模不大，占地面积十分有限，但这座茶楼仍然可以称得上是中国建筑的典范，在两层楼上面覆盖着精致漂亮的屋顶。一层楼里没有摆放什么东西，只是在支撑的立柱之间镶嵌了许多窗户，上面装着一种半透明的特殊材料，在西方的玻璃被引进到中国之前，几乎所有的房子都在使用它，即便今天，很多中国人也依然更喜欢这种材料。这种半透明的建材被安装在木头窗框的小方格子里，在阳光下呈现出一种朦胧的白色，表现出中国式窗棂独特的美感。可以想象一下，当夜幕降临，室内被古色古香的红烛照亮，烛光透过窗棂呈现出柔和的光感，老茶馆看起来一定像一个巨大的中国灯笼。在我们参观的时候，茶馆显然已经关门歇业了，于是我们沿着"之"字形的石板桥，从湖的东南角穿到了它的西北角，最终走到了一条没有铺设石板的狭窄小路上。

没走几步我们就离开了"茶园"里那个不讨人喜欢的地方，走进一条狭小的弄堂，并且发现了一家商店非常有趣的橱窗。看起来这是一家普通的戏剧道具商店，和那些开在德鲁里巷皇家剧院①周边的商店极为相似，只不过这里的各种服装和道具都是中国的式样。有种类齐全的古代兵器，有些是真的，有些则是用锡纸做成的仿制品，还有面具、假发以及在化装舞会或戏剧表演中穿着的花里胡哨的服装。

中国向导在前边带路，我们以为走到这里就已经看尽了中国闹市里所有的娱乐活动，但是我们错了。当他带着大家来到一座新园子，这里的景象又让我们大开眼界，虽然它就在茶楼和景观湖西边不远的地方，但此前我们完全没有注意到它的存在。这里是一个将商业和娱乐完美融合的普通集市。有一块地方，几百个鸟笼子被摆放在户外，一个摞一个地堆放成好几排。反舌鸟是最具代表性的物种，还有许多的八哥以及其他会学说话的鸟类。数百只我们叫不上名字的漂亮小鸟，被关在小小的木笼子里，如果轮流鸣叫，它们的声音必定悦耳动听，但是它们叽叽喳喳的大合唱实在是聒耳，不由得让人想起了在英国看过的鸟类展览，或者是勒顿豪集市②上的鸟类摊位。路旁的茶馆全都敞开着大门，就在其中一间面积不大的茶馆里，众多的客人围坐在桌子旁边，几乎每张桌子上都放着鸟笼，这里俨然成了热闹的鸟市。

---

① 德鲁里巷皇家剧院是伦敦科文特花园的一所剧院，剧院面朝凯瑟琳街背朝德鲁里巷——译者注。
② 勒顿豪集市是伦敦东部最古老的一个著名市场——译者注。

在这个市场里还有做其他生意的地摊儿，商家在地上铺块布子，摆上出售的各种小玩意儿就能开张了。所卖之物大都是玩具以及雕刻精美、有使用价值的装饰物品。我们的向导看中了一个有玻璃盖子的圆形精致小木盒，最终花了十八个制钱买了下来。在另一个货摊上，摆放着琳琅满目的铅制工艺品，有日常家用的小物件、茶具、轮船、帆船以及各种微缩的器具模型，它们都是由当地人纯手工制作的，大部分都非常精致。这里的东西我们大多一眼就能分辨出来，但是一个形状奇特的小东西难住了我们，它身形椭圆，分不清哪里是头、哪里是尾，身体两边各有三四条尖刺一样的东西伸了出来，背上还绘有彩色的条纹。我们很想知道它代表了什么？当被告知它是一只螃蟹的时候，朋友建议摊主能给每个售卖的物件都贴上标签，以便于顾客知道它们到底是啥。但我想这个中国小贩未必会听取我们的建议。离这个摊位不远的地方，道路两旁有许多出售甜食、蜜饯的人，他们几乎全天都待在那里，而其他卖小吃的摊贩往往是一边加工制作，一边走街串巷地招待客人，满足四处饥肠辘辘的中国人。

这里还有许多卖书的小摊儿，其中一个书摊老板非常特别，与其说他是在卖书，不如说他是在卖画，尽管地上摆放着一大堆的书籍，但他的专长是出售用水彩在白纸上画的官老爷的肖像画儿。这些本土的艺术品被放在干燥的地面上，每幅画的角上都用四块石头压着以防被风吹走。它们看起来实在是太普通了，几乎一文不值，我想无论是中国人还是外国人，肯定没有几个会买他的画儿。

就在广场的这边，又有三三两两的几伙儿人围成一圈观看当街卖艺的杂耍表演。人群里边有四个人在表演，但是他们顶多也就是用自己的手去拍一下踢起来的脚面，没有一个人的表演超过这个水平。还有一位老人不停地敲着手中的小锣，以便引起大家的注意。为了招揽众人观看，他准备了六七张长条凳，摆成了观众席，这些座位上几乎全都坐满了人。老人敲着锣在观众面前走来走去，但就是看不出有什么要开始表演的蛛丝马迹。一个小男孩拿着一大把用布缝制的香囊，中国人常常把它挂在腰间，但他在人群中转了半天，一个也没有卖出去。凳子上的这些人坐在那里可不是为了花钱的，我们想，如果表演者请求在场的观众多多少少给他一些零钱以示对他表演的认可，或者对他家庭的帮助，端坐的人们立马就会从座位上消失得无影无踪，扭头去看别的露天表演了。不过此时，众人看起来很是悠然自得，静静地坐在那里抽着长长的竹管儿烟袋；除了一口一口地把烟吸完，再将烟斗装满，没有什么事情能让他们提起兴趣。这些人生活在社会的底层，看起来都像是些苦力。

离开了街头艺人和琳琅满目的地摊儿，我们穿街过巷继续着自己的城市之旅。走出去没多远，还没到街角的木雕商店我们就碰到了一些朋友，他们是第一次来到这座城市，急切地想要淘一些古董作为自己初次旅行的纪念品。街角的木雕商店面积不大，在两条街上都开着门，前面的柜台上摆放着一个小小的玻璃展柜，里边陈列的都是当地雇工制作的精美工艺品。此时，一些技术精湛的手工艺人正在店里熟练地雕刻着一些木头，这些饰品造型独特，制作工艺极其精密复杂，费时耗力；然而，加工一件却只能让他们赚到少得可怜的几毛钱。玻璃柜里陈列的工艺品种类繁多，大都是用橄榄核儿、象牙、竹子和胡桃壳雕刻而成的。其中绝大多数都是袖珍的佛陀雕像，还有微型的中国风景名胜，寺庙、宝塔、舢板、人物，真是琳琅满目、应有尽有。这些小玩意儿的售价大都在15美分到25美分之间，我们的一个朋友在这家店里只花了不到半美元，就买到了一尊佛像、一只帆船，还有一个雕刻精美的胡桃壳。其他人也都或多或少地买了一些，店老板因为做成了一大笔买卖而看起来格外地开心。

我们刚在这家店里待了三两分钟，就被许多当地看热闹的人围在当中，窄窄的巷子也被挤得水泄不通。一位正要从集市上赶回家去的老者，手里拿着几样玩具，一个拨浪鼓，一个黄包车模型，回家的路途被拥挤的人群变得困难重重。他把买来的东西高高地举过头顶，生怕它们被那些油渍麻花的同胞挤坏了，那样他的小儿子就会失去在邻居们面前摇动拨浪鼓，到处显摆的乐趣。

我们还没有从这群人当中挣脱出去，一个卖小吃的摊贩就沿街走了过来。在这种窄窄的巷子里，遇到一乘轿子，挑着一担水或者两桶烧酒的苦力已经是够糟糕的事情了，如若遇上这样一位肩上扛着全套厨房设备的小商贩，更是让人苦不堪言。上海人当然熟悉这种流动售卖食品或者糖果的摊贩，可是对于国外未曾见识过的读者来说，介绍一下走街串巷的小贩挑着的这个由竹子、陶罐、木炭和炊具组成的精巧装备，还是很有必要的。这个便携式厨房尽管在外观上略显滑稽，却是展示中国人足智多谋的很好样板。四根竹竿，两两成对儿，像长凳的四条腿一样支撑着操作的台面。在前边，几块相同作用的材料形成一个扇形的支架，上面放着一个箱子。箱子里面是一个用泥捏制而成的火盆，前面有一个用来扇火的风门，箱子里装的木炭燃料足够一天使用。一个圆形的大锅放置在火盆上方，所有的食物都在这里加工完成。在架子的后面，几片竹批向上弯曲，也制作成扇形的支架，上面搁着四五个抽屉组成的置物架。在操作台的上方还有两层，用来放置饭碗、水杯和碟子。在前边火盆下面的支架上，放置着引火的干柴；在后边抽屉下面放着一只空水桶，准备用来打干净的水；

在抽屉里，搁着大米、土豆、水蔬菜和所有做饭必备的食材。四条桌腿之间是空的，当需要换一个地方时，厨师把操作台的横梁放在他的右肩上边，很容易就能把整个儿"移动厨房"扛起来，继续前行。为了避免碰到路人，他会敲击一个固定在支架前腿上的竹梆子，如同锣的替代品，每次敲击都会发出响亮而浑厚的声音。在上海，无论是中国人生活的"华界"还是外国人聚居的"租界"，这种流动售卖小吃的商贩都非常多，看来对中国人而言，这是个不错的职业选择。

从这个厨师身边挤过去以后，我们继续向前慢慢挪动。还没走几步，我们的一位医生朋友就被一家小店门口摆放的东西吸引住了，那是两个装满各种牙齿的托盘。我们走进了这家牙科诊所，看看里面的医生是怎么做生意的。他给我们看了拔牙用的手术器械——一把巨大的钳子，我们以前从未见过如此笨重、锈迹斑斑的铁钳，它看上去更像是马掌匠人从马蹄子上拔钉子的工具。毫无疑问，拥有这把拔牙利器，一旦用它薅住了牙齿，即使是嘴里最大个儿的臼齿也能毫不费力地拔下来，但风险是一不小心就可能拔掉两颗或者三颗。牙医说，每拔一颗牙，他会向病人收取 50 美分到 100 美分不等的费用。如果盘子里堆积的牙齿都是这个价格，而在接下来的一年当中这里依然可以做到门庭若市，他肯定能赚到一笔不菲的收入。在诊所的一角，有一张很大的罗汉床。也许，当牙医自己牙疼，或者要对病人使用那个笨重的铁钳的时候，它就会派上用场。病人可能会被医生用绷带固定在上面。老牙医看到我们津津有味地听他讲述自己的职业故事，心里非常高兴。当我们起身告别的时候，他一边送我们，一边不断客套地说："请、请……"

我们缓步向城隍庙走去，现在距离此行的主要目的地已经不远了。在讲述城隍庙之前，有一位僧人值得一提。当我们走过一条肮脏狭窄的街道时，看见一个人蹲坐在路边的石头上，满是污渍的黄色僧袍表明他是个可怜的出家人。当我们走到跟前，发现打着绺的蓬乱头发遮住了他的大半张脸，一个明光锃亮的铜箍戴在头上，算是他身上唯一还像样的一件东西。他穷困潦倒地蹲在那儿，两条腿被长长的袍子遮住了，胳膊自然地垂下来，双手搭在两个膝盖上。生活中的所有痛苦和不幸都深深地印在他憔悴的面容里，天知道他多久没有洗过脸了，我想如果洗漱一下，再把下巴上的胡子剃光，他肯定会是一副干净而体面的样子。距离这个邋遢僧人两三码远的一堵白净墙边，码放着两排印刷好的传单和小册子，他拥有过的财富并非随风而散，而是全部投入到这些书籍的印刷上了。在离他很近的地上堆放着一些钱，也许是人们结缘经书留下的，也许是路人布施的善款。显然，盲人和身患残疾的乞丐远不像这个贫穷但虔诚的佛陀信徒一样，能够激发人们心底无限的悲悯。

我们来到城隍庙以后，发现有三四条大道可以进去，虽然走正门可以很快到达神殿，但我们选择走旁边的一条小路，因为还想顺路参观一下神庙的建筑以及其他新奇好玩的事物。这座寺庙非常古老，是专门为城隍——这个庇护当地生灵、统管阴阳两界的神仙而修建的。城隍是上海民众精神王国的主宰，可以颁布神谕，老百姓对此深信不疑，无论大事小情、命运财运，都会来此求占问卜，也总会得到城隍的指点迷津。这里香火很旺，市民们每年都会向地方官吏缴纳一定数量的捐款用于寺庙的维护，因此寺庙修缮得相当不错。这座大庙约 30 米宽、100 米长，建筑占地有 3000 平方米。最外面的大门有一个造型复杂、装饰华丽的门楼，三四层的屋顶重叠在一起，从上至下按比例一层比一层的出檐更长一些，而且每一层两边都有如翅膀一样翘起的挑檐。整个门楼彩绘得非常漂亮，哪怕屋瓦上也有美丽的图案。相比之下左右两扇门显得有些笨重，上面彩画着神仙的图像。大门外边的墙体很宽，拱门的两侧还各有一间屋子。从大门到内门之间有一个小院儿，我们登上三两级台阶就走了进去。庙里边四面建有殿堂廊庑，修盖得相当高大。而这些建筑的门，也十分宽敞，门廊、屋顶以及各样配套的东西都与外边门楼的设计极为相似。这些建筑的一层有很多房间，而二层，从正院看过来的方向上有一座露天的戏台，屋顶装饰精美，造型如大鹏展翅，每逢庙里的重大节日，都会在这里唱戏以娱神，而演员的表演恰好可以被大殿里的神灵们看到。

这个用花岗岩铺成的庭院很宽敞，两边都是最为质朴的建筑，浅浅的屋檐下是长长的露台。供奉城隍的神殿位于院子的东头，本身并不十分高大，但其两侧各有一间配殿，因此显得中间的大殿庄严而威仪，大殿里从地面到屋顶，到处都是神像和牌匾。从外观上看，这个建筑是最常见的中式风格，屋顶华美飞檐上翘，在它的正面以及所有的大门上挂着很多金字的牌匾，但因为时间仓促，我们没能通过翻译一一了解它们的含义。进入大殿里，首先映入眼帘的是右边墙角矗立的四尊神像，他们都是城隍的随从，面前点着红色的蜡烛。他们头大肢细，面红身黑，五官被精心描画，虽然雕刻得很粗鲁，但面目并不可憎。抬起头我们看到有两艘城隍的平底战船从屋顶上悬下来；从侧面看，感觉它们就是真船而非模型。船尽管被漆成黑色，但上边积满了灰尘，依然显得很脏。在我们面前，高大伟岸的城隍神像端坐在一个巨大的宝座上，两侧悬挂着红色的金字牌匾，顶上装饰着幔布和卷帘，因此上很难窥视到神像的全貌，只能看清他宽大丰润、涂成红色的面庞。大约五英尺高的木栅栏将城隍的宝座和六尊高大的神像围在了里面，神像两两相对，呈八字形分列在宝座两侧，越接近宝座的塑像越高大，最小的一尊也有六英尺左右。他们都是城隍的贴身侍卫，要多黑有多黑，肩膀上落满了厚厚的灰尘。在栏杆内侧的正前方，摆放着一个高大的铸铁烛台，其顶上由低到高排列着三四个分开的枝杈，每个枝杈上都规则地立着许多尖刺，上面插满了燃烧的红色蜡烛，流淌下来的蜡油将整个烛台都染红了。一位老者站立在栅栏里边，照管着这个烛台。在栏杆的前面，有一个装饰极其华丽的大香炉，香炉前的地上放着一溜长长的垫子。

当我们走进大殿的时候，里边只有一位庙祝，没有别的人。但没过多久就见一位老妇人走了进来，跪在垫子上，然后把身子深深地伏下去。她叩拜的动作并不算特别的中规中矩，因为她只是把头磕在垫子上，而不像很多人把前额都触碰到了地面上。她跪拜了大概有三四分钟，然后拿起一个立在香炉旁的大竹筒，开始使劲地摇晃，竹筒里面放着许多相同规格、又长又细的竹签，每一片上面都写着汉字。她从中抽出了一根签子并交到了庙祝的手上，同时还付给对方四枚制钱。庙祝从另外一个竹筒里拿出跟这个签子对应的一张黄色纸条，上面的文字算是城隍爷对老妇人抽签问题的回答，庙祝将它一五一十地读给这个焦虑的妇人。可怜的老妇再一次跪下，又从大竹筒里抽出一支签子，在同样给付了四枚制钱之后，从庙祝那儿得到了城隍爷新的神谕。竹筒里的所有竹签都被编了号，与庙祝保管的那些大约两寸宽、一尺长的黄色纸条上的数字一一对应。纸条上的文字大都是古人的名言警句，如果虔诚的信徒所抽中的签子上写的是良言吉语，那么无论占卜的问题是什么，他们都会将其当作城隍爷指点迷津的神谕。

不知道眼前的这位老妇人是因为生计还是家事难题来向城隍爷讨教，不论什么事，她都要根据竹签和黄色纸条上的神谕来调整自己的生活了。在香炉的旁边，立着一节又长又粗的竹子作为功德箱，在中国朋友的建议下，我们这些外国人也都往里边投了几枚硬币，庙祝看到后自然也是十分高兴。

方才我们走入大殿的时候已然引起一些闲散中国百姓的注意，现在他们都要挤进大殿里来看热闹。该离开这里了，我们可不愿意引起什么骚乱，妨碍这个可怜的老妇人在神像前的祷告。走出城隍庙的大殿，我们来到了宽敞的庭院当中。院子中央摆放着一个巨大的铜香炉，据说已经有三千年的历史。它的主要用途是焚烧敬献给城隍爷的金银元宝，当然这些所谓的元宝都是用金、银两色的纸折叠而成的。整个香炉大约有六英尺高，中间是一个巨大的空心球体，上边敞着口子，形状很像一只高脚的酒杯，人们在这里边焚化着香纸。在炉膛的上边竖着几根立柱，上面架着铜顶飞檐，攒起来的顶子上还装饰着一颗圆球。在香炉的外壁上，铸造着千余个汉字。它们看起来依然棱角分明、清晰可辨。

在距离香炉不远的地方有一座漂亮的建筑，它的大理石柱子上有浮雕，上面是雕刻精美的石块砌成的穹顶，虽然规模不大，但形制复杂、装饰华丽。这座看起来像墓室般的大理石建筑将一块刻有文字的石碑覆盖起来，石碑上镌刻着密密麻麻的汉字，记载着城隍的生平。这些用大理石制作的石柱以及其他构件，上面都雕刻着美丽的图案。石柱底部可以看到形状奇特的狮鹫像，样子就像是斗牛犬和狮子的混合体。在院子的其他地方，如大殿前边和院门口也有蹲伏的猛兽雕像，看上去它们已经阅尽了人间无数的沧桑。

在我们眼中，城隍庙并不像一个庄严肃穆的祈祷场所，更像是一个热闹的集贸市场，已然成为小吃摊、水果贩、补鞋匠等等小商小贩的专属聚集地。在院子两边有一些货摊，小贩们每天都有自己的固定位置。其中一个小吃摊儿的老板生意很火爆，他的一个小伙计在木炭火上烤着红薯，另一个伙计在旁边火炉上用一口盛着黑砂和糖浆的大锅炒着板栗。城隍庙的大门口几乎被商贩们给堵死了。一位看起来与众不同的老人站在供奉着城隍牌位的大理石神龛前，守着一个卖水果和玩具的小摊，他吸引本地人的法宝是一个幸运转轮，其设计非常有中国特色，值得我们描述一下。他面前的这个转轮是在小木板上画了一个圆圈，平均分成了三十六个又长又细的区间，交替地涂成红色和白色，在靠近圆心的位置画着与骰子点数相对应的记号。整个幸运转轮的圆圈里边从大到小又被分成三段，每一段里都有不同的内容。在圆心处安装了一个垂直的转轴，上面有一根与圆的直径相等的横木，横木的一头用一截铁丝吊着一根银针，转动横木，这根针正好可以扫过整个圆盘。在中间转轴周围，摆放着各种各样陶瓷的小玩具和饰品。这个博彩的小游戏怎么玩呢？一个憨厚的当地人，拿出三枚制钱，说出三个数字并把钱押在中心画着相应记号的地方，然后拨动横木让它在惯性的作用下转动起来。当横木停下，如果银针指中的区间正好对应了他所说的点数，这个幸运的家伙就赢得了这个区域里放置的奖品。赌注当然可以增加，四枚、五枚，哪怕是十二枚都行，把它们放在各自的区域。不过对于试图投机的人来说，他赢得奖品的概率都只有十二分之一。

从城隍庙出来，我们直奔知县的衙门。县官大老爷姓莫，他除了掌管民事，还负责审理当地的案件。那些被判处死刑的犯人就关押在县衙里，参观监狱是我们此行的一个特别目的。在进入衙署的大门之前，我们看到角落里有一间小牢房，十多个脏乎乎的脑袋紧紧地夹在牢房前面竖着的粗大木头栅栏里。在这个像笼子一般的监牢里，透过夹缝看着外边的民众走来走去，可能是犯人们唯一能做的事了。这些囚犯大都是因为一些微不足道的罪行而被处以几天的监禁，所受的惩罚主要就是曝光在众目睽睽之下，但看起来他们对此似乎已经安之若素了。

我们穿过气势恢弘的大门，来到了一个宽阔的院子里，再穿过一道门，就可以到达衙门的大堂。院子右边是一些低矮的房子，是衙役和捕快们待的地方，在左边也有同样一些建筑，我们等会儿就要经过那里。衙门里第二道大门的两边木质构件上雕刻着许多好看的图案。许多公文和布告就张贴在大门入口的地方，两边的柱子上拴着晾晒衣服的绳子，上面搭着衙役们蓝色的棉衣和灰色的衬衫。想象一下，当县官大老爷坐着轿子出入衙门内庭的时候，这些晾晒在绳子上花花绿绿的衣服是多么有碍观瞻。

此次参观，我们已经得到了掌管监狱官吏的许可。出于礼貌，我们先去他的住处拜访，但他并不在家。不过，他的仆从知道我们得到了大人的许可，于是非常殷勤地把我们带到了"贼头"那里，交由贼头带领我们参观。这个贼头是监狱里的"老人"了，这样称呼他并不是因为年龄，而是因为他在这里被关押的时间最长。他年少获罪，历久经年竟然成了这里资历最老的囚犯，渐渐地就成了"贼头"，其职责就是协助狱吏管理犯人。这是个体格健壮的中年人，外表很讨人喜欢。穿着一套朴素的蓝棉布衣服，外边罩着件黑色上衣，戴着一顶黑色的无檐小帽。这身穿着多少让我们有点失望，因为臆测中的贼头应当是一身非常特别的打扮。刚才提到外院左边的房屋，大部分被狱卒和捕快占用着，而"贼头"也拥有其中的一间。他领着我们穿过一段走廊来到了衙门后院，偌大的院子里布满了低矮的牢房，囚犯们被分成20 到 30 人一间关押在里面。我们参观的第一个牢房里关押的都是被判死刑和重刑的犯人。"贼头"用钥匙打开了牢门，我们跟随他走进了里面。一进去就听到了沉重的铁链发出的金属碰撞之声，眼前看到的景象让我永远也无法从记忆中抹去。我们穿过一堵不太高的围墙走进一个小天井院，院子两边和正前方各有一些低矮的小房子。院子里有 20 来个人，一个囚犯正忙着缝补摊在一条粗糙长凳上的衣服；另一个则在撕扯一件旧衣服里的棉絮，显然是要把它补上做一件冬天穿的大衣。另外几个犯人坐在牢房前面，忙着编织稻草，有的编成草鞋，有的编成穿铜钱的绳子。许多可怜的囚犯无所事事地在天井走来走去，还有一些则待在牢房里面。

所有的囚犯都戴着镣铐，最轻的是给他们的脚脖子戴上沉重的铁环，并用 6 到 10 英寸长的粗铁链子把两个脚镣连起来。有活干的犯人，手还相对自由一些，那些只能在空地上来回走动的犯人，连手上都戴着铁链，而且有些人的铁链明显比其他人的重很多。大多数犯人所戴的沉重手铐和脚镣都被一条铁链连在一起；有些重犯不仅用铁镣缚住手脚，还用一根长长的铁链捆住他们的脖子和身体，在脖子到前胸之间还专门安置了一根 12 英寸长的铁条，让犯人的头既抬不起来，又低不下去。虽然他们只能以极小的步伐向前挪动，但这些锁链毕竟还是给了犯人有限的自由。有一个囚犯正在以一种特别引人注目的方式做着苦力。他的手、脚、身体和脖颈上都戴着锁铐，右脚被一条短短的铁链拴在大约五英尺长的一根木桩上；木桩的顶端，有一条比他的手臂略长一些的铁链拴在他的脖子上；他不得不用另一根链子把这根铁链搭在自己的肩上，否则他将被垂下来的沉重链子拽倒在地上。连着脚的这截木头其实就是一棵直径大约两英寸的树干，坚硬而沉重，这个可怜的犯人不得不与它朝夕相伴，白天拖着它行走，晚上抱着它睡觉。从所受的惩罚来看，不难推测出他是个新来的犯人，每个初到这里的人都会被拴绑在那根圆木上。旁边的囚犯们一边在院子里抽烟，一边开心地等着看他的笑话。和这个新来的囚犯比起来，他们有许多行动的自由。

在这儿我们找了半天也没有发现那两个山西人——李木和吉可庆。九个月前，他们在"马路"①的一家茶馆里杀死了一个上海的江湖郎中。听说他们给了死者的父亲150美元，算是求得了家属的谅解。

这个牢房里羁押的既有杀人犯、强盗、窃贼、通奸者，还有一些犯有其他罪行的人。对他们中的一些人来说，在牢房里的日子将是生命中的最后一周，因为我们参观这里以后，已经有四个曾经见过的囚犯在城墙的南门外被处决了。我们相信在这里的人，也会遭受同样的命运。坐在那儿用稻草编织东西的人是个强盗，他在闵行地区犯了谋杀罪和抢劫罪，其头颅将会在犯罪现场悬挂示众。另一名罪犯居然抢劫了一位"大人"的官宅，犯下了不可饶恕的罪行。还有两个强盗据说是九个月前在英国租界里抢劫了鸦片商店，他们一伙儿十几个人都来自太湖地区，一起实施了抢劫，却只抓捕到了他们两人。这些人现在就坐在一堆稻草上，慢慢地干活。大白天的，他们看起来就如此令人感到怜悯和悲惨，不知道夜晚又将如何度过？你看看这幽暗而狭长的牢房，肮脏的稻草凌乱地铺在裸露的土地上，中间有四个低矮的小凳子，如此腌臜的地方连牲口都不愿意躺在里面。白天，囚犯们一刻不停地整理和编织稻草；夜晚，也只能躺在这些污秽的稻草

---

① 今天的南京东路。

上。即便如此，他们睡在这马厩一般的牢房里的时间也仅剩下四天。到了第四天的早晨，衙役们会给他们送来一顿特殊的饭，这是向犯人暗示死期将至的一种奇特方式。两个犯人吃完这最后一顿饭，就会被带到南门外。刽子手大刀一挥，罪犯人头落地。当这两个人被带走之后，其他犯人不免兔死狐悲、惴惴不安起来，因为用不了几天，又会有人被拉出去处决。

死刑是按照大清帝国刑部的命令执行的。罪犯被定罪后，上海知县上书上海的道台，道台再派员将文书转交给松江的府台，府台大人最后将批阅后的文书转呈给北京的刑部。皇帝的诏书由刑部发布，然后再以同样复杂的方式转发给地方长官。地方官在接到刑部的批文之前，对于囚犯并没有处决权，然而一旦接到了处决囚犯的批文，就要在两三天内完成行刑的工作，并且决不能让别人知道处决犯人的消息，直到行刑那天的早晨。因此，对于一个外国人来说，在案情公之于众之前，不可能知道任何信息。

我们听说，官吏有时会提前两三天给那些判了死刑的人喝酒，给他一点暗示。不管怎样，在行刑的那天早晨，肯定会给囚犯一个准确无误的信号。狱卒送来了一顿丰盛的早餐：一盘红烧肉，一盘炖羊肉，三碗大米饭。可是再香甜的食物也无法激起死囚享用的兴致了，刽子手更不可能因此而拖延行刑的时间，他们会以最快的速度将囚犯拖到刑场。死囚的脖子后边插着一面小旗，如果他不走，会把他绑在竹竿上，由苦力直接抬到刑场。每次行刑的时候，大约有 20 名文武官员监斩，他们会催动马匹，绕着刑场跑上一圈，马蹄声、銮铃声响成一片。追魂炮是刽子手行刑的信号，随着三声炮响，刽子手鬼头刀一挥，寒光闪处，囚犯人头落地。

　　按照惯例，当享受特权的外国人参观完监狱以后，总会给监狱捐一笔小钱，所以当我们参观第一间牢房的时候，也这么做了。那个戴着枷锁、扛着木棍的"苦役犯"上前接收了这笔钱，他代表的不是这一间而是所有牢房里受刑的人。接过钱之后，他立刻转手交到了"贼头"手中，而"贼头"又把钱安顿给了他的一个下属。"贼头"向我们保证，囚犯们会得到一些点心或者烟草，这些好处对他们来说是极其难得的。要离开牢房的时候，囚犯们叽叽咕咕地跟我们说个不停，即使戴着沉重的手铐，有些人还会以中国的方式向我们挥手告别，事实上，他们对此已经习以为常了。

　　在进入下一处牢房时，我们穿过了衙役、捕快们待的班房，他们正在那里用打麻将、掷骰子的方式来消磨时光。途中我们还看到了一座供犯人们祭祀狱神的小庙。第二个监区和刚才的一样，也有一个被低矮的牢房包围着的天井小院。犯人们也可以在小院里放风，他们的脚踝、手腕和脖子上或多或少都挂着铁镣。有一个人的右脚上也绑着一根木头，就像他在另一个监区里的难兄难弟一样，只不过这个人身上没有那么重的铁质刑具，那根木棍看起来也轻许多，只是拴在他的脚踝上，而没有同时系住脖子，所以他不得不用右臂一直控制着它，以免它拖到地上。毫无疑问他对这根圆木已经深恶痛绝了，但也只能无可奈何地接受这尴尬的处境。当他带着木头走来走去的时候，其他犯人都在看他的笑话，因为这样的情形他们都亲身经历过。这里的许多囚犯都在制作草绳和凉鞋，干的其他活计也和第一个监区的囚犯们大同小异。

　　这里的几间房屋被开辟成厨房，空间相当大，但里边没有摆什么东西，昏暗的光线下能看出地面是裸露的泥土。炉灶是用砖砌成的，炉火已经熄灭了，在厨房里看不到任何炊具，一个郁郁寡欢的厨师坐在远处的角落里，因为他也是一名囚徒。他两臂交叠在胸前，双腿蜷缩在椅子下面，即便如此，仍然可以看到锁着脚踝的铁链，从表情就可以看出牢狱生活给他带来了多么大的痛苦。

这几间牢房里的犯人不仅没有统一的囚号服，而且每个人都穿得破破烂烂，衣服上连一块像样的补丁也找不出来。虽然用来打补丁的都是蓝色的棉布，但是却因穿着时间和磨损程度的不同而深浅不一。缝补衣服是最粗笨的活计，每个人都不得不成为自己的裁缝。他们的外套和裤子上，到处都是裸露出来的棉絮，不知道需要多少线才能用补丁把它们连缀在一起。犯人们似乎把所有的衣服都套在了身上，估计夜晚也都这样穿着，因为对一些人来说，第二天早晨要将这堆破布像件衣服一样披挂在身上，将是一项艰巨的任务。

在第二个监区外面有一个小花园，其实只是一块几码见方的花圃，四周垒着一圈低低的围墙。一大片黄色的菊花正在盛开，这里成了整个监狱里最令人感到愉快的地方。这块小花圃被囚犯们打理得井井有条，或许给那些聪明的犯人提供了一个学习园艺的好机会。我们在参观了方才叙述的这两个监区后，向"贼头"道别，感谢他热情的接待。他始终非常谦恭，当我们告辞的时候，他抱拳拱手先向我们鞠了个躬，倒退了三步，又鞠了个躬。

从知县的衙门里出来，我们又返回了城隍庙，来到了一家只对达官贵人开放的私家茶园。路上看到一个中国人正在临街房门口的台阶上洗脸，这居然也引来了一大群表情惊讶的市民纷纷围观，这样的景象我们过去从未见过，觉得新奇而可笑，便记录下来。

　　这座并非偶然天成的美丽茶园，人工堆砌的假山池塘、栽种的奇花异树、雕琢的精美建筑，无疑使它成为整个上海滩最令人感到愉快的一个好去处。尤其是到了夏天，树木枝繁叶茂，整个茶园更显得静谧而美好。尽管已是隆冬时节，整个茶园树木凋敝，但与城市中肮脏拥挤的街道相比，仍不乏迷人之处。在夏季，对于那些能够常来常往的人来说，这里定然是一个修身养性的胜地。

　　据我们所知，一年当中这个官吏的私人休憩会所只在 3 月 15 日对普通市民开放。在那一天，社会的三教九流会挤满这里，我们也得以有幸参观过这个美丽的花园。在西方人看来，那里最吸引人的地方就是举办花卉展览。只不过展出的花卉只有一种，就是兰花。这种植物最主要的特征就是品类繁多，除了对中国植物非常精通的专业人士之外，人们很难看出不同品类之间有什么大的区别。兰花细长的叶子像剑刃一样，细小嫩黄的花茎从绿色的叶片中间长出来，非常精致优雅。它需要最敏锐的洞察力来辨别不同的品种，中国人特别是那些兰花爱好者，能从种植和研究它而感受到极大的乐趣。不过在参观展览的人当中，很少有这样的，人们只是出于好奇来凑凑热闹，因为一年当中只能来一次。我们看到在茶园的每一个展位上，都陈列着一盆兰花，成群结队的中国人兴致勃勃地观赏着那些种着优雅绿叶植物的小花盆。在这一天，花园里聚集了如此稠密的人群，致使身处其中的每一个人都很难清晰地看到花园的全貌。无论你要从悠长的小径穿过拱形的岩洞，还是跨过几座小桥，想攀上崎岖的花岗岩台阶，身穿蓝色棉布或绸缎的中国人都熙熙攘攘地无处不在。每个人手里都拿着扇子，叽叽喳喳旁若无人地闲聊，如此混乱的景象让我们觉得打道回府才是最好的安排，等将来有了机会再故地重游。

这次进城游览之前，我们就得到了参观这所花园的许可，因此把它作为此行的最后一个目的地。之前说过，从老茶馆所处的公共花园通往这处私家花园是一些狭窄如迷宫般的小径。显然，我们的向导对这条路了如指掌，仿佛就住在这个地方一样，但想要原路返回对我们的朋友来说却是个极大的挑战。我们进园走的是一条通幽小径，在一堵墙上看到了一扇很窄的门，门洞不超过六英尺高，两英尺宽。我们敲了敲木门，里边传来应答的声音，向导和看门人经过一阵简短的对话之后，小门被打开了，一位清瘦的老者站到了大家面前，欢迎我们到此参观。当我们走进院里，老人回身把门又关上了。如此一来我们有了从容的时间，可以在没有他人打扰的情况下好好地欣赏这个园子。我们首先信步走入了一栋楼阁，其建筑制式与庙里的大殿非常相似，只有一间宽大的厅堂，我们推开房门，安坐于内，花园的大部分景色就可以尽收眼底。这里摆放着许多桌椅，可以供大家悠闲地品茶。墙上悬挂着中国山水画卷轴和雕刻精美的文字匾额，在后墙的壁龛里绘着一幅水墨的城隍肖像。屋顶上悬挂着许多漂亮的灯笼，精心雕刻的中式框架搭配了外国的玻璃，加上珠子穿成的灯穗作装饰，让整个屋顶看起来显得特别精致美观。

在这所厅堂的后面，你会看到一座用岩石堆砌的人工假山，上面种着棕榈、柳树等植物。在假山正面和侧面的斜坡上，细长叶子的茅草和蕨类植物从岩石的缝隙里生长出来。山坡上长满了高大的树木，尽管树叶凋落——远远看上去就像一些粗壮的岩石柱子，但它们都是一些珍稀的古树。在山坡的最高处，建着一座八角形的凉亭，四面开放，几根木头柱子支撑着漂亮的顶子。顺着凉亭的方向再往远望，可以清晰地看到后边一排房屋的阳台上

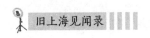

有构造精美的门窗。

我们绕过花园的主建筑继续向前走，一个小的方形池塘出现在了眼前，其堤岸用形态奇特的太湖石堆砌而成。水面上漂着绿色的浮萍，池塘边长着茂密的芦苇，听说池塘里养着各种各样的鱼，但由于水草遮挡了视线，我们也只能开动脑筋想象它们的样子了。这里的小路由鹅卵石和瓷器碎片铺成，绕过小路的拐角，左手边的墙壁上有许多漏花窗，上边安着平板玻璃，里面是用白色的石膏做成的花格栏。在每一个菱形、正方形或者八角形的框子里边，又镶嵌着一些用黏土烧制而成的蓝色微型人物浮雕，非常有趣，值得细细观赏品味。在只用几盎司黏土塑造的浮雕人物当中，你可能会发现一个皇帝和三四名士兵组成的卫队；或者一座寺庙、宝塔和几个和尚；还有骑在马背上的官员、吹笛子的老人，等等。画面上的每一个人物都映衬在一带远山、一棵玉树或者一座小桥等等的山水风景之中。再往前走，就看到路径的上方有一个用岩石堆砌而成的拱门。这些石头仿佛受过无数巨浪的冲刷，上下左右都遍布着大大小小的窟窿，这些石块用蓝色的黏土粘在一起，被高高的重叠堆砌，呈现出非常奇妙的形状。在拱门的另一边，我们又来到了一间宽敞的房子，布置得像供人饮茶的客舍。

在客厅旁边有一面长长的白色墙壁，镶嵌着一些石碑，它们是用燧石或者别的石材做成的，这些雕饰精美的石板上刻满了为修建这所花园而捐资助力的人名。不过，这面墙最引人入胜的并非这些，而是一幅宏伟的壁画——从上海到龙华的乡村全景尽收眼底，画卷几乎占据了整面墙壁。但令人感到遗憾的是如此壮美的作品被人为地损坏了，壁画的灰皮已经大片大片地脱落。还有一些地方被无礼而粗野的外国人用铅笔写上了他们的名字，有些签名不仅笔迹潦草还很巨大。这种情况不只在此处，在任何一个人迹稀少或游客特别感兴趣的地方都能看到，已经成为一种被外国人，特别是英国人争相仿效的行为，应该受到严厉的谴责。尽管这幅壁画已经被破坏了许多，但仍然有足够多的画面可以让人兴趣盎然地观赏学习。在画面的左下角，一座险峻城池的轮廓依稀可见，在它的后面则是平静的黄浦江，江上有三四艘张着巨大船帆的木船。画面的右边表现的是整个全景中最重要的景观——龙华塔。画面的前景显然是要表现从上海到龙华之间美丽的田野风光，但是这幅凝结着中国人智慧的艺术品被无情地亵渎了，愚昧的人们损毁了这部分画面所有的内容。

众人沿着一段粗糙的花岗岩砌成的台阶继续向上攀爬，台阶两侧是坚固的石栏，当我们登上假山顶之后，在亭子里休息了片刻，悠闲地享用了一支雪茄。在这儿我们又见到了很多地质奇观，有一根柱子应该是古树的化石，大约有十二英尺高，其木质纹理依然清晰可见。还有一根柱子则是蜂窝状的岩石，由嵌在冲积土壤中的白色鹅卵石构成，现在看起来就像是一根粉笔，只不过其四周的鹅卵石被人们抠走了好多，表面看起来已经变得千疮百孔。第三个奇观是一块圆形的卵石，在水流的冲刷下变得十分光滑，中间有一个洞，当你轻轻地敲击它时，会发出一种庄严而悦耳的声音。这里的奇珍异宝真是琳琅满目，不胜枚举。这个由鲜花、树木、岩石、亭台、楼阁组成的静谧小花园，如果能搬到英国的水晶宫①里，必将是一个极好的景点，因为在假山的营造方式上，它击败了所有海德公园②里展示的东西。当置身花园里的时候，你看不到这座城市里任何令人不悦的东西。不管怎么

① 水晶宫是英国于1851年为万国工业博览会而兴建的一座建筑——译者注。
② 英国水晶宫的修建地——译者注。

说，大家都觉得此次游览，真是不虚此行！

考虑到上海县城里的街道曲折难行，所以从花园里出来以后，我们尽可能走直线前往新北门。这天，我们花了整整两个半钟头，目睹了上海许多奇异的景色，也了解了一些城里中国人的生活状况，然后就在下午结束了这场短暂的旅行。

册封刘郇膏为"和平之神"

1879 年 9 月 13 日，恰巧是星期六，上海县城举办了一场盛大的供奉"和平之神"刘郇膏的活动。刘郇膏是已故的江苏巡抚，1860 年的时候还曾做过上海知县，如今被大清皇帝敕封为"和平之神"，并专门修整了一座祠堂供江苏、上海的官员以及百姓祭祀。刘郇膏曾经在此为官一任，忠于职守，甘于奉献，荫庇造福了一方百姓。作为一名知县，他秉公执法、主持正义；虽然是一名文官，却在战争中赢得了声誉。他获此殊荣绝非仅仅凭着一己之勇，是因为他率领团练武装开赴浦东并战胜了叛军，更是因为他在戡定太平天国叛乱的过程中，将对朝廷和人民的热爱表现得淋漓尽致。当然，他的事迹很快就获得了清政府的肯定和嘉奖，旋即被提升为江苏省的府台。然而几年前，他还没有离任就与世长辞了。就像许多类似的伟大人物一样，他们的价值只有在死后才变得家喻户晓。对刘郇膏来说一切尚不算为时已晚，君临天下的皇帝可以通过追封他为"和平之神"、在中国贤人祠里占有一席之地的简单方式，让其英名和正直勇敢的事迹代代相传。刘郇膏热爱和平，同时在战场上也视死如归。作为"和平之神"，在他履职并获得声誉的地方拥有一座祠堂，其精神会对统治者及其子民产生更多有利的影响。不过，令人诧异的是这位新册封的神仙并未拥有一座崭新的祠堂，而是被安排在一座旧庙里接受众生的祭拜。靠近西城门的这座旧庙过去叫作菩萨庙，不知为何渐渐香火冷落，寺庙自然也变得破败不堪。在接到皇帝的圣旨后，当地官员就挑选它作为"和平之神"的安身之所，将原来的菩萨像移到了城内另一处并不宽大的庙里，并对这里进行了彻底的修缮。周六，一场本地大小官员都要出席的盛大仪式将在这里举行。

这一天最引人瞩目的活动就是举办声势浩大的游行，游行的队伍将穿过上海城里的大街小巷和外国的租界区。我们决定去看看热闹，但前往菩萨庙既可以走相对宽阔的法租界大街，也可以走城里狭窄的弄堂，这将是两种完全不同的体验。我们最终选择了后者，虽然它有一个缺点，就是你不会有宽广的视野看到整个游行队伍的全貌，但是会更加有趣。

下午一点半左右，我们在翻译和向导的陪同下，从新北门进了县城。然后，紧跟着向导穿过城门与寺庙、茶园之间像迷宫一样的狭窄街道。我们狼奔豕突般地朝着各个方向前进，一会儿向东、一会儿向西、一会儿向南、一会儿向北，唯有向导不管朝哪儿走都不急不躁。走了漫长的一段路以后，我们发现自己终于来到一条长长的窄街上，从店铺的样子来看，这里应该是城中的一条主干道。

此处是游行队伍的必经之路，毫不夸张地说，狭窄的街道上已经挤满了焦急等待的人群。游行的队伍在城隍庙集合后，由老北门出城，绕过法租界的几条街，再由大东门进城。为了避开拥挤的人群，我们踅进了路边的一家大药店里边。这是一栋高大结实的建筑，临街的墙上只开了一个门洞，里边是大大的门扇，外边是用菱形的方砖拼砌而成的门垛，四周高高的围墙显然具有防火的功能。我们的向导看起来和店主、店员都很熟，在游行的队

伍还没来之前，我们被迎到了店里休息。这里突然来了些外国
人，自然引起不少当地人的关注，很快看热闹的中国人就源源不
断地涌了进来。

　　大约下午两点半的时候，游行的队伍过来了。刚才还挤得水
泄不通的弄堂，很快齐刷刷地闪出了一条通道，所有的人都站到
了街边店铺开阔的前庭里边。男女老少呼喊着、吵闹着、调侃
着、嬉笑着，着急忙慌地跑过来，渴望在路边找到一块立足之
地。"嗒嗒嗒"的马蹄声回荡在粗粝的石板路上，马挂銮铃那悦
耳的叮当之声已经近在耳畔，声音越来越响。与此同时，观众们
愈加地兴奋起来。没过多长时间，浩浩荡荡的游行先锋就骑着马
过来了，他们是道台的骑兵，穿着刺绣精美的丝绸制服，骑着佩
有雕花马鞍和漂亮辔头的战马。一队大约有二十骑，三四骑人马
并排而行，狭窄的街道上几乎没有了任何富余的空间，好在他们
骑得很慢。六个步行的侍从紧随其后，手里捧着一面面红色的牌
匾，上面用金字写着刘郁膏大人的官秩、封号和头衔等等。随后
又过来一群小马队，后面跟着一位缀着水晶顶珠的大人，他是道
台的骑兵指挥官，衙役们懒懒散散地扛着道台大人的红色回避肃
静牌跟在后面。接下来是些缀着镀金顶珠的小官吏，他们骑在普
通的中国矮种马上，排成一列，每个人手中都高举着一卷用各色
丝线刺绣而成的漂亮卷轴。这些人都佩带着宝剑，但并没有把剑
抽出鞘外或者悬挂在身体左侧，而是把剑插在鞘中，用水平的腰
带将其固定在背后。紧接着过来了许多骑着马的旗手，他们的小
旗子像前边那些背剑的人一样固定在自己腰间。马队过后，后边
游行的队伍一时没有跟上来，热闹的街市也就沉寂下来，两旁的
路人复又拥到了街上。不过，很快就传来人喊马嘶的声音，马蹄
声越来越近，四个骑在马上的军士一路狂奔而过，他们是怎么在

这狭窄的街道上风驰电掣却又毫发无伤，真是令我们感到惊叹。停顿片刻之后，一大拨人过来了，这次的马队是按照丧礼的顺序前进的。两位军士各背着一个深红色的大筒子，上面装饰着金色的花纹，据说里边放的是作战用的信号旗。后面紧跟着两个小吏，各拿着一面中间绣着黑色汉字的红色小旗。

游行的队伍又一次断开，看热闹的百姓就再一次阻塞了街道，直到两名刽子手骑着快马飞奔而来，扫清了道路。他们的衣着十分恐怖，然而紧随其后的两位骑手，其服装看起来更加阴森可怕。起初，我们的翻译把后边的这两位称为通讯员，我们想当然地认为他们是本地报社中充满敬业精神的员工，他们的行为举止就如同伦敦记者所采取的采访策略一样，弄脏自己的脸，骑在大象的头上，从市政厅一直追随到威斯敏斯特教堂，身临其境自然使他们能够对伦敦的市长就职游行①进行生动而恰当的报道。不过后来我们搞清楚了，这两个刚刚过去的、凶神恶煞般的人根本不是什么写通讯的记者，而是战争中传递消息的通信员。他们以及前面的刽子手，都是民众扮演的。我们的朋友解释说，游行队伍中出现的许多人物，表现的是想象中的"和平之神"衙门里应该有的随从和下属。这些人物由城里愿意参加游行的商人或其他市民来扮演。

在通信员疾驰而过之后，游行又暂时告一段落。趁着这个空当，担任翻译的朋友正好给我们做了上述这番解释。一大群跑腿的差役徒步走了过来，虽然叫他们"跑腿的"，但并非真正在"跑"。他们中的一些人拿着鞭笞犯人的竹板子，一端握在手里，另一端拖在花岗岩的地上，发出刺耳的声音，就如同有人用手杖

———————————

① 伦敦市长就职游行最初是伦敦的民选市长就职后从伦敦城巡游到威斯敏斯特的一项活动，后来渐渐演变成伦敦市民的年度狂欢盛会——译者注。

敲击地面一样。这样做有什么意味,当地人也说不出个究竟。后边又过来两位骑在马上的"大人物",手持系着丝绸的长杆,象征着皇帝与"和平之神"之间的使者。虽然我们只是匆匆一瞥,但可以断定这些织物并非旗子或者条幡。没过多久,隐隐约约从远处传来了微弱的音乐,翻译告诉我们道台的乐队过来了,他们是由一位法国的指挥训练出来的。不大一会儿工夫,拥有四只小鼓、两把长号和四把小号的乐队就从我们面前喧嚣而过,没头没尾地吹奏着中国的曲调。

乐队后面跟的是道台的精兵卫队,与当年格兰特将军到达金利园时我们看到的卫队一样。他们大约有二十人,每人扛着一根绑着三角小旗的长矛,缓步前进。随后又传来了一队士兵行军的脚步声,可以听得出他们的靴子一定特别沉重。他们肩上斜扛着上了刺刀的步枪,两人一排并步前进。这批精兵穿的是装饰着红色贴边的蓝色上衣和裤子,制服看起来又肥又大。头顶的帽子有蓝绸子衬里,外边围了一圈黑色的宽带子,看起来很像草帽。前面的十几个精兵迈着整齐的步伐鱼贯而过,但后边的则一个个瞪大了眼睛,向街边的人群和店铺四处张望。当他们在人群中看到了难得一见的外国人,不免停下脚步,脸上挂着灿烂的笑容,目不转睛地盯着我们。有些兵士甚至把整个身子都转了过来,扛着的步枪刺刀几乎要划到路边看热闹的人脸上了,后边的兵士向前推他一把,他才回正身子继续前行。对我们的好奇心就像会传染一样,整个游行队伍在经过的时候,几乎每个人都会扭过头来看向药店这边。卫队后边跟着他们的指挥官,一位缀着水晶顶珠的大人骑马而来。这是我们看到的最先进的中国士兵,因为他们都拿着外国的武器。紧随其后又来了许多带着各种奇形怪状古代兵器的人,这些武器更像是一些抓捕工具,有戟、有矛。我们还特别注意到一件奇怪的兵器，这是一只铜制的人手，但尺寸要比人的拳头更大，握着一支粗粗的毛笔，安装在长棍子的一端，笔和长杆形成直角。

再后边过来的是一把丝绸制成的巨大伞盖，上面绣着各种美丽的图案，匆匆一瞥并不足以使我们对它进行细致入微的描述。后边不远还跟着一把红色的小伞，上面只有很简单的装饰。接踵而至的第三件物品是一件破旧的用土褐色棉布做成的衣服，与前边那些刺绣精美、颜色华丽的物品形成了鲜明的对比。一个戴着水晶顶珠官帽的官老爷骑着马缓缓而过，马身上的铜铃叮当作响。他威严地坐在笨重的大马鞍上从容地行进，不像那些不顾自己和路人安危的骑兵一样只顾在狭窄的街道上疾奔。又过来了许多徒步行走的衙役，后边是一个撑伞的人，他那巨大的伞盖是用粉红色的丝绸做的。不一会儿，周围的人声越来越嘈杂了，我们知道人们盼望的重头戏就要出场了。

随着开道的声音，抬杠子的苦力首先进入了我们的视野。八个轿夫抬着一个为焚香祭拜而设计的华美圣坛，里面焚着檀香。它的形状像一顶轿子，用黑檀或者类似的实木做成。工匠们煞费苦心地在上面精雕细琢，并且还贴满了金帛，让它的外形图案和细节装饰都展现出高超的制作工艺。后边跟着一些各有寓意的人物：第一个是骑在驯马背上的小男孩，人和马匹都精心地用饰品和锦缎扮了一番；然后是一个骑在马背上的男人，代表古代的某个重要人物。紧接着过来了一群奇怪的人，他们一个个都伸出自己的右臂，裸露到肘部，小臂的皮肤上穿着十来个铜钩子，钩子上用四根绳子吊着一个大约三十磅重的香炉。这些人脸上的肌肉无不扭曲变形，又都假装做出一副若无其事、如有神助的样子，好像万有引力已经不再发挥作用，沉重的香炉和铜钩对他们没有造成任何伤害一样。

游行的队伍经过短暂的停顿后，又一拨人走来了，硕大的草帽几乎将他们的脸整个遮住了。这是些专职焚香的人，他们手里拿着形状各异的香炉。据说，他们必须在途经的所有寺庙或神像前进行祭拜。他们每到一处便念念有词地祷告个不停，这或许是导致游行队伍总出现中断的原因。他们刚刚过去，街道很快就被那些并不参与游行的运送蔬菜和白酒的老百姓给挤满了！

在稍做逗留的烧香人走了之后，紧跟着是匆匆而过的刽子手、拿着竹板的衙役和扛着红色伞盖的仆人。又一个戴着水晶顶珠官帽的大人出现了，后面跟着两个骑马的侍卫，手里拿着漂亮的锦旗，这是上海人民敬献给"和平之神"的，赞美他已经成为万人景仰的神祇。还有一把华丽的万民伞赠给伟大的"和平之神"，它用深红色的布做成，绣得五彩斑斓，镶着流苏。周围的荷叶边上有几百个用蓝色丝线绣成的汉字，都是捐赠者的名字。一支由四个少年组成的乐队跟在华丽伞盖的后边，两个吹长笛，一个击打空心的竹梆子，第四个拿着像三角铁一样的乐器。乐队刚过去，许多衣衫不整的差官匆匆而过，不停地对着路人吆五喝六，显然在他们身后重要的队伍要来了。这是一辆龙形的战车，里面焚着檀香，由八个苦力牵引着，就像抬轿子的一样。一面巨型铜锣的声音已经清晰可闻，抬锣的人们聚拢在一起快步走了过来。敲锣的人甩开有力的臂膀击打着锣面，发出的声音震耳欲聋，如同打雷一样。这面专门为敬神而铸造的铜锣实在是太大了，这几个人似乎很难不让它触碰到地面。紧随其后的又是些拿着肃静回避牌的衙役们，再后面是骑在马上、穿着优雅长袍的官老爷。他们都在为后边抬过来的四乘轿子开路，里坐着官阶显赫的大臣或是掌印官。

接下来的队伍鱼贯而过，有少年鼓乐队、有差役、有抬轿子的苦力、有敲梆子的人、有撑伞的人、有烧香的人、有吹长笛的男孩等等。之后，我们看到了一支豪华的民乐队，有十几个人拿着各式的丝竹乐器，他们从属于一位高官私人所有。当他们在人群中自由散漫地走过时，只有一位老乐工在有气无力地吹着笛子。后边有更多的差役加快步伐，匆匆而过。又过来一支出色的弦乐队，演奏着活泼欢快的中国乐曲。

接下来的东西对参与巡游的人而言更具吸引力，它们是堆放在一块大木板上的各种糖果，不是用来供神的，而是用来犒赏给参加游行的人。在这声势浩大的游行队伍最后是一顶巨大的花轿，由八名轿夫抬着，这是"和平之神"的乘舆。外边精雕细刻、贴金镀银，每一部分都彰显了中国工艺美术所能达到的最高水平；里边摆放着将被供奉在神庙中的牌位，上面写着"和平之神"的姓名和封号。在他们后边还有成千上万的市民蜂拥而来，跟着游行的队伍继续前进。

在观看了一个多小时的游行盛况，等到壮观的大队伍过去以后，我们就在向导的带领下径直赶奔"和平之神"的祠堂。因为浩浩荡荡由军士、衙役、骑马的官员、抬轿打伞的苦力、吹管拨弦的乐队组成的游行队伍，必须穿街过巷，走完全部巡游路线才能抵达祠堂，所以我们确信可以在大队伍到达之前赶到那里。

最初，我们还落在游行队伍的后面。街道上各家门店开始重新营业了，为了游行的大伞可以顺利通过而被提前取下的招牌又悬挂了起来。工匠们也忙碌了起来，铁匠、铜匠、灯匠、鞋匠、梳子匠、刺绣工人、象牙雕刻师，甚至棺材铺的师傅，都在各自店铺前面的空地上干起了手里的活计。街上的行人很快就恢复了常态，不再成群结伙地跟着游行队伍行进。他们穿戴整洁、举止谦恭、安步当车地在街道上穿梭往来，看起来比那些在外国租界里居住的中国人更加体面。

我们跟着向导穿过数不清的狭窄弄堂，一会儿向左，一会儿向右；再跨过一座座横架于微澜死水之上的桥梁；有的街道上光鲜的店铺鳞次栉比，有的则到处是低矮的茅舍。我们一边走一边不住地催问他，怎么还没到"和平之神"的祠堂。直到看见了城西边那块比较空旷的场地，才终于得到了肯定的答复，很快就要到达目的地了。在我们途经的大多数地方，看不出这一天有任何不同寻常的迹象；不过，偶尔也能远远看到，一位骑着马的大人从狭窄的巷子口经过，或者巨大的伞盖挡住了前行的道路，时不时还能隐隐地听到打雷般的锣声。当我们快速接近目的地时，远远地就看见游行的队伍正朝着祠堂的方向行进。我们走在小溪一侧窄窄的小径上，看到另一侧花园的空地上，看热闹的妇女已经挤满了一排排长长的条凳，在上面耐心地等待着。

现在，"和平之神"的祠堂就在右边目力可及的地方，但我们还不得不跨过一座溪水上的石桥，然后迂回曲折地穿过开阔的田野才能到达那座菩萨庙——如今它已经是"和平之神"的圣殿了。从西边的围墙望过去，这座寺庙已然成为县城里最显眼的一座建筑了。它以前斑驳、暗淡的橙黄色外墙，已经被粉刷得雪白。祠堂的屋顶、山墙上翘的房檐以及各部分的外观看起来都很不错，猛地一看就好像是新修建的一样。当我们走过去的时候，看到成群的中国人围拢在那里，衙役们将回避肃静牌斜靠在墙上，然后和轿夫们三五成群地聚在一起，足有几百人。当地级别最高的几位行政长官并没有亲自参加巡游，如今已经端坐在了祠堂里面，外边的这些中国人，主要是一路服侍他们的随从和家丁。

祠堂与衙门的设计格局大体一样。前面有高大的廊厦，中间是宽敞的大门。穿过大门，就来到了庭院当中。正前方是神殿，两侧则是长长的回廊。大殿的前门开着，里边的地面用石板或者方砖铺就，要比院子高出好几级台阶。大殿两边各有两间高大的屋子，屋里的墙壁还没有来得及彩画，显然工程还没有全部完成。靠墙放置的长凳上坐着几十个官员，他们身穿绣着花团锦簇图案、缀着珊瑚宝石的丝绸长袍，头上戴着像蘑菇一样的轻便夏帽，帽上缀着象征不同级别的顶珠，后面拖着孔雀花翎。在座的官员中地位最显赫的是上海道的刘道台，还有当地的行政长官莫知县以及我们的老朋友"马路会审公廨①"的陈谳员，其他人等我们在此就不一一列举了。总之，当地有头有脸的文武官员以及许多"候补"官员都引以为荣地来到这里。在大院里有几十乘官员的轿子，道台的大轿是绿色的，其他官员的则是深蓝色。院子围廊的房檐下挂着好看的宫灯，有八角形的也有六角形的，都用玻璃制成，灯四周缀着彩色的珠串。尽管铺砌的地砖、墙壁、柱子、屋顶，大部分是原来的，但都已经修葺一新。因为我之前没有来过这里，所以也无法说清菩萨塑像摆在这儿的时候是什么样子，但显然人们不惜一切代价就是要把这座旧庙宇变成新祠堂。在登上通往神殿的台阶之前，我们注意到两侧是用砖砌成的小墙，表面刷着雪白的涂料，一尘不染。墙大约有八英尺高，下半截是实心的，上半截则砌成空心的花栏墙，空格里镶嵌着用青色黏土塑造的图案，有人物、有动物，它们一个个的都是赏心悦目的艺术作品。

在神庙里边，我们看到有一个将近五英尺高的巨型桌案被摆放在了最醒目的位置。案子的边沿上放着两根粗大的烛台，大约

---

① 英美租界的会审公廨——译者注。

两寸粗、两尺长的巨大红烛正在熠熠燃烧。在桌子两边稍稍靠里的位置又搁了两个小烛台，上面是普通大小的红烛。台子中间是一个青铜铸造的方形香炉，里边盛满了土，插着两根长长的正在燃烧的高香。屋檐下边吊着许多八角形的小型玻璃宫灯，还悬挂着四个非常大的方形灯笼。支撑屋顶的柱子上装饰着长长的楹联，上面写着金色的大字。墙上、房檐上也挂着许多匾额，上面都是讲述刘郇膏大人事迹、歌颂他美德的鎏金文字。正面的墙上，是一个实木雕刻的神龛，精工雕刻、素面罩漆，质朴而美观。它的里边挂着大红色的帷幕，沿着顶子则是一圈绿色的帘子。这是安放"和平之神"牌位的地方。在前面的香案和祭坛之间，一张桌子上摆满了盛放蛋糕、栗子、大枣、核桃和各种糖果的盘子。在桌子左边，四蹄着地立着一头收拾得干干净净的猪，而右边则立着一只同样屠宰好的羊。两只祭祀神祇的动物，被摆成特定的角度，使它们的头正好朝向神祇的座位。这些水果、糕点以及更加丰盛的猪羊肉，都是献给"和平之神"的，但他不可能真的享用这些东西。所以，这些供品在神祇面前摆放三天之后，就会被看守神庙的人理所当然地将其大快朵颐。

在将近下午五点的时候，巡游的队伍终于到达了神庙。由于人数众多太过拥挤，大批人员根本无法接近神庙的大门，统统被疏散到了周围的花园。官员们从祠堂里面迎了出来，站成两列，从大门外的门廊一直排到了神殿的台阶上。穿过外面的人群以及官员们恭迎的队列，巡游队伍最后边的"和平之神"牌位及大轿被抬了进去，道台、知县和其他的官员们，根据自己的官职大小，轮流向这块牌位行鞠躬礼，表达对这位新敕封神灵的敬意。之后，诸人将这块牌位放入了前文提到过的、早已准备好的神龛当中。外边的烟花爆竹瞬间被点燃了，乐队开始奏乐，人们又恢复了喧哗，叽叽喳喳持续了整整一个晚上。庙里和门廊外的蜡烛都点着了，亮如白昼。官员们免不了饕餮一顿，那豪华雅致的私人丝竹乐队和老式的铜管乐队一直演奏到了深夜。在神殿举行的祭祀"和平之神"的仪式，到此方告结束。

我们并没有一下午都待在祠堂里观看完整的祭祀仪式，后面的这些细节是由一位中国朋友告知的。当我们离开"和平之神"的祠堂向县城西门走去的时候，看到路的右边有一座破烂不堪的老建筑，向导说那是一座关帝庙，里边供奉的是中国的战神。抬眼望去，它显得那样破旧和败落。在上海仅就一座寺庙的外观而言，这座战神的庙宇与"和平之神"的祠堂相比真是望尘莫及。

马尼拉式斗鸡

如今的上海是一个国际化的社会，许多民族在此汇聚，不同的风俗习惯也都悉数亮相。这里的市政法律已经被英国的治安规章所同化，不过在这样一个几乎由地球上所有的民族组成的社区里，《英国治安法》或者其他国家的类似法规只能得到部分的遵守。我们必须允许中国人遵循自己的风俗习惯，只要这些习俗不会侵害到外国人的利益，但是某些机构的行为则必须加以约束，比如那些公开吸食鸦片的烟馆，西方发明的执照制度就应强制执行。中国人被严格禁止开设赌场，即便平民在家里赌博也会遭到严厉打击；然而在大型的俱乐部里，赌博行为却获得默许。其他定居在此的各国民众，也带来了本民族的消遣项目，有些娱乐活动同样与《英国治安法》相悖，但在各国领事的许可下依然大行其道，上海的市政当局显然没有办法进行干涉。斗鸡游戏就是这样一项独特的活动，其主要在来自马尼拉的西班牙后裔中盛行。对于他们来说，斗鸡是最主要一项消遣活动。每个星期天下午，他们都会在美国租界西北部的竹镇进行激烈的斗鸡比赛。围观者除了来自马尼拉的西班牙人之外，还有许多来自葡萄牙、中国和其他国家的人。不久前，仅仅在好奇心的驱使下我们参观了那里的斗鸡场，想要一探究竟。

竹镇这个地方密密麻麻地建盖了许多极其简陋的低矮房屋，

所用建材主要是竹子，所以被叫作"竹镇"。我们确信，从天潼路出发，穿过一条条又窄又脏的街道就可以到达斗鸡场。还有一条不太复杂的路线是一直沿着乍浦路到达竹镇的西侧，然后从两排低矮房子中间穿过去，拐个弯走进一条仅容人们鱼贯而过的狭窄小巷。顺着它来到了一排房屋的后面，那里是一条污浊的小溪，水面漂浮着绿色的水草。溪上架着一座那里随处可见的摇摇晃晃的竹桥，桥桩就是几根竹竿，上面稀稀拉拉地铺了四五块木板，没有任何多余的固定设施。如此简陋的一座桥，哪怕同时上去两个人也会超出它的承载能力。过了桥有一块狭长的土地，那就是马尼拉人斗鸡的地方了。

斗鸡场的棚屋也是用竹子搭建起来的，一些竹竿支撑起了顶棚，西边围了高高的篱笆以阻挡午后强烈的阳光，其他三面都是敞开的。中间的斗鸡场地被一圈低矮的栅栏围了起来，在斗鸡场与西侧高大的篱笆墙之间有一小块圈起来的区域，我们猜想大概是贵宾看台。观众们拥挤地围在斗鸡场边上，身子从围栏上探进来。在东面，有一个用竹竿搭建的平台，离地面大约五英尺高，可以登着梯子上去。观众们就站在这座单薄的台子上观战，还有些人则蹲在台子的下面。除了东、西两面之外其他的区域，人们用低矮的竹桩和水平的竹竿为看客们搭建了大量围观的座位。这里还有一个用竹席搭成的凉棚，游戏的主角儿——那些斗鸡，被拴在插进地里的小木桩上。比赛还没有开始的时候或者赛间休息，鸡的主人大都围坐在这里。

我们刚进来就听到有人说今天的斗鸡没有什么可看的，虽然有十七八只斗鸡，但没有几只能真正地打斗。那些善战的公鸡正在换羽毛，所以才会让些刚长成的小公鸡上场。老乡告诉我们，有时会有将近一百只公鸡被带到斗鸡场里，几乎一刻不停地让它们相互厮杀。鸡的主人就坐在外边的长椅上，吆五喝六地相互挑战并下赌注，他们大都讲西班牙语，有时也会夹杂些洋泾浜英语。这些马尼拉人穿着颜色亮丽、图案夸张的节日盛装。有一个斗鸡人的打扮与众不同，穿着一身带格子的深灰色花呢长袍，一顶奇特的遮阳帽卡在他的后脑勺上，这是个帕西人。在远处的角落里，坐着一个安静的马尔瓦尔人，身穿白色的长袍、头裹白色的包头巾，看起来对今天的活动并不怎么感兴趣。他的身旁站着一位白胡子老头，戴着一顶没有装饰吊穗儿的土耳其毡帽，蓝色棉布的夹克和裤子让他看起来更像一个爱尔兰水手而不是一个土耳其老人。另外还有几个英国商船上的邮包装卸工以及海滩上的流浪汉，他们已经完成了港口的卸货任务，将会在这里闲荡好几个星期。

我们到达斗鸡场之后短短的时间里，已经进行了三场比赛，不过只有一场看起来还有点意思。当一场比赛将要开始的时候，许多斗鸡被各自的主人并排放在这个宽敞的场地里，试探它们是否有战斗的欲望。主人会抱起自己的鸡，向对方的鸡探过去，如果这些鸡脖子上的羽毛都竖了起来，表示它们想打架，比赛就可以进行了。这些鸡并不是赤手空拳展开战斗，主人会在帮手的协助下将它全副武装起来。一根细长的钢刀绑在了斗鸡的右腿上，这种人工制造的杀伐利器类似于马刺。钢刀根据鸡从脚到腿关节的长度量身定制，平均长度有两英寸，薄薄的像手术刀一样锋利。主人有一个专门装武器的皮囊，他们信心满满地从口袋里掏出皮囊，就像将军给士兵挑选武器一样从中选出一把利刃。为了能更好地将其固定在鸡腿上，每把钢刀都装配了两把刀柄，刀柄绕过鸡腿的后趾骨，用一段结实的长线将它牢牢地固定在鸡腿上。由于鸡的右腿被绑得太紧，所以当它被放在地上的时候根本无法用右腿行走。比赛之前，刀刃上会戴着一层皮鞘。当两只决斗的鸡武装完毕，它们就会被带到竞技场上。

赛场周围栏杆的外面已经站满了人，场内有十几个马尼拉人正在为这场比赛下注。我们观看的第一场比赛，斗鸡只经过一个回合的较量就以双方竞相逃窜而匆匆结束。另一场比赛，其中的一只斗鸡刚一照面就落荒而逃。只有第三场战斗持续了大约十分钟时间，据说这是非常不寻常的情况，因为斗鸡比赛通常会在头一两分钟内就决出胜负，要么是死于非命，要么是四处奔逃。显然这是一场殊死的决斗，那些热衷于此项娱乐的人们，在大约五分钟的时间里一直在疯狂地叫价，不包括场外，场内押的赌注就已经达到了大约十二美元。此刻，鸡的主人抱着自己的"勇士"站在赛场的中央，等待着最后决斗的时刻。很快，两只鸡就会在角斗场上激烈厮杀，一决胜负了，它们都紧紧地盯着对手的脖子。如果战斗没有开始，那么鸡的主人还来得及反悔，这样他就可以撤回并保住自己的赌资。不过，他们来就是为了斗鸡的。赌徒们一想到不仅能看一场精彩的比赛，还有机会赢得几美元的奖金，就不禁欢呼雀跃起来。斗鸡场里的闲杂人等都被清理了出去，最后只剩下两三个人。赌金的保管者把墨西哥银圆一股脑儿地倒在地上，然后大大咧咧地用一枚银圆在两堆钱外边画了一个圆圈。皮鞘从鸡腿的钢刀上摘了下来，每个主人都亲吻了自己的勇士，然后把它放在地上。当赛场中的鸡开始生死搏斗的瞬间，兴奋的观众也同时发出了震耳欲聋的喊叫声。

这两只鸡一只灰色，一只红色，都是天津雏鸡。它们低着头，脖子上的羽毛都竖了起来，就像伊丽莎白时代上衣的皱领一样。一只首先跳了起来，跃向对方试图发动攻击。交错之后，随之立刻转过身来，又扑向对方。它们飞来跳去，几乎跑遍了整个的斗鸡场，跌落的羽毛也随之在空中飞舞。灰色的鸡抓住了红鸡的脖子，试图把它的头拖到地上，但是并没有把红鸡压到自己的身下去。而红鸡则趁机爬了起来，并抓住了自己的对手。现在它们互相掐住了对方，一只鸡右脚的刀刃就在另一只鸡的脖子后面，它们紧紧地绞斗在一起，一圈又一圈地翻滚着，每只鸡都想赢得控制权。灰色的鸡再次将红鸡甩了出去，将它逼迫在围栏边上。然后跳起来一次次地向对方发动猛烈的攻势，后者胸脯上的羽毛都已经掉光了，被刀刃深深割伤的位置不停地流淌着鲜血。两只鸡都已经累得筋疲力尽，它们在场子中间被暂时分开，各自获得片刻的喘息之机。但很快，它们又战在一处，此时，灰鸡的头被卡在了红鸡的翅膀底下，红鸡有气无力地啄着灰鸡的后背。灰鸡艰难地从红鸡翅膀底下抽出了脑袋，转身向红鸡扑去，红鸡也再次腾空而起。激烈的打斗在灰鸡的头又一次被卡到红鸡翅膀下而暂时停止，双方就这样保持一个奇怪的姿势很长时间——或许精疲力竭的斗鸡都希望能有片刻的休息。

大约过了十分钟，决斗的时刻来临了，灰鸡再次向红鸡发动了凶猛地攻击，在跃向红鸡的时候，它那根长长的钢刀刺穿了对方的脖子。红鸡掉头就跑，但主人一把抓住它，又把它放回在强大的敌人面前，但这次红鸡根本没有应战，主人一撒手它就落荒而逃了。灰色的公鸡似乎并没有受什么重伤，它被宣布为最后的胜利者，它的主人和看好它的下注者开心地赢了几美元；而那只红鸡将被残忍地杀死，十之八九会被做成咖喱饭。

以上就是对斗鸡游戏的真实描述，那些来自马尼拉的西班牙人就是如此以"运动"的名义进行残忍的赌博。斗鸡场上的所见真是太令人作呕了，许多欧洲游客都选择立刻转身离开。

中秋之夜

在农历八月十五这一天，中国人会给月亮庆祝生日。这是一个意义非凡的夜晚，中国人会在城市的街道和其他公共场所点燃香烛，祭祀他们信奉的神祇。那一天，我们也利用闲暇时间游览了夜上海。一年当中，只有八月十五和除夕，城门会一直开到午夜，而素日里城门在晚上十点钟的时候就关闭了。

中国人把八月十五这天看作月亮的生日，源自一个传说。有一次，明朝的第一个皇帝明太祖率领着自己的军队外出打仗，战事正在紧张之时却发现粮草供应不足，只好在八月十五这天派出一股部队乘着夜色四处觅食。起初，野外黑乎乎一片，士兵们伸手不见五指，自然一无所获。官兵犯难之际，月亮跃然升起，天地瞬间浸润在了宝石般的光芒之中，士兵们眼前一亮，借着银色的月光奔向田间地头，为军队收集到了粮食。月亮在如此紧要的关头展露出她美丽的容颜，帮助军队及时地补给了粮草。皇帝龙颜大悦，因此下旨把这一天定为了月亮的生日。至于官兵们为什么不在大白天去寻找粮草呢？故事中却未提及。我想这不过是编造的一个故事，情节是否合理被刻意地回避了。

当地还流传着一个奇特的风俗，每年八月十五的夜里，士兵们可以到农民的地里甚至屋里拿取他喜欢的五谷、蔬菜或其他食品。既不需要征得农民同意，也不会遇到任何阻拦。据说这个风俗的起源也与明太祖的军队外出掠食的故事有关。在那个不寻常的夜晚，明太祖派出去征粮的士兵发现了一种特殊的植物根茎，经过品尝发现它不仅可以食用，而且味道还相当可口。尤其跟羊肉一起烹制的时候，还能中和羊肉的膻味，这种根茎就是马铃薯。如果爱尔兰地区的民众听到这个关于马铃薯的传说，只能是甘拜下风、自叹弗如。那些征粮的士兵是否发现了美洲马铃薯甲虫祖先活动的痕迹，故事中也没有提及。

另一个有趣的传说是关于唐明皇的。八月十五的夜晚，他在文武百官、嫔妃、内侍和太监的陪同下巡游了月宫。在广寒宫内，他看到了一群豆蔻年华的女孩，弹拨、吹奏着各种乐器，表演着古老的舞台戏剧。中国戏剧的起源和发展就与这个中秋的传说息息相关。

中秋月夜，我们一边穿过外国租界走向县城的老北门，一边听着中国朋友讲述这些历史传奇，开始了一场探索之旅。通常，外国人很少愿意做这样的尝试，当然这并非说他们对此全无兴趣，所以将其记叙下来，我想还是有人喜欢听的。我们的夜游之举不过是好奇心驱使罢了，原本也没有指望劳神费力地转悠一圈能看到什么新奇的东西。

我们跟在向导朋友身后，跨过护城河上的桥梁，走在一段蜿蜒曲折的官道上。路两边堆放着许多水缸、苏州浴桶和其他一些当地人才叫得出名字的巨大瓷器。这条路白天总是熙熙攘攘，行人络绎不绝，夜晚却非常寂寥。在护城河的石桥与城门之间，能看到零星的几个流浪汉。

穿过第一道城门，我们就进了露天的环形瓮城，它在县城的各个城门里都可以见到。我们面前就是守城兵丁住的房子，顺便提一下，这些兵丁与道台挑选出来的卫队其实在级别上是一样的。此时，一个士兵很随意地站在房子前面的空地上，那里并非哨兵或守夜人应当站立的位置。他的姿势很慵懒，仿佛其更喜欢回到屋里躺在床上，把手里拿的水烟筒吸得呼噜呼噜作响，以此来犒劳自己，消磨时光。尽管一点也不像值班的样子，但在这个万民同欢的中秋节之夜，他不得不站在外边。他伸直双臂，打着哈欠，好像刚刚从睡梦中醒来。要是在平常，10 点钟的时候就能关门大吉了。看着零零散散进出城门的人们，他心中一定有些许的抱怨。这个士兵显然也非常看重这个节日，在他的房前摆着一张小桌，上面有两个烛台，点着粗大的红蜡烛。烛台之间放着一个香炉，里边插着一把缓慢燃烧的香。礼佛的香是地道的中国特产，它散发出来的味道就像鸦片烟一样让人难以接受。这天晚上，身边总有香的味道萦绕，还有从肮脏的街道上飘来的其他难闻味道，我们只好不断吸着自己的马尼拉雪茄，以此来遮盖这奇怪的气味。

穿过第二道拱门，也就是内城门，我们沿着一条与城墙平行的街道朝着新建的北门走去。这条街依旧狭窄，除了住宅之外，还有些规模不大的作坊、饭店和茶馆。几乎所有房子的正门都还敞开着，依稀露出微弱的光线。每家每户都焚着几根檀香，只有一个商铺的掌柜点燃了六支蜡烛，这立刻就让他的邻居们黯然失色。我们看到在一个小店的门口摆着不一样的陈设，一把把的檀香、各种用纸做的小旗、不同造型的人物和饰品、成堆的各色糖果，这些都是用来售卖的。店主的商品展示真是相当不错，他在门前点燃了檀香和蜡烛，不仅自己祭拜了月亮，同时还做了个绝佳的实物广告，路过的行人免不了有所感触而上前询价采购。在这个吉祥的夜晚，作为祭拜月亮的必备物品，现在卖还不算晚。就在不远处，另一家店铺更是下了血本，点燃的香烛比这家店的两倍还要多。

在一个小茶馆里，许多上海人围坐在桌子边上，喝着茶水抽着香烟，茶馆老板一定是为了这个特殊的日子才花重金请来了乐队，然而这喧嚣的音乐在寂静美好的夜里，真是显得不合时宜。这家茶馆的前面放着两个架子，上面摆着香炉，里面插着两三英尺高的檀香，其中一根已经燃烧殆尽，只剩下忽明忽暗的香灰；而另一根则刚刚从顶上被点燃，将会继续燃烧几个小时。烛光摇曳的窄巷里，偶尔会走过寥寥几个行人。

从老北门往前又走了很长一段路，才来到直通新北门的那条大街上，那里有一块空地，人们新挖了三四口防火井并用砖头将它们砌了起来。我们跟着向导穿过县城里的繁华闹市，这里坐落着上海最好的商号。虽然所有的买卖都在两三个小时前就打烊了，但许多店铺临街的大门依旧敞开着，各式各样的灯烛亮如白昼，檀香的青烟袅袅升起，一直飘向中国人崇拜的神灵，但这股味道实在让我不能欣然接受。在一条街的拐角，我们看到了一个镶嵌在墙壁里的神龛，周围雕刻着各种花纹图案；几支蜡烛还在燃烧，一炉檀香青烟袅袅；装着小点心和水果的盘子摆放在神龛里福神画像前。这些都是为神灵专门准备的作品，正在燃烧的檀香上还镌刻着汉字书写的敬神献词。

我们穿过大街小巷和脏兮兮的广场，跨过一条小溪，径直走到了城隍庙附近。最初打算先去看看孔庙，但是那里已经大门紧闭，没有一丝灯光，四周一片寂寥。唯一的活物就是一只饥饿的野狗，正用鼻子贴着地面四下里寻找食物。死水环绕的茶园附近也同样人烟稀少。当我们从后门抑或是侧门踏进城隍庙，所见景象真是有些大失所望，这里甚至都没有烧香点蜡。只有几个顽皮的孩子在寺庙的庭院中玩耍，肆意地享受大半夜还被允许跑出来的不寻常待遇。除了他们之外，这里就再没有什么人了。按照惯例，城隍庙举办庆祝中秋节的活动时，常常会获得两三百元的捐款，为何今天却冷冷清清？经过一番询问，我们终于获悉了其中的缘由，听起来这笔钱的新用途显然要比铺张庆祝中秋节睿智得多。以往从市民那里募集到的经费，都是用来购买装饰城隍庙的花灯香烛，今年被当地官员全部用来修建新北门附近的消防水井和增加城市的消防水缸了。刚刚我们来的时候，恰巧看到了这些消防水井，也注意到了很多新的水缸被摆放在城市的不同地方。这些预防措施值得称赞，毋庸置疑将会在消防灭火中发挥巨大效用。今年县城里已经发生了几起火灾，所幸在消防措施并不完备的情况下，并未对城市造成毁灭性的破坏。离开城隍庙没多远，我们就看到了一处最近发生火灾的事故现场，大约有 100 间房屋被烧毁，可以想象当时一定是大火冲天，远远超出了市民的扑救能力。看着大火烧焦的房屋，我们不禁感叹，整座县城没有在大火中变成一片废墟简直就是一个奇迹。

在接下来的城市漫步中，我们还看到了两三处祭祀神祇的特别陈设，但规模相对来说都不太大。在一处供奉财神的地方，人们点起了一排排红色的蜡烛和不计其数的檀香。在紧挨着罗马天主教堂的地方，有一座桥梁，那里有一簇檀香正在炽热地燃烧着。经过询问我们才知道，这点燃的檀香是敬献给菩萨的，她的神像原本供奉在西门附近的寺庙里，最近才搬到小溪边上这个逼仄的地方，原来的庙宇已经腾出来让给"和平之神"做了祠堂。在所有的街道弄堂，到处都有店主们并不铺张的祭祀陈设。出行的大人们显得有些无精打采，而孩子们则依然在街上兴高采烈地尽情玩耍。一群少年引起了我们的特别留意，他们每人手中拎着一个制作的十分有特色的灯笼。有个七八岁的男孩拿的灯笼显然是一只动物的形象，它用竹篾做的骨架，外边糊上彩色的纸，里边点着蜡烛。我们的向导想了想，说是一只兔子，不过在我们看起来它更像一只海龟。整个灯笼安装在一辆四轮小车的上面，小男孩拉着他的"展品"在空旷的街道上乱跑，呼朋引伴的声音不时打破夜的寂静。

在县衙门口，自然也少不了不计其数点燃的檀香。走到这儿的时候，我们终于又回到了大路上。衙门外面是官府差役的住处，还有一些低矮阴暗的牢房，关押着些小偷小摸的犯人。四周围挂着些很古老的灯笼，里边红烛常明。在捕头儿屋子的前面，燃烧着三四根儿檀香，向导朋友在还没有燃尽的檀香上看到了县官莫大人为狱神写的祷文。衙门里有些官府小吏们的住宅，在路过这些开着的院落之后，我们踏上了归途。寻找出城之路并非易事，我们在狭窄的弄堂里七拐八绕，最终来到了上海县城的新北门。

终于回到了法租界，走在外滩，再也嗅不到檀香那令人生厌的味道了。花了这么长时间进行此番游历，我们觉得有些得不偿失，回想一下上海县城里的中秋之夜真是乏善可陈，没有给我们带来丝毫的惊喜。

电话交换台

上海当地的电话交换台位于四川路上，于1881年首次开通。当时公司的名称叫作东方电话公司，总部设在伦敦。现在中国和日本的电话有限公司是它下设的分支机构，由大北电报公司作为它们的总代理。东方电话公司在印度、澳大利亚、新西兰、马六甲海峡和锡兰也有电话交换业务。该公司从成立伊始，就不得不与当地强有力的竞争对手进行激烈的交锋。各方为了赢得市场份额，使原本150美元/年的收费标准在很短的时间内，就降低到了50美元/年的水平。在成立大约6个月后，东方电话公司最终吞并了竞争对手，从而成为这一地区电话业务的唯一掌控者。其后年费一直没有改动，直到1886年5月26日，其标准被重新确定为50两白银/年。

1885年，东方电话公司花了总额不少于2500美元的资金，用于提高服务效率。因为在此之前，其服务质量已经饱受诟病，几个用户在一条线路上同时交谈的技术模式，让每个人都能听到不相干的其他人说话的内容。为此，经过论证之后，架设新线路的解决方案提上了议程。现在每个用户都有一根独立的绝缘电话线，从交换台接到用户想要与之通话的任何一间办公室。类似于仇敌通过窃听某人与远方朋友的私密谈话，然后再做出有损他利益的事情，已经变得毫无可能。

对于上海电话的整体运营状况，其优质的服务已经无须我们向读者朋友赘述。他们除了为普通公众提供信息交流的便利之外，还在租界内提供全天候方便商业沟通的增值服务。

无论在英国租界还是美国租界，无论是白天还是黑夜，一旦发生入室盗窃，或者面对那些试图用漆黑的夜色来遮蔽自己罪行的不速之客，用户不仅可以给警察总局打电话报警，还可以通过交换台的话务员，直接联系上距离自己家最近的分局。用户还可以每天享受到免费的电话授时服务，就像通过电话从位于徐家汇的观象台接收天气预报一样。盛夏时节，只要用户有要求，电话公司可以免费让城市乐队的美妙旋律在家中或办公室播放。另外，如果肯再多付一点钱，他还可以安装一部可以随时戴在头上的袖珍接收器，这样就能优雅地躺在沙发上一边看书，一边欣赏悦耳的音乐，不必再费力地拿着听筒了。万一房子不幸着火了，用户可以赶紧打电话给交换台，告诉接线员自家的具体地点。只需要几秒钟，交换台就可以通知到各租界的消防局和警察分局。还有，如果他本人或者家庭成员发生了什么严重的事故，抑或是家里人突然生病了（大家知道，即便是在管理最为严密的家庭也可能发生意外），电话可以及时地帮他们联系到租界里的任何一位医生。即使当时大部分诊所已经歇业了，它还是能够在很短的时间内帮你联系到一些医生并进行直接的交流。

1881 年，东方电话公司成立的时候，客户只有 25 家左右。1882 年，在它的竞争对手被挤垮了以后，其客户达到了 65 家。1883 年 6 月底，用户为 72 家；1884 年 6 月底达到了 84 家；截至 1885 年同一时间，这个数字上升到了 130 家；如今它的电话用户已经增加到了 223 家。因此，你可以看出随着时间的推移，电话交换业务越来越受到人们的青睐，当然，这是情理之中的事情。

过去，几个人共用一条电话线路的时候，电话里杂音不断，一个人常常听到莫名其妙的对话，因而用户的抱怨从来就没有停止过，但如今平均每周的投诉不会超过两位数。

电话交换台的工作人员不分昼夜地转接着电话，其总数高达平均每月16000个，也就是每天500个以上。交换台从事电话转接业务的话务员是三个中国人。在工作间隔壁会有值夜班的人，那里也会安装一个交换机。这样，不管什么时候，只要客户想要攀谈并突然打来电话，一股由电池发出的电流就会让接线员耳边的电铃响起，立即将其唤醒。我们猜想那个被从美梦中惊醒的接线员，偶尔肯定会把中国人能想到的各种骂人的话发泄到这个用户身上。换作我自己也是一样，哪怕不敢出声，但心里也一定会默默地用最恶毒的词把用户"问候"上一遍。交换台还有一个由大约15名当地人组成的团队来负责室内和室外的日常工作，不过当有了新的建设工程时，这么几个人显然是不够的，还需要添加人手。对于话务员而言，他们必须懂英语，因此也肯定会获得较高的薪酬。

东方电话公司已经获得了"爱迪生与贝尔公司"（如今的联合电话公司）在世界各地所有的专利使用权。我们在本地的公司拥有三项爱迪生的专利和两项贝尔的专利，还有高尔贝尔的电话专利，授权给综合电话建设和维修公司来使用。

电话交换台的转换电路板值得特别介绍一下。在这块板上密密麻麻地汇集、分布着各种用户的电话线，就如同摆在一起的瓦隆布罗萨的秋叶①一样厚。每个用户的线路从他的住宅或办公室一直延伸到交换台，其两端都要接地以完成整个电路。在转换电路板上有每个用户的信号显示器，这是一个前面配有黄铜片的电

---

① 意大利中北部著名度假胜地，植被丰茂——译者注。

磁铁，它把用户的数字代码隐藏在下面，当有电流通过电磁铁的时候，它会松开黄铜片并显示出用户的代码。与这些数字代码相对应的是相同数量的插孔，都有着固定的编号，有多达 40 个插头用于连接线路。这些插头由两片黄铜组成，它们正好与插孔相吻合，并且连着一根用丝织物包裹的柔韧绝缘导线。当一个用户摇动电话手柄时，产生的电流通过交换台里为他分配的电磁铁，其前边的黄铜片会松开并显示出用户的数字代码，比如说 20 号。当话务员看到时就会立即将插头插入这个插孔当中，20 号孔就将电话线路与交换设备连接在一起，并将其与地线断开。话务员问候之后，20 号用户可能会说要找 50 号，话务员就会将插头的另一端插入 50 号孔当中，50 号的接地线被断开时就已经与 20 号建立了连接。与此同时，话务员按下一个按键，并且转动话机的旋转手柄，那是通知 50 号的铃声。然后 50 号再转动话机的摇把，那是通知 20 号的铃声，这表明 50 号已经做好和他聊天的准备了。接下来他们各自手里拿起听筒，将它放在耳边，就可以通过线路一起沟通事情了。当谈话结束时，他们各自把听筒放回原来的位置，并且再转动几圈话机上的摇把儿就可以了。与此同时，接线员会拉动一个小控制杆，使得转换电路板底部的另一个零件下降，表明用户的通话已经结束，然后立即拔出两个插头。接转其他用户的电话线路也是完全相同的程序。通常高峰时段会有多达三四十人同时在线通话，当然，每对儿用户都有单独的通话线路。

　　授时的电话信号是通过下述方式送达给客户的。位于徐家汇的观象台发出的授时信号电流，沿着电话线首先到达交换台，从而导致了几个零件下沉，一个微型电路被接通，电磁铁驱动电机转子，使一柄锤子砸落在一面大锣上。铜锣的下边放置着一个普通的麦克风信号发射器。它连接到一个黄铜板上边，那里有大约80 个插头，连接着那些要求校对时间的不同编号的用户。在 12点之前，他们打开自己的接收器，通过这个装置就可以听到误差在 1 秒钟之内的标准时间了。

泌乐水厂

这家功能齐全、占地颇大的公司，引进了世界上最先进的机器设备，于 1893 年 6 月注册了"泌乐"作为其产品商标，开始向上海大众的餐桌上供应普通纯净水和碳酸饮料。整个厂区有五大建筑群，具体而言又分为锅炉房、引擎室、化学制剂室、蒸馏净化室、蒸馏水储藏室、充气灌装车间，软木塞、空瓶、商标和制成品仓库，工程师办公室、行政办公室以及管理人员休息的宿舍。

公司位于熙华德路与百老汇大街的交会处，这个位置紧挨着外国租界，既可以便捷地从位于福州路 4 号的公司中心仓库为那里供应净水，又远离了中国人的房屋和各种污浊的气味，做净水厂实在是再合适不过了。厂区建筑用实心砖建造而成，内部是大量的木质构件，很好地契合了企业实用主义的原则。工厂外观整洁、坚固质朴，给人一种制造业欣欣向荣、紧张忙碌的惬意氛围。饮料水的净化、充气、装瓶和用线捆扎等工序，都可以在一栋宽敞明亮、通风良好的厂房里分区域有序完成。

对工厂的简要描述，便于我们了解整个水加工的过程。水厂里的水，首先要使它变得绝对纯净，适合饮用，然后再给它里边充上气，加工成汽水。工厂的蒸汽由两台制造精良的康沃尔锅炉供给，每个锅炉的工作压力可以达到 90 磅/每平方英寸，总功率达到 60 马力。动力则来自伦敦最好的工程公司生产的莱德牌水平管梁发动机，最高功率可达到 34 马力。"泌乐"公司有一个大型的封闭式蓄水池，贮存着 25000 加仑的自来水。用于从蓄水池里往外抽的蒸汽泵采用双缸回旋运行模式，配有 6 个军品级的金属活塞。最引人关注的是蒸馏室里的净化设备，该装置是上海迄今为止引进的最复杂、最先进的机械；其采用的最新"三倍净化水改进专利"蒸馏工艺，也是首次在中国加以应用。这里的蒸馏水车间每天能够生产超过 3500 加仑的纯净水，它由三大、四小，一共七个蒸发器组成，里面装着无数用以蒸馏水汽的锡管。虽说我们的生活用水肉眼看起来已经很好了，但是当你看到日常用水在蒸馏器里经过一个完整的净化过程，不可思议地变成洁净、透亮、冒着银色气泡的液体，最终通过导管流入净水池的时候，你就会改变自己的看法。蒸馏设备中水的供应情况是通过安装在每个大型蒸发器上的双重调节器来显示的。厂区的大型蓄水池由混凝土和砖块建成，里边抹了厚厚的硅酸盐水泥，并且加盖上顶子。自来水是通过一个普通的水龙头引入净水厂的，但它一旦经过蒸馏净化之后，就必须通过纯锡制成的管道，以确保它绝对不再受到新的污染。所有由"泌乐"公司购进的导水管，要么是由铜制成——里边又镀了厚厚的锡，要么就完全是由锡制成，这样就避免了有害金属粒子进入水中的可能性。储存净化水的巨型贮水池位于建筑的顶部，是用从英国进口的优质班格尔石材和硅酸盐水泥建造而成的。这样设计建造既可以有效地利用高处良好的通风条件，也能够最大限度地避免灰尘的污染。为了生产出绝对纯净的水，哪怕是最微小的细节都不能被疏漏。整套机器设备的重要零部件都购置了备件，即便一个零件发生损坏也不至于导致整个生产环节被迫停工。完美的清洁工作以及"泌乐"公司井然有序的设备运行，都充分说明其前期设计、规划时的深谋远虑。

　　说了这么多关于净化的设备，现在我们简要地描述一下向水中充气的过程。净化后的水从贮水池向下流入充气设备，在那里与燃烧室中产生的二氧化碳气体混合。在进入充气机之前，气体要通过一个新型的过滤装置进行过滤。一旦纯净水被充入气体，剩下的工作就很简单了。两台蒸汽动力的灌瓶机将会自动完成汽水的灌装以及加盖软木塞的工作，为下一步用绳子捆扎以便运输和销售做好准备。当然捆扎工作也可以用机器来代替通常的手工操作。工厂对瓶子的清洁工作高度重视，先将瓶子在普通自来水里浸泡 24 小时，然后在热水里用高速运转的机器洗刷，最后固定在金属杆上，用蒸馏水猛烈地冲刷，将瓶子外边自来水清洗时留下的水渍冲洗干净。

　　制造甜味汽水的程序十分完善。加工各种柠檬水、姜汁啤酒、姜汁汽水的糖浆，都盛放在装有盖子和银质水龙头的大瓷坛子里。它们在楼上一间一尘不染的实验室里被加工出来，只有最纯净的化学制剂才会被加以使用，只有工厂的经理才能进入那里，产品的配方工艺完全由他一个人掌握。中国的员工是不跟公司生产的成品发生任何接触的，我想，只要大家了解当地人对于卫生状况多么漠视，对精密操控的工作是多么粗心，就会对这一预防举措给予衷心地赞赏。

　　工厂里的一切都是那么干净、整洁。主体建筑的地面用水泥和混凝土硬化而成，并且还向四个角倾斜了一定的度数，这样更便于每天对地面进行清洗。对于生活在随处可见灰尘、到处散发着臭味的民众来说，这样一个幸福美好的环境会产生无法抵挡的吸引力。公众完全可以信赖这家公司所生产的纯净水，因为工厂和蒸馏净化车间都在有经验的欧洲人士管理控制之下，他们听取本地一位著名医务人员的建议，生产的水样都要交到他那里进行认可和检验。

公司生产的水早已变得远近闻名，我们没有必要再啰里啰唆地宣传这样优质的纯净水是多么物美价廉。像上海这样的地方，夏天是传染病高发的季节，因此，公众能否获得绝对纯净的饮用水成为一件极端重要的事情。过去没有什么过滤器可以使污染的水变得纯净，只有蒸馏设备才具有这样的能力，"泌乐"公司采用的三次蒸馏工艺是目前最完善的。一般的沸腾并不能将水与无机物分离，诸如二氧化硅、石灰和其他矿物质依然存在于水溶液中，这些都是肉眼看不见的。然而，这些无机物或者矿物质却可以通过三次蒸馏技术将其从水中分离出来，换句话说，当水以蒸气的形式进入蒸馏冷却室的时候，这些无机物和矿物质就留在了蒸发器当中。"泌乐"公司用目前世界上最完善的三次蒸馏工艺，生产了上海有史以来第一批的纯净饮用水，其所做的工作被证明正在造福东方。他们用黄道十二宫的水瓶星座作为注册商标真正是实至名归。

福州路的浮光掠影

在中国，还没有哪个通商口岸能像上海这样，正逐渐地接受西方社会的生活方式，它可以说是中国社会改革运动的先锋城市。这为研究提供了丰富的样板。造成这一事实的原因显而易见，不仅仅因为这个港口在 1842 年《南京条约》签订之后，随即就开展对外贸易；而且在不到半个世纪的时间里，上海也由一个微不足道的中国三线城市一跃而成为闻名世界、富甲天下的商业中心，那里集中了号称中国"鱼米之乡"的江苏省几乎全部的财富。当然，积聚在租界管辖范围内的财富同样巨大。随着财富的增加，这里自然而然成为奢侈生活的天堂。

从中国人的视角来看，租界当中最重要的公共街道是福州路，它堪称上海的天街。

一个中国农民第一次参观外国租界，当他穿过华人区最为时尚的大道福州路时所感受到的震惊和困惑，肯定比一个英格兰乡下小男孩第一次走在伦敦主干道上的感受更为强烈。的确，仅仅就建筑物而言，这条最新命名的街道与巴黎的林荫大道之间，其相似之处并不比美国西部新崛起城市的街道与泰晤士河畔的滨海大道之间更多。不过，按照中国人的思维方式，这些房子外表上所缺乏的东西，必定在内部安排上已经做了弥补。考虑到福州路的长度，这里只有几栋屈指可数的建筑可以堪称中西合璧的典范。道路虽然像上海的普通马路一样并不宽阔，刚好能容两辆车并排通行，但它修筑得像箭一样笔直，这可是租界里的道路难得具备的巨大优点。偶尔来参观的人，会对这里的中国宾馆、酒吧数量之多感到咋舌，其中一些除了有中文名称，还挂着英文招牌，如保龄球馆、台球厅等等。还有许多中国糖果店，橱窗里陈列着西方糖果商们最为青睐的美味。一些经营食品的商店，也将它们的柜台装饰成西方的式样。还有几家租车行，有各种类型的马车对外出租。

下文中我们还会描述到这里的许多公司机构，如果能从空中鸟瞰它们，这些都构成了一幅丰富多彩、最为生动有趣的城市全景图。伦敦桥上虽然每天都有成千上万的人通过，但它也不如福州路上更加热闹繁华的景象。

到了下午五六点，站在著名的"朗园"台球厅附近，不需要多长时间，眼前的所见所闻就会让你觉得辛辛苦苦跑这一趟真是物有所值，只恨爹妈生自己的时候少给了一双眼睛。如同贵族举办盛大婚礼一样，一辆又一辆的马车从你面前驶过。轿子作为过去个人出行最主要的工具，如今在白天的大马路上已经极难见到。然而，每当夜幕低垂，隆隆的马车声渐渐消失，你会看到无数的花轿开始往来穿梭。坐在里边的大多是穿着时髦、打扮艳丽、明眸善睐的美女。她们去了哪里？这成为福州路上最难解的一个谜团。

行驶的马车发出了震耳的噪声，要想长时间地待在这种环境当中，需要强健的体魄。不过，它们的样子是如此的奇特，而搭载的乘客又是如此的美丽！我们姑且把这种特殊的车子称作中国式"敞篷四轮马车"，其样貌兼具东西方的特点。马车可以乘坐四个人，其车架外边蒙着彩色棉布做成的罩子，形状就像一把尺寸较大的雨伞，可以随意地关闭和打开。它的主要优点就是运费便宜，中国人只需要花上几个小钱，就可以享受一英里甚至更远些的行程。当然，乘坐这种马车的绝非大富大贵之人，而是些略有余钱、爱慕虚荣之辈。那些可怜的套在车辕上的蒙古马，就跟法老王瘦骨嶙峋的母牛相差无几，走起路来就像木偶戏里的马儿一样。多年来，人们曾把这些纯种蒙古马当作上海赛马会的种子选手而寄予厚望，但是，它们在接受测试时，首轮就惨遭淘汰，被当作驽马以平均每匹十两银子的价格出售。你听听马车那沉闷的轰隆声，就像天空隐隐的雷鸣，或者重型炮车正经过一座木桥！然而，这就是中国人的"巴士"。与英国的奥姆尼巴士①相比，中国人使用的马车不仅尺寸明显偏小，充其量只能容纳八个人，而且没有上边敞开的那一层，所以中国人也不能像西方的民众那样兴致勃勃地站在车顶上欣赏沿途美丽的风景。说到其他方面，中国马车的舒适程度，或者确切地说是不爽之处，倒是与英国的马车不相上下。不过，其加工工艺水平真是出类拔萃，就如同中国运输茶叶的快船一样。

过去，四轮马车大多都是私人财产，其拥有者非富即贵，代表了中国精英中的精英，多为大型丝绸或茶叶公司的经理人。家中只有男女主人才能坐在马车后排的位置上，他们衣食无忧，在中国是典型的备受尊重的阶层。路边的一辆马车上，男主人戴着一副镶着玳瑁的大框眼镜，镜片看起来像厚玻璃板一样，其边缘足有四分之一英寸，重量肯定也超过了五盎司。孩子们坐在家长的对面，丝绸衣服上的刺绣极其华美。毫无疑问，年轻姑娘们穿着节日的盛装，脸蛋儿敷上了白色的铅粉，就像出门之前在特级

① 19 世纪上半叶英国人发明的一种双层公共马车，有上、下两层，可以搭载 20 名左右的乘客——译者注。

"金门"面粉里蘸了下似的。不仅如此，她们还将自己可爱的小嘴唇涂抹得像玫瑰花瓣一样红。我常常琢磨一个问题：为什么中国女性要涂口红呢？当然不可能是为了吸引骑士给她一个温柔的香吻，因为众所周知，这些天朝的可爱尤物根本不会用那种有伤风化的方式来增进男女之间的感情，至少我们是被这样告知的。如果你对这样的说法深信不疑，那么中国男女之间的亲吻一定快速而虚伪，不为外人所知。接下来，该如何描述这些未婚女子的发型呢？这可真是考验我们的语言表述能力。如果有人要求说清楚她们的发辫是如何梳理的，我立刻发现自己陷入了笨嘴拙舌的困境。她们头上戴着一个华丽的宽大头饰，上面插着许多花，散发着沁人心脾的芬芳，让人觉得自己仿佛置身于制造古龙香水的工厂。这些花朵色彩鲜艳、形态各异，就如同静安寺路上的花展一样。无论东方美丽的汉族女孩还是遥远西方的多情夏娃，漂亮女孩们似乎有一个共同的嗜好，就是酷爱一切闪闪发光的东西。显然，这些东方美人对黄金的热爱和黑皮肤的非洲女子一样强烈，但因为囊中羞涩，她们只能用如假包换的赝品来装扮自己。

快瞧！这马车后面来的人是谁呀？魁梧的身躯，骑着高头大马，是吟诗的骑士？是的！看哪，他肯定是中国的一个公子哥。不过，从服饰来看，他与西方的同道中人截然不同！西方人穿紧身的衣裤，而中国人则喜欢衣着翩翩。中国人时常好奇地想知道西方的花花公子是如何把他的胳膊腿塞进紧绷绷的衣服里的，虽然紧身的衣着并没有使他们行动笨拙，但总让人担心衣服有时刻被撑破的危险。中国纨绔子弟的穿着打扮则与之相反，他们喜欢宽大飘逸的长袍，有如一个用氢气加热或降温的气球，可以自如地撑大或缩小。他们骑着纯种的蒙古马，无论美丑，并未采用欧洲的技术对它们加以改良。白色的骏马受到了更多的青睐，这种马非常稀少，因而得到的各种细心照顾，就像暹罗的粉红色圣象一样。但我想如果少了必要的清洁，这些白马看起来定然毫无美感可言。

中国的花花公子们有两样东西可以拿来炫耀，他脑后的辫子和马屁股后面的尾巴。辫子要长得足以拖到地面，越长越能显示出贵族的气质，马的尾巴也是一样。当一匹马驮着它的主人奔跑时，马的尾巴和骑手的辫子一齐在空中乱摆，可真是一幅有趣的情景。这些花花公子们通常还会戴上一副巨大的眼镜来彰显自己的时髦，镜片的颜色丰富多彩，定然要与礼服的颜色相搭配，至于不同色调的镜片是否会对视力造成伤害则被当作无关紧要的事情。一只手拿着马鞭，另一只手拿着吕宋烟，这就是你所看到的中国纨绔子弟的形象。

街道两旁，这边儿厨师们在大声地叫卖着他们的美味佳肴，从烹饪锅里飘出来的饭菜香味夹杂在南方气候孕育出的晚风气息当中；那边儿走街串巷的铁匠、鞋匠、理发匠，还有补锅的、修伞的、看病的、算命的，带着各自的工具，每个人都有自己独特的吆喝声。挑担子的苦力、黄包车和浸润了岁月的独轮车，各种景象如蒙太奇般的新奇多变，令人一时忘记了自己身处租界这块儿专为外国人而设立的土地上。

福州路是如此繁华，因而许多中国人都选择这里作为事业的大本营。有些偷鸡摸狗的帮会通常在附近落脚，专门欺诈来自边远农村、偶尔进城的乡下人，他们当然是屡屡得手。那些江湖人士，诸如游医、巫师、变戏法的、打卦算命的等也把这条街当作自己的临时家园。那些跑马戏、变魔术的人可谓是中国的"巴纳姆"①，其数量并不算多，而且其表演和展示也没有什么可圈可点

① 19世纪美国一个著名马戏团的经理人——译者注。

的东西。人们想当然地会认为在中国这样一个幅员辽阔的帝国里，举办一场精彩的展览应该没有任何问题。但其实这里虽然有大量畸形禽兽或者人类存在，然而，颇有商业头脑的精明中国人，却从未试图通过展示畸形的东西来获得经济上的收益。我们熟知的动物园是中国人所不知道的东西。他们的马戏表演通常限于一些无害的蛇、熊和穿山甲等等，偶尔也能看到一些据说前亚当时代存在过的动物标本。就像其他声称是上古时代的东西一样，这些标本同样能激起中国人强烈的好奇心。

不管怎么说，你在展出的标本中看不到乳齿象或猛犸象的化石，它们是按照中国神话描绘的插图仿造出来的赝品。记得有一次在展会上我们看到了一只巨大的青蛙，皮肤上有乌龟壳一样的纹路，即使蹲坐着，身子也有五英尺高，爪子有十英寸长。不仅如此，这只青蛙的下颌上还像鲨鱼一样长着四排尖牙。总之，它的模样看起来真是够凶恶的。中国的骗子和他们的西方同行一样，也都有能说会道的天赋，当然，这是成为骗子的一个先决条件。那些容易上当的观众正在听骗子讲述一个捕捉业已灭绝的"青蛙王"的故事。据说，几百年前这个家伙在安徽省境内为非作歹，黎民百姓不堪其扰，后来皇帝派了一支精锐部队去剿灭它。虽然它最终被捉住了，但几百名勇士也付出了生命的代价，这不禁让我想起了荷马史诗中主人公勇斗怪兽的故事。

福州路上有几处中国的公子哥儿可以修复牙齿的地方。前几天，我们就参观了一位中国口腔博士的诊所。他那蛛网密布的阴暗诊所并没有给我们留下什么深刻印象，倒是这位医生斜躺在一张烟榻上吞云吐雾的样子让我们记忆犹新。他一见我们进门，就站起身用流利的英语同我们打招呼。随后的对话，使我们了解到他在大英帝国的殖民领地获得了专业知识，并且已经完成了英国口腔博士的实习工作。通过询问，我们的结论是这个自称拔牙专家的人不过是一个冒牌的执业医生。据推测，他曾经给英帝国某个殖民地牙医做过贴身男仆，在牙医给人看病的过程中他在旁边学会了一些口腔诊疗的肤浅知识和技能。在他这里美容一颗牙齿的费用是10美元。假设自己是名患者，将会被他拔掉几颗龋齿，我肯定不会对他的业务水平保持漠不关心的态度。

距离这家诊所不远，还有一位中国牙医，他给我们留下了非常好的印象。诊所的橱窗里摆放着一位中国绅士的微雕模型，张开的大嘴足以吞下一只小鸡，双唇间露出一排雪白的牙齿。假人手中拿着一副下颌骨，上面填充了龋齿的标本，将被虫蛀坏的臼齿和好牙放在一起展出，真是一个不错的主意。此番陈设表明他显然受到了美国人的影响。这位牙医很有礼貌地接待了我们，他在讲英语的时候带着浓重的口音，可以让人轻易地猜到他在哪个国家学习的专业知识。他告诉我们自己曾经在美国学习口腔学，并且急于向我们说明他是如何操作的；还向我们展示了从美国进口的各种假牙，有些样品实在是太大了，几乎能装配进参孙拿着杀死成百上千敌人的驴颌骨里①。他告诉我们，诊所的收费低廉，生意兴隆。临别前，他提到西方来的牙医在远东地区的收费实在是太高了。他做此陈述的目的是不是想让我们说服身边的熟人来体验一下他的技术和服务，我们不得而知。然而，必须承认他对西方牙医收费的评价真是切中肯綮。

一个刚刚新兴起来的国家，最不愿意放弃的东西莫过于自古以来形成的饮食习惯。身处海岛的日本人就提供了一个有力的证明，虽然许多日本人已经欣然接受了我们的穿着打扮，但每天的食谱仍然由那些让祖先大快朵颐的菜肴组成。坐在散发着西式菜

---

① 参孙是《圣经》中的一名大力士，曾用驴腮骨击杀了一千敌人。

看香味的桌前，穿着燕尾服，系着白色领结，日本人的眼睛会匆匆地扫过各种美食，直到看见盛放着心爱寿司的盘子，他的注意力立刻就集中到那里了。因此，落后于日本的中国，却热衷于吃欧洲风味的食品，这可真是令人匪夷所思。中国人比日本人对美食有着更多的欲望和追求，可能是造成这种现象的部分原因吧。

在福州路上有几家西洋风味的餐厅，一些追求时髦的中国人常常光顾那里并成为座上宾。现在这些餐饮机构声名鹊起，其经营者大多是曾经在外国酒店或商行担任过厨师或者令人羡慕的首席侍应生。在这里每位顾客只需要支付一美元就可以享用一顿丰盛的大餐；也可以品尝到顶级品牌的葡萄酒或者白酒，价格非常优惠，几乎就是成本价。顾客唯一感到不便的是只能买到瓶装酒，因为这些机构没有获得按杯零售酒的许可证。

从下午6点到午夜12点，这里的生意都非常不错。餐厅布置得舒适静雅，餐桌上铺着整洁的台布，摆放着欧洲制造的盘子、碟子，中英文的双语菜单没有任何疏漏之处。"约翰·牛"餐厅可以为你搭配烤牛肉和梅子布丁；"约翰尼·蛙"餐厅可以提供咖喱味的田鸡腿；"荷兰小馆"里有德国香肠和泡菜。经常去这些餐馆的外国人总是和他们的中国朋友结伴而行，而光顾这里的中国食客大多属于买办阶层，偶尔也能看到大清帝国的海军军官和船员，离开战舰后的将士们在用餐时总是急于用筷子替换掉不称手的刀叉。

为了满足顾客想要在美女、美酒和歌舞的陪伴下享受一两个小时私密生活的需求，餐厅的顶层被分割成小的包间，并且按照欧洲风格进行了装饰。那些裹着三寸金莲的"阿德琳娜·帕蒂"①斜倚在安乐椅上，用类似于班卓琴的乐器演奏出甜美的音乐，活

---

① 19世纪意大利最著名的女高音歌唱家——译者注。

跃着酒桌上的气氛，真是一幅相当有趣的情景。

那些无处不在，颇具商业眼光的日本人在我们管辖区域的繁华街道上，建立可供收获的"牧场"是再自然不过的事情了。这种做法明显是学习了法国人曾经惯用的伎俩，每当他们殖民某个国家时，就会开一家咖啡馆作为西方文明的第一个标志。大日本帝国的侨民也通过开设日式茶馆而开始了与驻在国之间的商业联系。

充满田园情调的茶室，给那些到日出之国的美丽海滨去游玩的人们留下了深刻的印象。一种难以形容的魅力萦绕在这些场所周围，整洁的小屋让人心生愉悦。修长而整齐的小花园布置得格外雅致，花坛上摆放着精选的鲜花、矮小的枞树，还有小型的喷泉。最重要的是来了一位眼睛如深潭般明澈的女子，为您奉上一杯沁人心脾的无色茶汤。当她们行屈膝礼的时候，会把腰弯得像罗马虔诚的朝圣者亲吻圣父的大脚趾一样低，你看后真是感到忍俊不禁。虽然少女们演奏的音乐未必能给外国的游客带来多少惊喜，但至少说明这些漂亮的演奏者注意到了音乐本身所具有的魅力，无论演奏的是犹太人的竖琴还是木管风琴。

当日本人意识到日式茶馆在欧洲游客中广受欢迎的时候，得出了它也能成功吸引黑头发中国人的结论，于是照葫芦画瓢，福州路上的日本店铺如雨后春笋般地冒了出来。然而，上海与日本的日式茶馆，其不同之处何啻于天壤之别！挂着的招牌表明这些地方是按照日本的模式来经营的，但当检视它的时候，我们必须放弃沉默。这些店铺是由日本浪人经营的，大多坐落在一些偏僻的小巷子里，阳光从来照耀不到的小屋里散发着发霉的味道。我们不建议任何纯粹出于好奇的人光顾这些茶馆，或者被恭候在一旁的漂亮（姑且用漂亮一词）女招待说服，去享用她们提供的茶点。虽然每杯茶她们只收取 20 美分，但你很可能在药剂师那里花一两块鹰洋才能清除体内的毒素，所谓正宗的日本茶极可能是赛马场上个季节的干草。我们感到疑惑，不久前还采取严厉措施铲除上海日益猖獗犯罪行为的日本当局，为什么没有试图关闭这些为非作歹的地方，并且把那些浪人都遣送回国。尽管困难重重，但将这些经营茶馆的日本浪人纳入日本法律的管辖范围，肯定是能做到的。而且越早这样做，对维护一个文明国家的良好声誉就越有利。

"美人美酒两不沾，不喜笙歌夜夜欢，纵使长生亦枉然。"德国的马丁·路德在几个世纪前这样写道。今天，中国人似乎和昔日伟大的改革家一样，洞察到了格言里蕴含的真理。在中国，对歌唱艺术的尊重要比西方人想象的更多。中国人秉持这种态度或许是因为，凡可以追溯到史前时期的发明，在华夏古国里总可以享有很高的尊崇。而根据古老的传说，与图巴尔①同时代的伏羲，不仅发明了非凡的艺术，还把基本的音乐韵律教给了他的黎民。对于在福州路上闲逛的外国人而言，如果说有什么有趣的地方，那就是中国人的音乐厅了。

福州路上的音乐厅建成的时间都不长。据我所知，去年只有一两家，目前已经有六家以上了。在如此短的时间里增加了这么多，据说与道台最近宣布禁止女性进入租界众多的大烟馆有关。

在通往这些"自由轻松"殿堂的大门前，装饰着几块水牌，上面写着美丽艺人的名字、籍贯等信息。毫无疑问，对她们的才华也充满了溢美之词。每天下午 5 点到午夜，这里都会有两场"音乐会"。当地人的入场费是每人 80 文钱，当然，如果外国人碰巧来了，他们肯定不得不为自己的好奇心而破费点儿冤枉钱。

---

① 希腊传说中的人物，诺亚的孙子——译者注。

入场费里包含了许多服务项目，观众可以在演出期间敞开肚子喝茶；瓜子也会时不时地送到手中；在夏季的几个月里，观众还会不断地获得热气腾腾的擦汗毛巾，就是那种浸在热水里的法兰绒手帕。毫无疑问，热手帕对于中国人而言是个很大的福利，就如同鱼子酱对于将军一样重要。观众们围桌而坐，一个音乐厅里通常可以容纳一两百人。舞台离地面有几英尺高，用栏杆围起来，顶部有彩色的幕布。舞台后边挂着一面镀金框子的大镜子，我们猜测大概是为了向观众展示表演者们精心打扮得漂亮发型。

伴奏的乐队由八名乐师组成，这应该是组成乐队最少的人数了。通常有以下几种乐器：两把圆形的月琴（由演唱的女孩子们来弹奏）、一把三弦儿、两把胡琴、一支笛子、一架扬琴和一个用来打拍子的小鼓。演奏的乐曲主要是当地的民谣。演奏时，所有乐器一齐发声。虽说叫合奏，但在我们听来，每个演员似乎都要突出自己，通过制造出更大的声音以区别于队友。这里只有两家歌厅除外，那里聚集的是广东人，演员们自然也是用粤语来演唱。其余音乐厅里的女艺人毫无例外都是交际花，大都来自有着"人间天堂"美誉的苏州府，那里的女子享有天朝最漂亮女人的美誉。

中国的谚语说："人生在世，要想活得快乐就得生在苏州，因为那里有最漂亮的女人。"我虽然不敢宣称是这方面的专家，但相信中国人的品位还是相当靠谱的。这些苏州女子皮肤白皙细嫩，自带一种贵族气质。当然，让她们在中国人眼里成为无法抗拒的迷人尤物，是因为她们都缠了小脚，在这一点上打死我也不能苟同。在我看来，欧洲美女纤细的腰身与中国女人的"三寸金莲"一样并没有那么重要。通常，她们用绣着精致图案的火红丝绸或缎带裹着脚，鞋跟涂得也很鲜艳。裙子或者灯笼裤成为其服装中最漂亮的部分。她们的头发上装饰着鲜花或者手工的绢花，还有一串串的珍珠；手臂上，特别是演奏中发挥重要作用的双手，装饰着各式玉石和珠宝。她们的脸上抹着铅粉，嘴唇和脸颊上也涂上了胭脂。如此一番装扮之后，美女们不必担心自己因羞愧而脸红会被人发觉，厚厚的脂粉掩盖了原本的容颜，只剩下眼睛成为探索其内心情感的唯一通道。她们的眉毛用烧焦的小木棍描成黛色，形状如细细弯弯的一轮新月。上面的文字是对中国艺伎相当客观的描绘，她们如中国天才现代诗人所赞美的那样："脸颊像白中透粉的杏花，嘴唇儿像开得正艳的桃花，顾盼的双眸如阳光下闪动的涟漪，走起路来像风中袅娜的莲花。"啊！真是美得无以复加！

我们该如何描述这些艺人在歌唱和演奏乐器时，给西方人留下的听觉印象呢？说句实话，真是难以形容。有些事物或许只有亲眼见到、亲耳听到才能有感性的认识，否则只能是鸡同鸭讲，不知所云。我认为中国人的"音乐会"就属于此类。如果说对中国人的器乐演奏进行恰如其分的评价是件困难的事情，那么对他们的声乐演唱就更是如此。事实上，没有什么词语能够准确地形容他们唱歌的声音，也极少有人能够在听完之后将其模仿出来。女孩子在演唱的时候，像所有中国人一样喜欢用小嗓，自始至终发出尖细而高亢的假声。大家很容易理解，作为一种演唱方式，特别是当音调低于 d 调时，对于外国人的耳朵来说绝不意味着一种令人陶醉的享受。她们的声音仿佛是通过鼻腔发出来的，舌头、牙齿、嘴唇这些在我们演唱过程中最为重要的器官，在她们那儿，除了念道白的时都显得无足轻重。她们发出的假声，仿佛只有一个旋律，一个调性，没有强弱快慢对比的变化，这让习惯了复杂曲调的耳朵，很快就感到单调而乏味。此外，中国的音乐旋律没有大调、小调之分，经常游离于两者之间，因此，既不像我们的大调旋律那样庄严、雄壮，抑或欢快，也不像我们的小调旋律那样柔和、温婉，充满了悲伤的气氛。同样令人感到不适的还有她们的丝竹伴奏，每一位乐师仿佛都在演奏着自己的曲调。而且，伴奏音乐听起来总是感到非常刺耳，因为在中国音乐中没有"乐律"，因此其音符不是太过高亢就是太过平淡。尽管有这么多的不协调，令我们极不适应，但从中国人那全神贯注的样子，我们还是能感受到他们对这些音乐的喜爱。想必他们能想到德莱顿①的诗句：

"啊！如果连言语都是如此甜蜜，那么，当我们用爱的双唇发出无尽的旋律时，我们该如何形容一首歌曲？"

不管怎么说，中国人在观看演出的时候，表现出了最基本的教养，不像一些外国观众那样不时地掀起可怕的喧嚣。他们觉得以鼓掌、跺脚或者吹口哨的方式不仅不能够很好地表达对演出者的赞赏，而且还会破坏演出的效果。中国人像斯多葛派的学者那样，静静地欣赏着中国艺人那千回百转如云雀般的吟唱，却不会大声地喝彩或者喊叫"再来一段"，一个会心的微笑就足以说明一切。

在这里喝茶，每隔一段时间跑堂的就会过来为大家续水，我们觉得茶的味道还真是不错。这里还提供免费的炒瓜子，中国人对它的喜爱就像美国人喜爱花生一样。这里唯一让我们无法接受的依然是供顾客擦汗的冒着热气的毛巾。

据说，这些唱歌的姑娘，并不是由茶园老板给付报酬。当客人点了一首喜欢的歌曲让她们演唱的时候，她们偶尔会赚点小费，遇到特别慷慨的主顾甚至可以得到一块墨西哥银洋的赏赐。

---

① 17 世纪英国的著名诗人——译者注。

这里当红的角儿会拿到一半的演出费，而另一半则属于茶园的老板。游客们可以带走喜欢的姑娘去玩一个通宵，开着车沿着滨海大道、静安寺路兜风，或者带着她们在广东路、湖北路举办的晚会上闪亮登场。游客想找个临时的玩伴儿从来不是困难的事情，因为许多经过训练的艺人随时准备和你一起去参加晚上的活动。如果有一个美人愿意陪你去兜风或者看戏，你就得支付给茶园的老板三块大洋。他们同时也经营着私房菜馆，尊贵的客人们将得到最好的招待。不过，话说回来，经常光顾这些美人聚集之地的人，钱袋子可得充实。据我所知，一场晚宴的费用不可能少于15美元。然而，即使如此高昂的消费，依然每天都有人趋之若鹜。

中国人这个民族，是典型的黏液气质类型，他们干什么都行，就是不进行肌肉或身体的锻炼。他们嘲笑我们早上或晚上散步的习惯，嘲笑我们玩板球或划船。他们宁肯坐在那里，撸起袖子，咧着嘴，瞪大眼睛呆呆地望着前方，保持一副百无聊赖的样子。因此，当人们发现中国人开始从事西方的各种运动时，不免会感到有些惊诧，因为这是对身体的锤炼。然而，今天的情形就是如此。当你漫步在中国人极喜欢游逛的福州路时，你会被一座三层楼高的建筑所吸引，它是这一带最高大的建筑，门口挂着一块很大的牌子，上面用英语写着：鹭园台球厅。

这栋建筑可谓是中西合璧的典范，下边一层用砖石砌成，而上边两层则用木料搭建。它整体看起来就像是用一块巨大的玻璃建成似的，而框架上则雕刻着精美的奇形怪状的中国花纹。我们实在搞不懂为什么这家机构叫作台球厅，虽然这里可以找到几张台球桌，但主要收入显然来自给顾客冲泡芬芳的茶水。事实上，这一机构可以说是东西方两种不同形态沙龙的混合产物。在建筑的底层摆放着几张台球桌，还有一条保龄球道，而二、三层的单间里则可以招待客人们喝茶。最上边这层是为了方便那些大烟鬼而专门设置的，来的人非富即贵，因而装修得极其豪华，代表了享受的极致水平。包间里的家具精雕细琢，桌子上铺着大理石的台面，起码是有着大理石花纹的仿制品；长椅上镶嵌着浮雕图案的绿色石头，欧洲人通常会把它们与真正的翡翠玉石相混淆。墙上悬挂的卷轴，书写着中国圣人们的至理名言。

光顾这里的客人形成了一个非常独特的群体，似乎共和主义精神正在中华民族当中大行其道。那些大腹便便、肥头大耳的丝绸商、茶商，与勤劳质朴的工匠面对面地享用着茶点；那些以美女、美酒和歌舞为人生信条的花花公子与佛陀追随者们交头接耳。等级制度，这个对西方人影响巨大的因素，在这里几乎看不出来，仿佛平等博爱已然盛行于世。

这栋建筑中冲泡香茶的地方，同样非常有趣。如果仅就装饰艺术而言，它并不出众。这里摆放着一些精巧的竹凳和带有奇特饰物的小桌子，在所有类似的休闲场所里都能看到它们的身影，其制作工艺使其得以流传了几个世纪。不用多说，这个地方整天都挤满了顾客。茶在中国是最为常见的一种深色的饮品，当地人告诉我们，中国人从来不喝绿茶。喝冷水更被认为不利于健康，这种对冷水的惧怕是黑头发汉人所特有的生活习性，其起源可能要追溯到几千年前的大洪水时期。人们不断喝茶却没有搭配任何真正能果腹的食物，因而使得这个民族非常温和。这里不免引申出一个话题，是否可以通过广泛地将茶作为饮料引入欧洲，使得我们能够压制自由的思想，战胜虚无主义者，从而形成一个永恒和平的帝国呢？

言归正传，茶叶这种据说在公元 800 年才被广泛引种到中国的植物，无疑是促成东西方亲密交往的一个重要因素。在中国人看来，茶对其生存的重要性仅次于大米。也许，对于研究中国人性格的学者来说，没有什么能比他们啜饮香茗的时候更能准确地把握其特征了。我们知道，杯中盛着的这些能使人高兴但不会醉倒的液体，含有很多令人兴奋的成分。举例来说，当一群老姑娘围坐在茶壶旁，说起话来滔滔不绝，我们经常会被她们无穷的絮叨而惹恼。同样，香茗也能让不苟言笑的男性放松他们的舌头。

在鹭园台球厅里，也许没有什么能比一张用英文写着"概不赊账"的海报，更能强烈地刺激一个外国人的眼睛。这会唤起他过去许多悲伤的记忆，类似的提示，对于曾经踏进过酒吧的年轻人来说不啻是一个晴天霹雳。很明显，中国人不相信那些日积月累起来的欠条，这样的废纸实在是太多了，我们不得不佩服他们的精明。在这里没有类似的中文提示，由此可以得出结论，即这种委婉的暗示主要针对的是偶尔造访此地的外国人。这些人大部分是国外的海员，餐馆老板对他们脚底抹油的惯用赖账行为肯定有过惨痛的经历，因而概不赊账无疑是防止出现纠纷的唯一正确途径。

接下来，还需要费些笔墨来聊聊这些异教徒中国人是如何打台球和保龄球的。如果孔夫子能从坟墓里爬出来，并被带进鹭园俱乐部，这位古代哲学家在看到眼前光怪陆离的景象后，一定会比现代的瑞普·凡·温克尔①更惊讶地揉着双眼。毫无疑问，保龄球馆里的中国人是非常开心的。正如我们前文所提到的，中国人对于所有锻炼身体的项目都表现出明显的反感，但对这项运动却情有独钟，鹭园俱乐部里的年轻人显然觉得保龄球游戏非常有趣。

---

① 美国作家华盛顿·欧文所著短篇小说中的主人公，在沉睡 20 年后醒来，发现世间发生了天翻地覆的变化——译者注。

　　这里的两条保龄球道保养得非常好。我看到一个中国人正玩得起劲儿，但他打保龄球的技术真是不敢恭维。他就像一个在200码射程内10次举枪，九次射偏的无畏勇士一样，10次投球只有一次命中。大多数情况下，他的投球方式就像女人一样，用两只手狠劲地将球抛出去。这次他使足了劲，球抵达目标，成功地将10个球瓶全部击倒，因为它们被密集地摆放在了一起。保龄球的记分方式基本上是效仿我们。玩球的费用是10颗球，每人投掷三次，花费30文钱（约合3美分）。玩保龄球的地方总是围着大量的旁观者，尤其是那些来自边远农村的人，他们对此的好奇心就跟孩子们看拉洋片一样强烈。

　　再来谈谈台球厅。很难清楚解释为什么中国人会如此轻易地接受了台球运动，据我所知，他们没有任何传统游戏与此相关。从我们居住的地方分布着许多人来人往的台球厅来看，这项运动显然已经备受他们的青睐。

　　鹭园俱乐部里大约有六张破烂不堪的台球桌，一看就是被倒卖了十次都不止的二手货。估计以前已在娱乐场里服役了十几年，甚至更长的时间。你想要分辨出桌布的颜色几乎是不可能的事情，因为中国玩家习惯于用粉笔在桌布上记录分数。桌面上的补丁简直和约瑟①衣服上的颜色一样多。所有的台球桌都是美国生产的，我们也说不清楚为什么中国人更喜欢它们而不是英国货。很明显，中国人根本就不玩16颗彩球的台球游戏。他们玩的台球游戏是3颗球，而其技术水平并非同打保龄球一样一无是处，我们在这些球杆骑士中发现了许多优秀的选手，有人将会获得公平的机会与当地绿衣队的冠军进行比赛。

　　大部分到这里玩的人都属于买办或者职员阶层，还有一些纨

---

　　①　《圣经》中的人物——译者注。

绔子弟、花花公子，他们玩耍时所做的滑稽动作与西方人也差不多，相互之间的对话一般都采用英语。台球桌旁边总是有一大堆人围观，有些纯粹是为了消磨时间，但有些是对比赛真感兴趣。当我们玩台球的时候，他们会批评选手击球有误，甚至打断球员的动作，告诉他应当这样或者那样击球。他们一边批评着球员错过了绝佳的机会，一边不停地唠叨从来没有见过如此糟糕的比赛。假如你赌气让这些多嘴的人上场打球，他们显然也高明不到哪里。于是，他们把球杆扔在地上，责怪这个破桌子影响了自己击球水平的发挥。标价最高35美分的台球游戏，白天一般只收5美分，夜晚在煤气灯下则收10美分，这灯光多少让人想起据说一年当中有半年都笼罩着极地的朦胧暮色。

见好就收吧，我们听从了一位朋友善意的提醒。或许读者已经厌倦了跟随我们的笔端在上海的林荫大道上天马行空的漫步，虽然我们这样写作并没有什么不妥。

毫无疑问，中国是太阳下面最奇异、最美妙的国家。正如近代一位作家所言："中国有3000英里蜿蜒曲折的海岸线，有无数的港口和人口稠密的城市。世界上没有什么地方拥有比中国更辽阔的平原和沙漠。仅仅半块儿广袤肥沃的平原就超过整个德意志帝国的版图。中国的河流，无论其长度还是数量都是世界上其他地方无法比拟的。炎热的地区和北极的积雪为她划定了疆域。没有人完整地看到过这个国家，她的面积超出整个欧洲100多万平方英里。她的人口比整个北美、南美、非洲和澳大利亚的人口之和还多1亿。世界上每出生五个婴儿当中就有一个是中国人，同时，每天也有大约3.5万人死亡。这个国家已经保持了4000多年的独立，比我们地球上存在过的别的国家都长。她的教育做到了有教无类，据说，哪怕把中国所有的典籍都集中在一起烧成灰烬，还是会有上百万的人可以凭借记忆再现它们。诚然，我们现在许多方面的发展都超过了亚洲人民，但他们的历史比我们悠久许多、许多个世纪。"

我们尝试着勾勒了几幅福州路上的图景，向世人表明这个国家无疑正在向前推进。虽然到目前为止，为达到更好目的所做的改变，似乎还只是沧海一粟，但我们必须记住，弯曲的芦苇恰恰表明了风正从哪里吹来，那里有我们满满地期待。

黄包车夫和黄包车

尽管日本是第一个使用黄包车的国家，但这种造型奇特的车子却成为上海的一大标志，但凡有机会到过上海的人，都会提到它。黄包车引入上海只有短短几年时间，在引入它之前，工部局不得不对这里的低洼湿地进行改造，并用碎石铺装了路面。这种交通工具与各种车辆都有些相似之处：在有些人眼中，它像手拉的婴儿车；还有人觉得它类似于病人的轮椅，只是车轮的数量不同。其实，当把竹子骨架、帆布罩面的凉篷支起来为乘客遮风挡雨的时候，它更像是一辆微型马车。这种源自日本的人力车跟英国伦敦的双轮双座马车很像，只是后部没有了御者的座位。车前边有两根细长的车辕，拉车的苦力就在这窄窄的车辕中间拉着它奔走。车后边焊接着一根支撑杆，用于防止车辆后翻，但事实证明它并非总是有效，因为我们常常看见黄包车后翻，上边坐的乘客两脚朝天，而车夫也高高地被悬吊在车辕前边的横梁上。

据说，中国的黄包车夫远不如他们的日本同行，后者体格健壮，速度和耐力都很好，能轻松地完成拉车的工作。而在中国，虽然也能找到一些优秀的黄包车夫，但车夫跑得快不快主要取决于乘客及其支付的费用，如果车里坐的是一个当地人，他只能得到很少的车费，那他就会像在送葬队伍中一样缓慢地前行；如果他拉的是一个外国人，而且外国人手里还有一根文明棍儿，那车夫就得以每小时七八英里的速度疾速奔跑了。如果道路是干爽的，一名优秀的车夫会拉着你一路飞驰，如同马儿轻快地小跑一样；如果路况不好，急着赶时间的你又恰恰碰上一个身体虚弱、有气喘病的车夫，那你最好还是选择下车步行。有些车夫不懂交通规则，如果遇到了路障、陷阱这样的特殊情况，很可能你会身处险境；但有些车夫，已经积累了相当多的经验，不仅很好地遵守交通规则，远离各种危险，而且跑得还相当快。

如果乘客想让车夫向左转弯时，他就要用手中的文明棍去敲打车夫身体的左侧，向右转弯的信号也是一样。当然，这样的方式只适用于那些机灵的车夫，如果你碰上一个笨家伙，你想让他右转，他却很可能转到相反的方向，或者停在你并不想下车的一户人家的门前。当你想让车夫停下来的时候，你得冲着他喊"男人、男人"①。想让他出发的时候，有许多跟"走吧"同义的词汇可以随意地加以使用。

首次乘坐黄包车的外国人想让他的车夫停下来是一件相当有趣的事情，他会用英语一遍又一遍地大声喊着停、停、停！但苦力根本不懂英语，还在快速前进。乘客见车夫无动于衷，不免还会用脚去踢，用棍子去打，但这只能让车夫跑得更快。乘客变得异常激动，而车夫则误以为他一定是遇到了非常急迫的事情，最终他可能被拉到海湾，车子才会停下来。只有对车夫喊"男人、男人"，才能让他很快放下手中握着的车辕。

这些车夫能很快地辨认出哪些是初到此地的外国人，并且在第一次受雇后的一两个月时间里纠缠着这位客人。如果车夫把一位人生地不熟的新客人从码头送到了租界里的旅馆，今后无论在外滩还是其他任何地方，这个苦力只要一看到那位外国人，就会

---

① 英语中男人这个单词的发音是"慢"，中国车夫听到后就会慢下来。

冲过来，大声地询问"先生，坐车吗？"新客人给出的第一单运费往往是最贵的，因而苦力们就尽可能地在这个老外知道 5 美分就足够跑一趟之前，多拉几趟活儿。

车夫们认为马路是为他们这些两腿走路的人力车夫修建的，而外国人就应该坐车。如果一个外国人也沿着大街行走，那就是对自己极大的不公平。如果他们看到一个散步的外国人，每个没有拉着活儿的车夫都会跑到这个老外跟前，把车辕放得很低，喊着："坐车、坐车！最好的黄包车！先生，坐车！"如果一个外国人从宾馆、商店，或者任何一个黄包车聚集点的附近出来，五六个甚至更多的车夫会迅速地拖着车子跑过来。争抢生意的过程中，车子不免拥堵在一起，有的苦力被撞翻在地，有时他们跟得行人太紧，车辕经常会撞伤行人的小腿。

车夫们通常按月租用黄包车并付给车主两美元的租金，他们还需要支付由英国和法国工部局颁发的两张牌照，每张一美元。因为英美公共租界和法租界的工部局颁发了大量的特许牌照，这些黄包车在上海租界的数量着实可观。车辆归属于那些靠出租车子赚取租金的中国人，它们肯定能为自己的主人赚到很多收益，否则就不会有这么多的车子一直在租界的道路上奔驰。

据说，有些车夫仅用两三天的时间就能挣到几美元，然后在接下来的几天里就什么也不干了，过着暴发户式的生活。他们吃的食物是中国最普通的茶饭，主食就是大米，因此他们并不需要花很多钱就能填饱自己的肚子，那些流动的小吃摊成为他们经常光顾的地方。吃食尚且如此，他们自然更不会在穿着上多花一分钱。盛夏时节，一顶大草帽，一双麻草鞋，两三块棉布做成的腰带，一条很短的裤头就是车夫的全套装束。有些人甚至连帽子也不戴，他们可以在没有任何防护措施的情况下在最强烈的阳光下奔跑，如果一个欧洲人也这样做，用不了 10 分钟就会中暑。冬天，他们穿上了蓝布的棉衣棉裤，上边用线缝满了补丁。在阴雨的天气里，手头富裕一点儿的苦力会穿上绿色或黄色的油布雨衣，但那些穷苦的车夫就只能披上极为原始的用稻草制成的蓑衣。一些最伶俐的车夫会穿上半中半洋的衣服，可能是穿着一条粗花呢的裤子，搭着一件蓝色棉布的上衣；也可能是棉布补丁的裤子，上身套着两三件粗花呢背心和外套。他们戴着你能想到的各种样式的毡帽，似乎大部分进口到上海的帽子最终都让黄包车夫们戴了。只不过他们戴的时候，这些帽子早已经破旧不堪，所有的样式都已经过时了。

黄包车传入上海大约有 19 年的时间，在此期间，外国人口并没有增长多少，但本地人口从县城涌入租界的却非常可观。因此，能够满足各阶层需求的交通方式就显得尤为重要。在此之前，这里只有为数不多的私人马车，人们出行除了走路以外，唯一的交通工具就是笨重的独轮手推车了，这种手推车很少会被外国人使用。黄包车当时是一个新的发明，恰好满足了人们的出行需求。一个法国人从日本引进了大约 20 辆这样的人力车到上海，自然而然的结果是黄包车很快得到了人们的青睐，保有规模迅速扩大。目前，在外国租界里拉黄包车的人数已经超过 3000 人。

租界道路最初的建设者，显然没有料到上海有可能成为远东地区最大的商业中心。除了那 3000 辆黄包车之外，还有几百辆招揽生意的独轮手推车和大量的本地马车，这还不包括外国和本地居民的私人车辆。而租界大部分公共道路都是些弄堂小巷，完全不能满足大规模交通出行的需要。导致租界公共道路阻塞的主要原因无疑与数量庞大的黄包车有关，应该采取有力措施来解决这个日益令人生厌的问题了。

有些人站出来为黄包车进行辩护，他们不仅主张黄包车应该保留，而且应该得到进一步发展，给出的理由是除了用自己的双腿行走以外，它比任何其他交通方式都便宜。这样一种观点虽然被人们普遍认可，却是完全错误的，因为为黄包车提供动力的人力开销实际上比任何一种引入文明国家的交通方式都要昂贵。这种交通方式无疑是不文明的，它使人联想起孩子们在家里无所事事时消遣的游戏。上海人完全可以用每年花在黄包车上的钱，购买到一种更加方便、安全、快捷、便宜的运输服务。

如前所述，上海大约有 3000 名黄包车夫。一个苦力每天的收入仅仅为 25 美分，即便如此，每月上海市民将为此支出高达 22500 美元，每年下来就是 27 万美元，每年花在这些人力车上的钱竟然是一笔惊人的巨款。如果再把大量兜揽生意的马车和手推车也考虑进来，民众花在这些交通工具上的费用至少又需要 13 万美元左右。这样，上海人每年个人出行花在各种交通工具上的费用，总计就高达 40 余万美元。

如果这里引进有轨电车，花同样多的钱一定能给我们带来极大的便利！而创办一家电车公司也定然可以获得丰厚的利润回报。废除黄包车，用有轨电车取而代之，好处是显而易见的。毫无疑问，无论是外国人还是本地人，大部分都会选择乘坐电车，这将使由人力车带来的各种问题迅速减少。这不仅解决了道路拥堵，而且更有利于我们的生命和财产安全。行人也不会再被这些招揽生意的车夫无休无止地纠缠，我们也可以把大批的警力安排到其他更有益的地方，而不是让他们去教导那些车夫如何遵守交通规则，况且他们辛苦的工作常常只能是事倍功半。这样的事情过去时有发生。最后，当然也是非常重要的一点，人们因为乘坐了干净、舒适、设备齐全的电车，而无须再去担心各种恶劣的天气。

　　其实在发明出黄包车之前，日本人除了安步当车之外，还有两种非常流行的个人出行方式，一是骑马，二是坐一种叫作"驾笼"的轿子。前者一个很大的问题是日本的马匹难于驯服，喜欢踢咬；而后者对于一个不习惯于乘坐它的人来说会觉得简直就是折磨，因为它只适宜于喜欢盘腿而坐身材矮小的日本人。如果你不会盘腿，那就只能任由双腿耷拉在轿子的两侧，反正这两种出行方式对于一个新手来说都是巨大的挑战。有一个传教士，因为自身的使命，需要经常到这个国家的内陆去长途跋涉，于是想到修造一种车子来克服原有出行方式的种种不便。他发明了一种由人来拉的车子，叫它"人力车"是再恰当不过了。正如许多发明一样，设计者并没有想到他的发明会很快地被大家广泛接受。由于他非常熟悉日本人的特点，所以相信这种运用人力的交通方式一定可以成功。他在日本车夫的身上找到了惊人耐力和柔韧性的充分证据——这些人可以和马匹并排跑好几英里。对于驾笼的轿夫而言，他们能以非凡的能力，在山区以最轻松的方式一口气把他的乘客运送到目的地。

　　然而，如果认为适合某一民族的东西同样适合于所有人，那就大错特错了。正是在这一点上，那些首先把黄包车引入租界的上海居民犯了一个大错误，他们简单地奉行了拿来主义，而没有注意到中国人和日本人之间存在巨大差异。因此，我们必须找出黄包车在中国未能成功的原因，以便得到一个令人满意的改进结果。

　　那些靠体力劳动谋生的人更喜欢稳定的工作，而不是像黄包车夫那样朝不保夕。或许今天挣到的钱是平时的两倍，但接下来的几天却收入极少，甚至连支付车辆租金的钱都赚不够。因此，从事这类劳动的苦力大多生活在社会的最底层，他们用自己手头的几个小钱租一辆车子，希望能养家糊口。如果赶上有几次好运气，他们就能挣到足够维持一个星期生活的钱。但接下来，他会把车子再转手租给别人，然后享受几天逍遥自在的生活，直到口袋里的钱花光了为止。你想想在这样的情况下，苦力怎么可能爱护他租来的车子？以上提到的种种情形，都预示着尽快改革的必要性。

那些心地善良的上海人可以感到欣慰，他们并不是唯一对黄包车不满的人。亚洲最南端的新加坡也对黄包车发出了愤怒的呼声。前些年黄包车也被引进到新加坡，据《海峡时报》报道，当地居民对它们相当不满意。那里的民众认为，日本人匠心独具发明出来的黄包车，在新加坡需要以极大的热情进行变革。虽然不像香港和上海，黄包车已经在旅客运输方面起着主导作用，但它也是当地街道交通的重要方式。

至于那些夹在车辕中间的车夫，我们没有什么额外可说的，他们时常膝盖发软，气喘吁吁，甚至身体栽倒在地。与此同时，民间的改革热情，多把矛头指向车站缺乏必要的管理、车夫未能遵守交通规则等问题。现在试想，如果有了固定的车站，将这些在马路上奔跑的底层民众限制在一个合理的运营范围之内。他们将不再漫无目的地到处疲于奔命，这将有助于创造一种温和的激励机制。我们希望看到各方采取一些措施，以实现这些众望所归的目标，因为我们确信，如果目前的混乱情形像丁尼生诗篇里的小溪那样持续下去，那么人们内心当中的所有安宁也就消失了，当地马车夫这一职业也将消亡。

我们获悉，日本政府打算完全禁止黄包车夫的活动，作为初步措施，不久就将对这些车辆征收重税。这是朝着正确方向迈出的重要一步，上海的模范当局应该很好地效仿。从英国的报纸上我们了解到，黄包车甚至出现在巴黎和伦敦的街头，但我想这样的运输方式不太可能在欧洲流行起来，甚至怀疑哪国政府会允许这样的车辆出租。正如日本当下的评论所言，"我们无法设想一种更低级、更有辱人格的劳动形式了。每一个从事这一职业的人都陷入社会的最底层，并打上了明显的烙印"。

城门口的古玩摊儿

　　在上海县城的老北门外边，有一座横跨在护城河上的木桥，上边是川流不息进出城门的本地人。许多老人在通往大桥的道路上占据一块地盘，然后将不值钱的一些旧货摆在那里出售，渐渐形成了一个规模不大的古玩地摊市场。从木桥到城门的道路距离很短，蜿蜒曲折，两边都是买卖人。在桥上卖估衣的小贩们斜靠着栏杆，长长的竹竿上展示着各种各样的中式服装。还有人展示着一些稀奇古怪但并不珍贵的古董。那些物品放在地下铺的垫子上、托盘上，小盒子或者篮子里，小贩们就蹲在各自货摊的旁边或者坐在垫子上，抽着长长的烟斗，看着当地的报纸或书刊，有的还在忙于捉衣服里的跳蚤。有些摊位上摆放的东西既有本国的又有外国的：一双厚底的中国靴子、一双麻做的凉鞋、一顶伦敦产的白色旧帽子、一盒钉子、几块中国纹样的雕花木板、一根鸦片烟枪、满满一篮子的旧软木塞。在一个箱子里放着些葡萄酒，其价值应该高于别的商品，因为他们仍然保留着黄色、红色或黑色的封蜡，还有酒商的名字和商标。这里还有衬衫胸针、钟表钥匙、耳环、玉石护身符、螺丝钉、旧刀子、小镜子、微型的木雕神像、中国历朝历代发行的制钱、杂七杂八的铸币，甚至于还有铸造着维多利亚女王头像以及英国、1861 等字样的半便士青铜硬币。那半便士硬币以及其他值钱一些的东西，可能只需要花几美分就可以买到手。

中国的独轮手推车

中国这种最原始的独轮手推车，是各类手推车的老祖宗，从荒蛮的远古时代一直到今天，它都是中国中原地区以及长江流域各省份的主要陆上交通工具。再往北的地区，骡子和骆驼等牲畜被人们用来驮运东西，而粗笨的北京两轮马车则是主要的交通工具。在南方省，苦力和他们的竹子扁担是唯一可以获得的运输货物的工具。

独轮手推车大约是在 30 年前才被引入上海地区的。这里除了外国租界市政当局修建的马路之外，没有别的像样的道路，而独轮车是唯一可以在田野的狭窄田埂上穿行的交通工具。从外观上看，中国的独轮车比世界上任何一个地方能见到的农用车都要笨拙，但独特的结构却让它具有了与众不同的优点，可以用于各种各样的目的。它可以搭载乘客，代替人的脚力；可以运输活畜和屠宰后的鲜肉；运输大捆的棉包；中国人几乎可以把想要运输的任何东西都放在这种手推车上。

独轮车的水平车架子很宽，靠榫卯结构把一根根木棍连接在一起，车轮置于车架子中间，上边覆盖着一个像倒扣过来的箱子一样的方形框架。这样，轮子的两边就各留出一个坐人或者载货的空间，而这个方形框架既可以供乘客攀扶以稳定身体，也可以捆绑固定其他搭载的东西。在这个水平车架上面的开放空间当中，乘客的一只脚可以蹬在前边的木棍上，另一只脚则垂下来，放在马镫或者类似的麻绳套里。轮子是用木头做的，轮辋有三四英寸宽，而辐条的粗笨程度也大体相当。两根车辕从水平车架子后面伸出来，末端相距大约有三英尺，给推车的苦力在沉重的负荷下蹒跚地行走留下了足够的空间。苦力的肩背上搭着一根带子，带子的两头经由他的胳膊下面系在了车辕的把手上。运送货物的时候，几乎所有的重量都通过那根带子压在了车夫的肩膀上，他的双臂用来控制车子的平衡，在奋力向前推车的过程中，他身上的每一块肌肉都得到了锻炼。当来了两个乘客，他们尽其所能地携带着许多包袱、箱子和篮子时，车夫仍然可以从容地掌控局面。车架上面铺着衬垫，乘客们能拥有一个相当舒适的座位，对他们来说，时间是无关紧要的，只要时速达到每小时三英里，哪怕再慢一点，也足以应对他们最紧急的公务约会或寻欢作乐之旅。如果苦力只搭揽上一名乘客，他就得稍微调整一下肩带，从而使手推车保持平衡；同时尽可能设法再揽一些拉货的活儿，或是家具，或是包裹，或是箱子，总之顺道能捎的任何东西，因为他不愿意车子没有满载就出发。他最高兴的时候，似乎是车的一边儿坐着一位描眉打鬓的美女，而另一边则是拉了一头活猪，黑猪的前后脚都被捆住，然后被牢牢地绑在没有铺垫子的车架子上。

在外国租界拥挤的街道上，推独轮车的苦力不得不紧靠着路边行走，与拉着时髦黄包车的车夫形成鲜明的对比，他们经常为谁挡了谁的路而争吵不休。推车的苦力偶尔会在街道的拐角，和迎面而来的马车发生碰撞。如果他那其貌不扬但最可宝贵的独轮车有被撞坏的危险，而车上推着的又恰好是个人，他就会努力站住抓牢车把，乘客自然会在惯性的作用下四脚朝天地摔在马路上。接下来，他将如何破费点儿钱财来为自己莽撞的行为埋单，是我们心中的一个未解之谜。

这些推车的苦力有时非常可笑，尤其是当他们听到身后来了一辆马车的时候。几乎可以肯定的是，这个苦力会把自己挡在路的中央，然后转过身去看看马车到了哪里。当他回头看时，就忘了自己的首要职责是保持那辆古老交通工具的平衡，结果往往是独轮车在马车的正前方发生了倾覆。如果那个苦力尽可能地靠近路边，而不要尝试着转过身去，他跟自己的车子肯定是平安无事的。

车夫对身后发生事情的好奇心与他控制车辆的能力成反比。当独轮车两边和顶上捆了三四个大包，或者拉了几块长长的木板、树桩子，或者一堆铁条，生怕出差错的车夫就总是要时不时地回头张望一下，于是悲剧就会不可避免地发生，车子和货物一股脑儿地堵在了路上。当手推车翻了的时候，他做的第一件事情就是安静地绕着车子走上一圈，然后点燃自己的烟斗，一边吸烟一边休息。他在将车子和货物重新整理好之前可能需要别的苦力帮忙。一名当地的警察站在旁边看笑话儿，却没有想着要催促苦力赶快腾出道来。警察和苦力可能有着同样的想法，道路就是为他们而修建的，即使阻碍了交通也没有关系，因为他们并不赶时间，其他人也没有权力干涉他们。

外国租界里使用的独轮手推车由工部局颁发特许的执照，推车的苦力们也和黄包车夫一样得从车行里租车。大部分独轮车用于将货物从码头运送到仓库，而苦力们搬运货物时巨大的装载负荷，足以让你看得瞠目结舌。他会把两大包布匹、四箱子茶叶或者两大包兽皮堆放在自己的手推车上。推着沉重的货物，他们咬着牙艰难前行，一不小心就会在花园桥或者外滩边上翻车。从邮轮上把金银珠宝运送到银行，或者反过来，将财宝从银行再运到邮轮上也都是由推独轮车的苦力完成的。这是一支由二三十辆独轮车组成的运输队伍，每辆车上放着两个大箱子，里边装着银锭、墨西哥银圆或者金条，这支队伍或许正运送着大约 25 万美元的巨款。当然，这些箱子都是精心计算过的，银行买办派出的几个中国职员负责监督，这样就不用担心会有某个苦力带着一大堆东西偷跑了。

在上海，每个月大约有 3000 辆独轮车申请执照，而每辆车子每月需要支付 400 枚制钱，租界的工部局每年因此而获得的款项高达一万两白银。

中国印刷工

外国传教士在中国所做的最值得称道的事情就是建立了宣教印刷所，中国人在那儿通过学习成为排字和印刷工人。可以说宣教印刷所就是报社培养人才的苗圃，你会发现如今许多报社的人员，大多数都有在印刷所工作的经历。有些排字员在教会学校里学习过英文，虽然学的知识非常粗浅，但对他们从事业务还是有很大的帮助。在上海除了报社以外，还有许多由中国人经营管理的小型印刷机构，他们依靠廉价的劳动挤垮了其他公司，其出价常常比按照成本核算后的价格还要低。葡萄牙人在印刷行业中占了很大比例，据我们所知，他们在各个报社中的人数没有一家不超过中国人；但对于前者我们只想说，虽然他们中的一些人也懂英语，工作也很高效，仿佛在英国的相关机构里当过学徒一样，但还有一些人并不懂英语，工作做得也未必有中国人那么好。不过，人事关系是一个非常微妙的问题，如果此刻我们的评价超过了公平的限度，那极可能引起部分印刷工人罢工，把字模扔在地板上，甩手不干了。

中国的排字工人首先要学会排版，虽然他们根本不认识单词，但必须知道各个字母的铅字放置在哪里，然后把它们拣出来并按照要求摆放在一起。因为他们不识字，所以即便是打印出了清样，也无法完成合格的校对。如果一开始就拣错了字母，他会很轻易地让这个错误在自己眼皮底下溜过去。在排版的时候偶尔需要对行列进行调整，一个单词不得不从中间分开。面对这个问题，他们往往采取最简单的办法——根本不考虑什么元音、辅音或者音节，而是尽可能多地把字母排在第一行，而把剩下的字母排到下一行，没有什么单词是小到他们不能分开的。例如，他们会把"small"这个单词的"sm"放在上一行，把"all"放在下一行。或者他们在不得不分开"notwithstanding"这个单词时，会从任何地方把它一分为二，唯独不去考虑最重要的因素——音节。如果作者的手稿抄写得非常工整，你丝毫不必担心中国的排字工人是否能很好地完成排版任务。即使字迹不是很工整，只要是习惯了的字体，他们也能辨认出来。那些偶尔投稿的作者，可能认为自己书写得已经非常工整了，这样的稿件如果交到英国印刷工人手里当然没有任何问题，但在这里却不得不重新誊写。如果这些稿子在交来的时候就被迁就地收下了，那么到校对它的时候，你会发现清样真是乱七八糟得令人无法忍受。有些聪明的中国工人出于好意，会想方设法破译一些写得潦草的单词。我们就认识这样一名工人，他的工作台上总是放着一本廉价的英语词典，如果遇到一个字迹潦草的单词，他就想方设法先确定前三个字母，然后再到字典里查找其余的字母。你别说，这种权宜之计偶尔也真的会成功。随着时间的推移，中国排字工人逐渐认识了许多常用的单词。偶尔遇到作者使用了一个生僻的单词，他们往往会自作主张，将其换成常用的那个。

印刷工人犯的错误通常都很有趣，而有时中国排版工人出的错真是让人啼笑皆非，为他们校对清样的人很快会因为错误百出的文字而变得白发苍苍。有一天，我们在校对时就发现了这样一处谬误。一篇记述军人舞会的通讯，谈到女士们用各自丈夫的腰带来做装饰。但工人在排"腰带"（sashes）这个单词的时候去掉了第一个"s"，因为他以前只知道"骨灰"（ashes），而从未见过"腰带"这个单词。于是，这句话的意思就变成了匪夷所思的"女士们用丈夫的骨灰来做装饰"。我们还认识一个中国的排字工人，他显然在教会的机构里当过学徒，因为他在排某某勋爵（Lord）的时候，排成了某某"上帝"（the Lord）。就在前几天的一篇文章中，出现了"天国"这样一个短语，但是工人把它排成了"领先的领域"，他显然觉得这是一条商业新闻。有人告诉我，一个经常为当地大教堂每周礼拜活动排通讯稿的年轻工人，犯了一个新颖而奇特的错误，晚祷圣歌的题目本来是"从太阳升起的时候"，但工人将其排成了"从旭日升起到长崎快车！"这件事情并非我们亲眼所见，因而也就一笑而过。

我们知道，报社的工人在排河轮或海轮船名的时候，都会遵守使用斜体字的惯例。尽管这都做得很对，但偶尔也会使他们陷入尴尬的境地。例如，在一篇文章中将中国称为"理想中的黄金之国"，而排版工人恰巧知道"黄金之国"是一艘往来于上海和北方港口之间轮船的名字，于是他就擅自把这个词组排成了斜体字，这句话的意思变成了中国是一艘理想中的轮船。又有一次，一篇文章中提到了"大东公司"，虽然在誊写的文稿上已经专门在船的名字下边画线以示强调，但工人认为这是一处错误，因为他熟知大东公司在这个海岸没有贸易，所以就自作主张将船的名字排成了罗马字体，甚至连它的首字母都没有大写。

我们可以随手从这几天校对的清样中给大家举出一些他们将形似单词搞混了的例子。例如，将"回答"排成了"确定"，"靠近"排成了"证明"等，真是错误百出，不一而足。

中国工人在为威尔士语排版时做得很好，因为没有人能发现其中的错误。他们采取一种上下颠倒的奇特工作方式，而且已然成为无法改掉的习惯。在校正一栏的文字时，他们是从底部而不是从顶部开始；而且就那样在通栏里一行、两行地检查，而不是把一行行的铅字都码放到排字盘当中。有一次，我们冒昧地给一位中国排字员提了些建议，告诉他怎样修改校样和复查内容，但他说自己已经当了 10 年的排版员，其技能是从教会出版社学到的，在这项业务上他懂得更多。尽管我在 15 年前就学会了如何做这件事，但他就是不听劝，那就只好任由他按自己的方式去工作了。

印刷工人是比排字工更有趣的一个群体。在中国的印刷工人当中，几乎没有一个敢冒险举起一大页的铅字模，他们总是喜欢把它们推到一块木板上，然后搬走。或许这样做也没有什么大不了的，反正他们一旦形成了行为定式就很难更改。我们曾经在香港的一家报社里看到过他们以这种极不寻常的方式来工作，那里有一张很大的版面，内容分成了长长的七栏，铅字都摆在了黄铜的活版盘上面，并且要运到报馆去。

中国的印刷工人在使用手工印刷机，如哥伦比亚或阿尔比恩的双面印刷机时，会用一些奇怪的方法。首席的印刷工人把一张薄薄的纸放置在压印滚筒的上面，然后让它在印刷机的印床上开始滚动，他本来应该顺手拉过印刷的控制杆，但他并没有那样做。是的，他认为自己是排名第一的技术工人，应当只做那些加装纸张，并让它们在印床上滚进滚出等富于技术含量的工作。排名第二的工人在操作手工的油墨辊子，而旁边的一个小工不仅做着双手推动控制杆的繁重工作，还得搬运印刷好的纸张。按照这样的分工，他们每小时可以印刷 300 份左右。然而，在操控非常小的手动印刷机时，首席印刷工人自己握着控制手柄。

在《文汇报》办公室的一个角落里，有一个用于校对的活字盘已经闲置了很久，因为中国的印刷工人说他们用不了这个东西。我们把它从旮旯里拿出来，发现一点儿毛病都没有，但印刷工人仍然坚持说他们无法在这个活字盘上校对稿件。上帝呀！这只是一个水平的铁质托盘，上面再加一个铁圆筒，用的时候只需要移动一栏铅字上面的圆筒，没有什么比在这上面校对稿子更简单的事情了。我们尝试着找了一两个印刷工人来使用它，一个上了年纪的工人对它避之唯恐不及。他宁肯一直等到手摇印刷机空闲下来，然后花费很大力气在上面校对清样，也不愿意去触碰那台圆筒形的活字盘，他仿佛认为这台新式的机器打扰了中国人的灵魂。后来，当看到这个活字盘被我们日复一日地使用，却没有发生任何不测，他也就慢慢释怀了。尽管如此，当他使用这个工具时，依然非常谨慎，看起来一副战战兢兢的样子。

当一台沃夫德尔公司的机器在文汇报社里装配起来以后，几位中国机械师忙着把它调适到能够正常运行的状态。在它最初被工人拆解开来以便于搬运的时候，领头的工人说，他已经记住了这台机器上所有的东西，因此可以像吃完一碗米饭一样，轻而易举地把它重新组装起来。在苦力们用竹杠将所有的零配件抬到办公室以后，中国的机械师们开始进行清洁去污的工作；第二天把主体框架安装起来；接着又花了一天时间，装上驱动轮和各个从动齿轮，通过这些齿轮，机器的辊筒就可以转动了；第四天，他们装上了印床、油墨桌以及辊筒。到了第六天的时候，他们把机器上上下下的齿轮都装好了，并且也安上了给纸板。他们认为最后这件东西才是整个机器中最重要的部分，一名工人几乎把所有的时间都花在擦拭黄铜格栅上了。当设法使滚筒转动起来的时候，他们认为终于大功告成，把一切都弄好了。但是没过多久，他们就发现叼纸牙坏了。不仅如此，当滚筒下边的印床向后移动时，滚筒就会反着转。然而，首席工程师认为这并没有什么大问题，因为当他使叼纸牙可以叼起一张纸的时候，就让自己的手下人把各种工具，扳手、锤子、螺丝刀统统都收拾起来，装进了一个袋子里，然后操着浓重的中国口音汇报说，一切正常。但事实上是他把一个偏心轮安反了，而滚筒也并没有安好，当告诉他一些问题后，他并没有做什么改进，甚至抱怨："你们真是太愚蠢了。"我们最终把机器调适好了，然而过来了一个中国印刷工，他在试图改进它的过程中又把它全部搞乱了。又过来一个说他能把一切都安排妥当，他绕着机器走了一圈，然后坐在一个小箱子上，点燃了自己的烟斗。接下来从容不迫地松开齿轮组件上的一个零件的螺母，然后又把它拧紧，与没有动它之前一模一样。接着，他慢慢地转动驱动轮，让滚筒转了一圈。再坐下来，点燃一支烟，就这样他浪费了整整一个上午，却没有解决任何问题。最终，一位从当地报社请来的机械师，仅仅花了一下午时间就把机器完全调适好了，使它能以一流的速度运转。在他调适的时候，我们这里的一个老工人就坐在旁边看着他。不仅如此，第二天这个老人又来了，绕着机器转悠了好几个小时，其间也并不与人搭话，当偶尔有人问他想干什么的时候，他说想看看那个人是怎么把这台机器修好的。他急于学会如何安装调适这台新机器，但他根本不可能学会。

中国戏法

在上海最有趣的一个景观，就是遇到那些杂技演员、巫师、魔术师，几乎每天都可以看到他们在虹口码头停泊的轮船旁边表演。我们在那儿见过几个不同的表演者，他们的一些表演技巧真的是相当高明，完全可以和英国的专业演员相媲美，而且其怪诞的表演大大增加了观赏的乐趣。

记得去年夏天，我们正在一艘轮船的甲板上拜访船长，就看见一个中国人沿着码头走了过来。这个人长得又瘦又高，从皮肤和骨架上看，年纪应该不大，但是也很难确切估计出他的真实年龄。当时正是八月份里最热的天气，他只穿着一条短裤，腰里边系着一根脏兮兮的蓝布带子；除此之外，身上真是一丝不挂，头上没有戴帽，脚下没有穿鞋。他在码头蹿上跳下的一路走来，腋下还夹着一个可疑的小包袱。如果在夜里，警察肯定会以偷窃嫌疑的罪名把他抓起来。他那小心谨慎的样子，激起了人们的好奇心，迫切想知道接下来他要干什么。

这个人在我们这艘轮船尾部附近的码头上停了下来，然后麻利地打开了他的包裹，拿出几样物件，很快显示出他是一个技艺高超的魔术师。他把三四个大弹球放置在木板上，开始了自己的表演，弹球神出鬼没地移来移去，让你永远也搞不清它们到底去了哪里。他的嘴一刻也不歇着，自言自语地说个没完，或许是在念着咒语，偶尔还穿插进几句洋泾浜英语，以引起那些很快就围拢到他身边的洋水手的兴趣。当然，他的英语并不优雅，而是包含了许多船员们常说的俚语。

在摆弄那些弹球的时候，他真是眼疾手快，表现出极高的技巧，偶尔还会做一些重复的花招，假装让一颗球意外地跌落并且从两块木板间滚过。这时他会用洋泾浜英语故意卖一个关子，球到哪里去了？正在众人疑惑不解之际，他把那颗丢了的球从自己的左眼窝里又变了出来！这样的把戏还有很多，他把弹球放在自己的眼睑下边，一只拳头握紧了放在自己的眼睛上，然后用另一只拳头猛击这只，当他露出眼睛时，你会觉得他的眼睛因为砸入皮下的珠子而肿了似的。下一秒钟，他举起双臂，表示腋下什么也没有，但眨眼的工夫，他就把玻璃球和类似的几样东西从腋下掏了出来，再假装把它们从嘴里吞了下去，然后一个接一个地从鼻孔里取了出来。

接下来的表演需要一些真正的吞咽技巧。他有一个小铜铃铛，跟官员骑的马儿脖子上的銮铃一模一样，大小和形状就像一个核桃。他把铜铃咽了下去，这次可真没有捣鬼。你可以看到他喉咙里那个很大的异物被吞咽了下去，更令人惊骇的是他伴着体内铃铛的声音开始若无其事地在码头上跳舞。正当观众为他下一步会怎么办，既好奇又担心的时刻，他大声地向观众们要"赏钱"了。"五十美分，五十美分的赏钱，船长"，他一遍遍地喊着，没拿到赏钱绝不罢休。"五十美分的赏钱"代替了刚才喋喋不休的自言自语，他像个拍卖师一样兴奋极了，觉得自己理应得到更高的出价。他的叫声很快变成了"一美元，一美元的赏钱，船长"。领了赏钱之后，他为把铃铛吐出来不得不做一番艰难的努力。伴随着剧烈的咳嗽和明显的疼痛，他不停地喘着粗气，整个脸上的五官都开始挪移，躺在地上的身体也颠来倒去。当人们看到他快把肠子都吐出来的时候，铃铛终于从嘴里掉出来了。接着，他又一次祈求大家的赏钱，这一圈走下来收入非常可观。

他的表演其实只进行了一半，收钱恰好到了他中场休息的时间。接下来的表演不同凡响，但并非赏心悦目。他用骨瘦如柴的手掌拍打着自己赤裸的胸腔，嘴里喊着"没有饭吃"。喊完之后，他深深地吸了口气，气贴于背，似乎把肠子都提到了胸腔里边，因为你看到他肋骨下边的肚皮都贴到了脊背上。他保持着这种骨感的方式走了一圈，嘴里喊着"赏一美元搞点儿饭吃"。随后他改变了姿态，吸入的气息使他的肚子变成了一个大大的圆球，与刚才的皮包骨头形成鲜明对比。从这个家伙表演时的各种花样，能看出他拥有杂技方面极高的技巧。他的双手各拿一根木棍，挑拨玩弄着另一根木棍，让它在空中上下旋转。然后将这根木棍的一端放在自己的鼻子上，另一端放上去一个转动的盘子，并且保持了很好的平衡。在做后边这个表演的时候，他把自己那根又短又细的辫子对折一下，用丝线一圈一圈缠得立了起来，在头顶上足有六英寸之高，这让他的样貌看起来更加滑稽。说来这些都是六个月前的事儿了。

某一天，在同一个码头、同一条轮船上，我们碰巧又看到了两三个演员在表演，不过那个叫嚣着"没饭吃"的家伙并不在里边。有一个非常年轻的小伙儿，只会讲几句简单的洋泾浜英语，他的做派太像城里见过的那些跑江湖的老家伙了，先是前后走几圈打开场子，然后胡乱地挥舞着双臂，一副咋咋呼呼的样子。正当人们不以为然的时候，这个体态笨拙的小家伙却接连翻了几个漂亮的筋斗，大大出乎人们的意料。他在翻跟头的时候，最初是两只手着地，后来是一只手，紧接着成了三个指头、两个指头，最后仅仅用自己的食指。紧接着一气呵成的几个空翻，身子竟然没有一处挨地。然而，这还不是他的拿手绝活，他找出了九个瓷碗，牙齿咬住一个，左右腋窝各夹住一个，每只手里还拿着三个。然后用前额作支点，连续翻了几个跟头，整个过程行云流水，一个碗也没有摔下来。

很快他就被另一个人替换了下来，替他的人很像前文提到过的那个瘦长的小伙子，但现在已然是冬天，服装大不一样。这个人穿着蓝色的棉衣，上面打着脏补丁。他在那里不厌其烦地把肥大的袖子拉起来，让众人看看里边并没有暗藏机关，所有的戏法都是自己通过灵活的双手完成的。他双膝跪在码头上，把腋下夹着的一个小箱子放在地上。一群中国人聚拢到了他的周围，轮船上还有六七个外国观众。他一直叽叽喳喳地说个不停，仿佛念着咒语一般，时而平静，时而兴奋，而古怪的手势和黄色面庞上的夸张表情，显然是他在创造奇迹时必不可少的安排。

第一个戏法开始了，他拿出了一对儿小茶杯，把一个倒扣在另一个上面，然后让一个小男孩往两个茶杯中间吹了口气。他用手摇了摇杯子，里面传出金属碰撞的声音。他把两个杯子分开了给大家看，里边空无一物；当他把两个扣在一起的杯子再次打开的时候，其中一个杯子里有了两枚硬币。接下来，他又摆弄了半天这两枚硬币，把它们从一个杯子倒到另一个杯子里，然后再次用一个杯子盖住另一个，随意地摇晃发出叮叮当当的声音。不过这次人们并没有觉得把戏有什么了不起的地方，因为大家看到其中一个杯子里有一些沥青。显然，当他不想让硬币发出声音的时候，就会把它们粘在沥青上面。当他向我们展示杯子内部，假装里面什么也没有的时候，我们注意到他总是小心翼翼地把两个手指放在杯子里边有沥青的位置。

接下来的表演是他用一个倒置的茶杯盖住一个核桃，对着众人唠叨了好几分钟，然后用手指在杯子外边神秘地绕了几圈。他把茶杯拿了起来，核桃不见了，取而代之的是一颗鸡蛋。他把茶杯翻过来，证明里边并没有捣鬼。接着，他把鸡蛋放在一个小碗里，又拿过一个碗来倒扣在上面，然后慢慢依次举起了一根、两根、三根、四根手指头，表示他已经神奇地增加了鸡蛋的个数。果不其然，当他把上面的那只碗挪开个缝儿的时候，人们看到碗底似乎是有三个鸡蛋。当他彻底把碗拿开，下边真的露出了四颗鸡蛋。

这位小伙堪称用瓷器变魔术的奇才，所有戏法的表演都使用了一些老瓷器。他拿起两个小杯子，把它们倒过来表示杯子里是空的，然后把它们合在一起。当他再次把杯子拿给众人观看的时候，下面那个杯子里已经装满了水。他把水用杯子分成两份，然后把它们全部喝光，并且还从嘴里喷了出来，但奇妙的是杯子里又变得满满的。他的头向后仰着，再次尝试把杯子里的水倒干净。他将水一杯一杯地倒进自己的嘴里，让人觉得水一定流到喉咙里去了。是否果真如此，我们不得而知。反正杯子就像聚宝盆一样，里边的水流之不竭。他这样坚持了两三分钟，也没有把里边的水喝干。最后，他把水泼在了码头上。杯子里洒出来、嘴里边喷出来的水，在地面上弄出好大一片水渍。

下面的表演中，他使用了一件并非本地所产的炻器，没有什么能比戴＆马丁公司制造的这个深棕色瓶子更神秘的了。魔术师首先向大家展示瓶子完全是空的，并把它放在自己面前的一块木板上。接着，他从左手边的箱子里拿出一个小袋子。顺便说一下，这个箱子里装着碗、杯子、碟子、鸡蛋和核桃等他所用的各种道具，箱子顶上放着一块已经脏得看不出颜色的布，这可是他表演魔术不可或缺的道具。在那个小袋子里，装着两三把做饭的大米。这个中国魔术师在讲英语的时候，不会发"r"音，就用"l"音取而代之，于是大米这个单词从他嘴里说出来就成了"赖斯"。他让众人看了看袋子里的大米以后，依旧把袋子放回箱子里，但把张开的袋口放在了箱子外边；刚才提到的那块脏兮兮的布子覆盖了其余的部分。他把手伸进袋子里边，抓出了一把大米，灌入了那个棕黑色的瓶子里，用一小片纸覆盖住瓶口，再用一块布子把它们都盖起来，然后开始熟练地运用各种技巧来召唤神灵帮助自己完成一个伟大的奇迹。成功了！他得意扬扬地打开了那只黑瓶子，里面装的大米都满得溢了出来。他又抓住留在箱子外边的袋口，并把整条袋子都抽了出来，里边已经空空如也。你以为表演到此就结束了，但是并没有。他又用同样的技巧，把所有施了魔法的大米又从黑瓶子里变到了袋子里。当他把瓶子倒过来的时候，发现里面只有一粒米！

这个戏法，乍一看天衣无缝，但也并非无懈可击。整个表演过程设计得十分巧妙，只有在再次重复的情况下，我们通过仔细观察才发现了其中的奥秘。当他把满满一袋米放进箱子里的时候，并没有像他假装的那样把这个袋口露在外面，而是把另一个空袋子的袋口露了出来；瓶子里也从来没有真正装满过大米，当把它盖上的时候，魔术师的手在布子下面往瓶里塞了一个软木塞，上面粘了几层大米。不管怎么说，这个戏法还是非常高明的。

最后，他又表演了吞咽缝衣针的杂技。银针一共有九根，每根大约有一英寸长，这些针的制造工艺看起来非常粗糙，显然是本地生产的。他假装将这些银针都吞咽了下去，这个过程看起来非常困难，他也痛苦异常，至少看起来是这样。当有人说这些银针还藏在他嘴里的时候，他张大嘴巴让众人观看，银针并不在里边。接下来，他把一根大约三英尺长的白色棉线的一头吞了下去，当棉线还剩十到十二英寸的时候，他猛地吸了一口气，然后以迅雷不及掩耳的速度把其余的线头也咽了下去，即使张大嘴巴也看不见了。接下来的一两分钟，他显得痛苦不堪，扭动着身子，不停地挣扎，好像要把那些针再取出来。几经周折，费了好大的力气，他终于吐出了刚才吞下去的一小截棉线。拽着这截线头，他把棉线连同那九根银针慢慢地从喉咙里抽了出来！

这看起来同样让人觉得不可思议，但我们已经知道怎么回事了，相信搞明白的还大有人在。我们不愿意夸夸其谈地解释这是怎么做到的，但如果有人不相信，也可以亲自去看看，或许还会解开一些我们未曾破译的谜团。我想尽管看起来非常痛苦，但他根本就没有把针吞咽下去，这说明他有非常高明的演技和骗术。那天下午，这位演员得到了很多赏钱。对这样的结果，他也非常满意，接下来的几天他不用再为嘴里的"嚼裹儿"发愁了。

中国的英文招牌

招牌画是一门艺术，其发展演化过程成了一个非常有趣搞笑的研究领域。在家乡英国的小镇上，可以看到许多粗糙、简陋的广告牌，上面不仅有一些奇怪的英文单词，而且还有些令人啼笑皆非的拼写方式，特别是画师毫无章法地将一些单词随意拆解、换行，使得招牌本身就具有了一种喜剧效果。错误的单词排列常常导致莫名其妙的解释。在伦敦，有一个名叫史密斯的意大利商人，他把商店的门牌号码写在了自己公司名称的中间，"杰·史密斯108儿子公司"，这让不明所以的人误以为他有一个人口庞大的家庭。

不过，我们在此并非要努力地回忆家乡那些稀奇古怪的招牌，而是提供一些上海外国租界里可以看到的样本。这里的招牌挂在各类商店的外面，由中国人用英文书写出来供外国人来看，自然上面出现许多异乎寻常、大跌眼镜的内容也就不足为奇了。甚至上海的外国人也有一些奇怪的招牌，例如，在法租界公馆马路就有一块招牌，上面明确地写着一位外国人的名字。当然，所有的中国商店里，都会有一块刻着汉字的长方形牌匾，这些不在我们记述的范围之内，因为我们既不懂中文，也不想弄清楚它。

即便是英文招牌，上边也会有一些中国汉字，布满了牌匾的犄角旮旯。在百老汇、虹口（美租界）以及一些主干道两旁的弄

120

堂里，都能看到各式各样稀奇古怪的招牌。和中国大多数牌匾一样，它们也被挂了起来，这样人们就可以看到它两面的字了。虽然一些店主将写有名号和主业的牌匾挂在商铺正面，但大多数同时还挂起了两面都写有相关内容的长方形英文招牌。英文招牌的大小以及在上边花费心思的多少，与其生意的规模成正比。例如，一个理发师的招牌通常只有两平方英尺，而一个大商号的广告牌则肯定是又宽大又精美。

接下来就举一些例子，当然我对这些牌匾的陈述也会尽可能地符合其本来的面目。先来看几个理发师的招牌，他们都还没有采用红白条纹的螺旋杆和黄铜的转盘。这里有一家，店主可能认为来自广东是需要广而告之的重要信息，于是招牌上写着"理发师、阿福、来自广东、剃头"。另一个理发师把他的名字搞成了一团，本来连名带姓是三个汉字——吴良云，但在招牌上却写成了一个单词。

为大家介绍的下一块招牌显然是为了吸引那些上岸的水手，因为在这个理发师傅的小木板上写着"本地理发师、唐发沃、修面、剃头"。他的名字下面，还挂着两面粗糙画制的英美两国的舰旗，它们是如此的拙劣，以致我真是没有办法来形容，真纳闷居然没有水手把这块牌子砸掉。

下面的这块广告牌定然是由一个天才的画家完成的，他在写单词"and"的时候，不仅把三个字母远远分开，而且"N"还加上了修饰的花边。理发师其实没有什么东西可以写在他的招牌上面，但是，当我们去看那些打铁补锅的匠人时，发现他们都是有故事的人，其经营项目的目录，不仅包含打铁，还制造手枪和锁子等。其中有一家极典型的店铺就位于与百老汇街平行的那条路上。牌子上写着"铁匠庄泽英、经营新旧青铜黄铜的锁子、钩子、最好的手枪、瓦斯炉"。

沿着这条路再往下走，还有一家铁匠铺，招牌上面所写的内容几乎与上一位一模一样。不过为了与前者简洁的内容相区别，这位竞争对手张松找来的画家，用骇人的方式画了这块招牌，蓝色的底子，黄色的字母，每个字母都装饰着夸张而复杂的花纹，几乎不具有任何摹仿的可能性。不过作为一块广告牌，它并不成功，因为上面的字迹太难辨认了，整个作品仿佛是在台风大作时完成的，你几乎需要倒立着才能琢磨明白上面所写的内容。另一位锻造匠人的招牌就没有如此花里胡哨，仅仅在一块小木板上写着"崇义、铜匠、锡匠"。画这块广告牌的匠人干活的时候一定是昏了头，把"Blacksmith"（铁匠）这个单词里边的"I"写成了"L"，闹出了笑话。

虹口家具店的老板们喜欢那种有许多文字的大招牌，例如一块招牌先用大字写上"兴凯商行"，下面再用密密麻麻的小字写上"新老家具、款式齐全、质量上乘、加工定制"等等。除了这块大招牌之外，老板还在墙上挂了一块黑底金字的小牌子，内容与大的一模一样。糟糕的事情是制作招牌的画家不仅把家具这个单词拼写错了，而且还不恰当地换行，因此表达的内容也就面目全非了。

就在花里胡哨招牌的旁边，还有一块招牌，也是用蓝、黄两种颜色绘制，显然都出自同一个画家之手。这家店主的名字叫容泰，用醒目的古英文字母拼写而成。从广告牌的内容来看，店主仿佛是个万金油，自称是木匠、橱柜匠、篾匠、画匠、泥瓦匠、石匠，同时还承揽各种工程。近旁还有一块小而有趣的牌子，店主特意把自己的地址写得很完整。尽管他的店铺和上海的老码头之间隔着很大一个街区，但他还是在招牌上写着"容记、木匠、铁匠、承揽各种加工工程、虹口区百老汇大街 A445 号、毗邻老码头"。特意强调毗邻老码头这一点，显然是为了用一个众人皆知的地标来界定自己的具体位置。制作广告牌的画家一定没有什么经验，否则他不会把"百老汇"这个单词里的"W"写成了"M"，百老汇成了"百老魅"。

我们再来看看鞋匠招揽顾客的幌子。在他们的招牌中间，我们发现有一块的内容跟容记商行标示地址的方式一样"吉姆、制鞋、制靴匠、亨特码头对面"。小木板上装饰着英国和美国国旗，还有靴子和鞋子的图案。吉姆声称他的商铺在码头对面，显然不准确，因为他的商铺在百老汇街的西侧，和码头之间还隔着好几排建筑物呢！还不如说商铺在河的对面更准确一些。下一块招牌尽管字母拼写没有什么错误，但措辞很是奇怪。上面写着"沈亚、皮鞋、皮靴、皮箱、皮带制造商、各种皮革制品"。

下面这家店铺的招牌上写着"兴龙、制靴制鞋匠、精修各式皮鞋"。看后你总感觉这个英文名字有点儿怪怪的，如果鞋匠把自己名字的最后一个字母"g"去掉，英文意思就真成了"长筒靴"，这对于他的职业而言，可是再合适不过了，尤其是他的广告画上还印着一只新西兰马靴的时候。这个兴老板的招牌由三块独立的横木组成，现在真该把它们好好地修理一下，最后一块木头上的字母紧紧挨在一起如同是一个单词，看起来就像威尔士语一样。

天朝里做针线活的裁缝，其招牌上的怪异之处并不比其他行业的少。随手一抓就是一个现成的例子，在百老汇大街的小店旁边有这样一块招牌，上面写着"冯通、裁缝、服装加工"。虽然中国的裁缝也可以为绅士们制作服装，但数量屈指可数，冯通的这个店铺看起来就毫无时尚感可言。

另一个裁缝的名字真是独一无二："寇Ａ、裁缝、服装店"。马克·吐温说，他喜欢看到有人把"母牛"这个单词的首字母"c"拼写成大写的"K"，让人觉得发现了一种新型的母牛。显然这个姓寇的中国人同样懂得如何吸引人们的眼球。

我们很快注意到了一块布局规整，宣称可以做各种西式服装的牌匾，上面写着"戴兴、法式、英式、美式服装店、裁缝"，其中服装店这个单词的拼写方法真是见所未见。如果在这样一间小棚屋里确实能够加工制作法国、英国和美国的流行时装，那他确实应该为自己的专业能力而感到自豪。

在这些中国商人起的千奇百怪的名字中，詹姆斯是我以前从未见过的。现在我看到两块广告牌，一块在巷子的入口处，写着"詹姆斯、裁缝、由此进入"；一块在巷子尽头，店铺的门口，上面写着"詹姆斯、裁缝、服装店"。过去我们听说过吉姆、萨姆、杰克和其他名字被当地的中国人采用，但是"詹姆斯"还是第一次听到，詹姆斯裁缝就更别说了！这个家伙一定是脑子出了什么毛病。不过还有一位比詹姆斯更奇葩的中国裁缝，我们在另一条路上发现了一块招牌，上面写着"摩西、裁缝、定制衣服"。

在"大马路"网球运动场对面，有一位"剪刀骑士"将招牌挂在大门上边，写着："吴新庄商行、裁缝、加工服装、帽子和女士长袍、网球场对面"。此人显然精于制作女士的衣帽和服装。令人费解的是但凡长眼睛的人都能看到其店铺就在网球场对面，鉴于中国人极端吝啬，而他居然愿意为这些完全没必要的文字额外花费一笔款项，真是一个奇迹。在"大马路"上还有一家店铺，老板交给画工的信息一定是写在一张发票纸上，因为招牌的开头居然用花体写着"买自"，然后才是他的姓名、职业和住址。

我们还遇到过广告牌绘制中最糟糕的原创，一块牌子上写着

"袁山姆、装卸工、来自'斯唛头'",可能这位装卸工人觉得让人知道他来自汕头是极其重要的事情,那他就应该检点画家把"汕头"这个单词写对,而不是拼写成"斯唛头"。

画家们自己招揽生意的牌匾当然要画得更加漂亮,尽管他们对文字的排列并不特别讲究。有一块上面写着:"成叶、船只描绘、画家",他一定是把商店(shops)写成了船只(ships)。下面这个例子则是店主在两平方英尺的牌子上挤满了各种文字。"凯顺,柠檬水、苏打水等各种口味、来自广东",看完之后,你是丈二和尚摸不着头脑,搞不清楚到底是凯顺其人还是他的苏打汽水来自广东。

有许多恰当的名字被中国的商人和店主所采用。"一个修船造舰的木匠","cutm"这个单词既不是中文名字,也不是一个正确的英文名,但"砍"对一个木匠而言应该说是得体的,因而被采用了。下一块招牌对于中国的摄影师而言有个不错的名字:明月照相艺术馆。也许他想着这个招牌应该按照中国人的方式从右到左的读,那就成了月明照相艺术馆。

迄今为止,我们见过的最好中国店名,是百老汇街上一家当地老板取的"喜颜商行",招牌上写着"船运业务、综合仓储"。每一个中国的店主,当他把最终会以 50 美分脱手的货物要价 1.5 美元的时候,脸上总会挂着孩子般温馨的微笑。在虹口最有名的一家中国商店是"广祥合洋行",这可真是一个好名字。他们将店名用粗粗的花体字装饰在建筑物的正面,然而过了一段时间之后,上边有些字母掉了,"ship"(船)变成了"hip"(臀部),简直成了天大的一个笑话。

在我们所见过的中英文招牌中,最特别的并不在虹口,而在英国租界的广州路上。一块招牌上的黑色英文单词看上去像是先打印在纸上，然后再拓在木板上雕刻而成，每个字母都凿了大约有两英寸那么深。文字如下："本公司备有多种不同包装的优质上等茶叶，如欲订购，请联系——温崇沃、上海广州大街第523号"。

虹口像百老汇大街一样，奇奇怪怪的招牌在街道上随处可见，异常密集，因此，我们想当然地认为这里就是诠释它们最典型的地区了。但当我们漫步在英租界、法租界一些中国人居住的街道时，发现自己在陈述这部分内容的时候从一开始就陷入了误区，因为这里的奇特招牌分布虽然零散，但数量却十分庞大，其中不乏让人觉得非常有趣者。我们本来以为，虹口的补锅匠庄泽英那个拉拉杂杂的招牌就可以拔得头筹了，但英租界河南路上的一块招牌立刻让前者相形见绌，这面招牌上写着"吴泰、来自香港的钟表匠、铜匠、铁匠、装配工、水暖工、各种煤气配件……货源充足、价格公道"。上述内容之庞杂，简直让人叹为观止。另一个修理工的招牌也同样吸引眼球："邰松、铁匠、铜匠、煤气管道工、各式黄铜青铜吊灯、器皿翻旧如新"。

那些理发师的招牌也比虹口同行们的更滑稽有趣，我们在法租界公馆马路就发现了一块写有爱尔兰文的招牌："罗里莫尔、理发师、美发造型师"。中国的理发师竟然取一个意大利的名字，这个想法真是可笑至极。英租界汉口路的一位高级理发师，他的小招牌上不仅装饰着英、美两国的国旗，还别具一格地画着剪刀和剃须刀，他那奇怪的名字大概是读作"朱尼亚"，因为字母的拼写完全没有规则可言。

这里的许多招牌上除了写着店老板的名字，另外还加上一句"销售马尼拉彩票"的广告。一位店主的牌子就是这样写的："叶记、销售马尼拉彩票、票据兑换现金"。

　　在法租界，杂货店的店主为了获得一个好的店名需要支付给当局五美元。在那里的一条大街上，一根杆子横跨道路两侧，上边挂着一块中国风格的牌子，上面用醒目质朴的字母写着：上海吉姆杂货店。在公馆马路，有这样一块招牌："裕昌商行、杂货店、船只买办和面包房"。

　　粗细木匠的广告牌子也非常多，这里有两个特殊的："陈龙、木匠、油漆匠、营造者、家具商""庄勇、木工家具商、家具翻新庄星公司、家具和铜器配件"。

　　裁缝们的广告牌只有几块值得一提，有一块小小的牌子，上面写着"张东，来自香港的裁缝"，难能可贵的是上面只有一处错误，它把"FROM"的首字母写成了"E"。在大马路，有一家的广告牌上写着"阿尔马裁缝"。店主是否真的来自爱尔兰呢？鬼才知道。这家的广告牌还有一个特色，就是每块牌子第一行都写着"十分合身"。从裁缝铺子里向外探出来的牌子上面写着"十分合身、裁剪缝纫"。在简陋房屋的外墙上写着"十分合身、女士衣帽"。当然，他并非这里唯一一个做女士衣帽的商人，因为在街对面，就有一个竞争对手。对方的招牌上写着"隆兴、裁剪缝纫、大众服装兼营女士衣帽"。

　　谈到这类招牌，我们不得不提一下前文遗漏的一家位于虹口的商铺，它的招牌上写着"陶顺、裁剪缝纫、针织草帽、长筒袜"。最后一行还有几个乱码，让人觉得莫名其妙，估计店主告诉画工要写的是长筒袜以及其他，结果画工将不同单词的字母混淆在一起，结果闹出了笑话。虹口还有一位中国裁缝在其招牌上画着英国的盾形徽章，下面写着"小佩奇、皇家海军裁缝"。而在公馆马路也有一块类似的牌子，写着"林钦、皇家海军裁缝"。我们对这些人是否与皇家海军发生过任何联系深表怀疑。

接下来介绍一下钟表制造商的广告牌所采用的样式，它们都有一块近似于圆形的板子，上面画着钟表盘的刻度，中心用拥挤的字母写着各自商号的名称。我见到过一块牌子，画匠在拼写手表这个单词时，不仅把"W"写成了"M"，而且把"C"还写成了"9"。在另一幅广告牌上，中国表匠似乎想要告诉众人他可以维修纽约的钟表，但他写在木表盘上的内容，除了错字，还写着"修理第一纽约钟表"。

最后，再介绍一块或许是最奇葩的邀请惠顾的广告："孙守一、钟表制造商、请您入店、童叟无欺"。立意很好，但生造了一个单词，让我这个英国人也不认识了。在跨过公馆马路尽头的小桥之后，还可以看到一块奇特的广告牌，牌子两面都刷着油漆，就摆放在那条污浊的小溪边上。这家店老板对英语显然一无所知，因为在牌子正面将绵羊（sheep）写成了"Sheei"，背面索性连那个"i"也省略了，斗大的字母，店家愣是没有发现哪里不对。

巡　捕

上海工部局为洋泾浜以北的殖民地——也就是所谓的英美公共租界，雇佣了大约300名巡捕。一到中午吃粥的饭点儿，你就能在巡捕房门口看到这帮子按时来就餐的家伙。如若在大街上，即便是大白天，你也只能偶尔看到一两个值勤的巡捕，晚上就更甭想了。

他们穿着半中半欧式的制服。冬天，上身穿一件宽松的蓝色外套，右胸绣着阿拉伯数字，左胸绣着中国数字；下身穿着黑色厚棉布的长裤，长筒靴子，这身行头显然要比普通的中式服装合身得多。赶上下雨的天气，巡捕就穿上正儿八经的宽大警服，系上大扣子，扎着皮腰带；把自己的辫子搁在外套的里面；虽然偶尔也会带伞，但一双大雨靴、一件又厚又长的外套、一件防水雨披和一顶上了层油布的防水帽子，让人看不清全副武装的巡捕的样貌。通常他们带着的是价值36便士的羊驼毛雨伞，但有时也会放下架子，拿一把用竹子和油纸做成的中国伞。进入夏季，天气很热的时候，当地的巡捕就会穿一身轻便的衣服，戴顶像倒扣过来的汤盆一样的遮阳帽，再随身带一把雨伞。按理说巡捕们在追捕嫌疑人的时候，背着把雨伞奔跑肯定不是一件方便的事情，但本地巡捕抓捕罪犯的时候很少，所以也没觉得带把雨伞有什么碍事的地方。

　　巡捕每月大约能拿到 10 美元的薪水，他们觉得这已经是一份相当体面的工作了。巡捕房将他们分成若干个小队，轮流值班的时间超过 4 个小时。当巡捕房里的警官点名的时候，本地巡捕在他面前站成一排，而带队的一名外国警察则站在队伍的右边。听到自己的名字，巡捕会大声地回答一声"到"，并被安排当天将要完成的任务。警官使用洋泾浜英语对他们训话，每一个派出所里的警务翻译官或者一流的本地巡捕也会用他们听得懂的方言传达各种指示。当问到他们要去哪里值勤的时候，几乎没有一个人能干脆利索地回答清楚，所以警官就只好三番五次地向他们重复相同的内容。如果一个人被告知到外白渡桥那儿去值勤蹲守，他一定觉得这是一份儿美差，因为到那儿既没有什么实质的事情需要处理，也无须走得太远，只需要在桥头上巡查一番就好。当被指派到那些犄角旮旯儿的背街小巷，需要费些气力平息当地人事态的时候，反正也拎不清到底被安排去哪里，他们索性就自己找一个舒服的地方躲起来。

　　在巡捕们执行巡逻任务的时候，外国警官在前边带队，与后边的大队伍拉开相当长一截距离，趾高气扬的步态使人觉得他跟后面那些散漫的本地巡捕根本没有任何关系。当队伍走到十字路口时，有些人向左，有些人向右，直到分散抵达在租界里各自值勤的某个位置。然而十分钟之后，如果有人沿着他们走过的道路再转上一圈，就会发现一个警员也看不到了。

　　对巡捕来说，最好的差事就是照看公共花园了。在那儿他可以细细观察各种植物，看着孩子们嬉戏玩耍，向那些照顾孩子的姆妈们示爱调情。中国人是不允许进入租界花园的，在他管辖的地段也不会出现地痞流氓，当然他也不可能获得任何抓捕嫌犯的机会。只有一种差事让他感到头疼甚至是危险的，那就是驱逐闯入公园里的犬类，因为行政当局有相关的禁令，所以他有责任把它们驱赶出去。如果是条小哈巴狗、泰迪犬之类，他就会跑过去拿着警棍将小狗唬走。然而，如果狗表现出反抗的迹象，就像大多数狗的自然反应一样，对着巡捕狂吠，那么它就算控制了局面。这条狗没有落荒而逃，巡捕就决不会靠近一步；如果它采取进攻的态势，巡捕就会认尿，赶紧把自己藏在灌木丛的后面。

当一位巡捕准备回家吃饭时，他的行进速度可以达到每小时四英里；但在值勤的时候，三个小时大概也走不了一英里。当看见街上有几个本地人吵架时，他会掉转屁股朝着相反的方向溜达，然后迅速消失在最近的一个街角。当得着机会，轻易地抓住了一个温顺而无助的苦力，他会揪着对方的辫子，吆五喝六地支使那个倒霉蛋干活。不过，一旦被抓的苦力表现出反抗的迹象，这个巡捕马上就会起身溜走，甚至还可能引发一场追逐比赛，巡捕总能把苦力远远地甩在后边。除非有人追赶或者在黑暗中恫吓他们，人们实在是难以看到巡捕会奔跑起来。

男　仆

外国侨民在中国雇佣的家庭佣人和贴身仆从主要是广东人，他们的年龄从十五岁到五十岁不等，但都被称为男仆。当然，除了被称为男仆的佣人之外，外国人还会雇佣厨师和苦力等。不过，男仆基本上要完成所有女佣，无论是贴身侍女还是普通侍女以及男管家、贴身男仆的所有工作。事实上，可以说男仆就是一个杂役。有的外国人家中只有一个男仆，当他被支使处理各种事情时，其角色就在仆人、侍卫、厨师、黄包车夫、洗涮工人等等不一而足的工种间不停地转换。

中国人很乐意做这种一个月几美元的工作，直到他有机会获得更好的职位时为止。如果一户人家雇佣了几个男仆，其中必有一个男仆是全能的多面手，被称为管家，其他地位较低的仆人们被通称为小厮。当管家傲慢地支使那些刚刚开始学习洋泾浜语言的小厮时，他显得颇有威严；不过话说回来，这些小厮在当地民众中也属于极为机灵、颇有眼色的那种人。普通男仆一个月大约能得到八美元的薪水。他们需要在餐桌旁侍奉主人的一日三餐；需要在早上把咖啡或茶水端到主人的床边；需要把主人所有的衣服都仔细地刷洗干净；需要把主人常用的东西放在手边，不需要的东西细心地收藏起来。

当主人在家的时候，男仆总是在叫铃的召唤范围之内，随叫随到。只要主人觉得自己做件事情比按动叫铃更麻烦，那男仆就一定在他的召唤之列。中国的男仆有很多优良的品质，大多数人都能够做到尽心值守。男仆当中的许多人已经和现在的主人一起生活了很多年。

男仆是洋泾浜英语的主要使用者，因为他们比本地其他任何阶层与外国人打交道都多。一般而言，他们的英语说得都很好，但偶尔也有例外。有一次，我们结识了一位男仆，当他在一张高朋满座的节日餐桌旁服侍的时候，不断地尝试着与客人搭讪来烘托一下节日的气氛。当他将咖喱米饭端到桌前的时候，通常会问客人一句："您需要咖喱米饭吗？"但这句话从他嘴里用洋泾浜的英语说出来，意思就成了"你需要傻瓜虱子吗？"同理，他也将"香蕉饼"说成是"飞翔的白兰地"，各种莫名其妙的类似短语真是不胜枚举。这个男仆还将玉米面粉叫作"淀粉布丁"，因为他听到一个客人曾经这样叫过！他一辈子恐怕也说不出"蛋挞"这个单词，当他寻问一个客人是否需要"蛋挞"时，总是说成是否需要"诅咒"！这让客人们真是哭笑不得，不免将他先"诅咒"上一番。

话说回来了，总的来说这些男仆各方面的表现还是相当不错的。

女 仆

　　女仆和男仆站在一起时地位的差别，没有哪里比在中国更加明显了。如果在西方，女性佣人肯定会被看作一个家庭的管家，然而在东方，情况正好相反，因为她们被认为是柔弱无能的。我们发现在中国一切都与欧洲的风俗习惯截然相反。中国女仆各方面都与男仆有着巨大的不同，二者唯一的共同点可能就是称谓的起源，它如同深奥的佛法一样神秘。虽然"男仆"这个词经常被人提起，但"姆妈"这个词却从来没有一个令人满意的解释，极可能来源于印度。从表面看，"姆妈"应该是从印度语中的"奶妈"一词演变而来的，至少目前没有足够的证据表明这个词是汉语表达的变体。

　　毫不夸张地说，中国姆妈可以被称为天底下仆人当中最幸运的代表。她们似乎与生俱来就生活在一个天堂。在远东地区一个家庭所有的艰难困苦都落在了男仆的肩膀上，令人感到惊奇的是他们居然没有被肩上的重担压垮，就如同赫拉克勒斯在阿特拉斯不在的时候独自支撑起整个天空一样①。下面我们列举出一大堆男仆可能要担当的角色：会计、家仆、大厨、帮厨、杂役、马夫、船夫、黄包车夫、跟差，甚至拉动布屏风扇的苦力等。上述

---

　　① 赫拉克勒斯和阿特拉斯都是古希腊神话中的大力神，前者曾替阿特拉斯擎着天空以便后者去偷圣园里的金苹果——译者注。

事实自然表明，一位姆妈在家庭中的责任着实是微不足道的。事实上，她们的服务仅限于担任保姆，照顾孩子；即便使用洋泾浜的语言给她们带来一些不便，但也远远不能跟英国相似从业者所遇到的困难相提并论。她们不能进入厨房，因此避免了无数瓜田李下之嫌；她们在烹饪方面的技能似乎仅限于为看护的小天使冲一下炼乳。甚至扫帚，外国仆人手中必拿的"权杖"，她们也不会去碰一下，给婴儿穿衣和喂奶成为她们一天全部的工作。客观地说这些姆妈在某些方面又比其欧洲姐妹更受欢迎，她们从不以淑女自居，也从不会偷偷使用你那些华丽的丝带、香水、润发膏或者其他洗漱用品。在远东的上海，即便头次登门拜访的陌生人，也决不用担心会发生因无法辨认仆人和小姐而引起的尴尬。

这些女仆们认为会说一口洋泾浜英语的她们，其重要性远远超过男仆。怎么能不是这样呢？当那些男仆们只负责照顾主人的小马或者猎犬的时候，得到女主人充分信任的她们在照顾着年幼的少爷和小姐。难道她们不应该为自己要参加一次像样的出行并享受一段美好的旅程而感到高兴吗？即便是宗教狂热分子看见灿烂天堂时的狂喜，也比不上坐在四周镶着玻璃的马车包厢里的姆妈更加容光焕发了，仿佛全世界经过的人都能看见并分享她的荣耀。

姆妈会说洋泾浜的英语当然会给她带来丰厚的收益。如果把她们从事工作的强度跟男仆做一个对比，其5美元到15美元不等的月薪，算是相当高了，这个价钱足以雇佣一个优秀的男仆了。工资的差异大体上取决于她们照顾孩子的数量以及工作的表现！如果以每月10美元作为平均工资来计算，那么一年的收入就高达24英镑。毫无疑问，与英国仆人的薪酬相比，这个工资水平显然过高；即使与日本女仆相比，那里一个顶级仆人的月薪也只需要 4 美元。关于这些女佣，还有一个令人费解的问题，那就是她们用赚来的钱干了什么？显然，她们没有把钱花在穿着打扮上面，她们穿的只是普通的棉织品，绫罗绸缎与她们无缘；她们佩戴的首饰也非常简朴，喜欢用玉石来代替昂贵的黄金。那她们的钱都到哪里去了？我们慢慢发现，许多女仆都有自己的罗密欧，通常还不止一个，这或许是因为其相好在遇到条件更优越的人时会背叛她们，那些吃软饭的马屁精时常裹了她们的金银细软就溜之大吉。对此，她们自然也要有所防备，总不能在一棵树上吊死。

女仆们虽有平等地使用洋泾浜英语谈话的机会，但她们的词汇量显然不如男仆丰富，这是因为其活动范围更多地局限在家庭当中，排除在了喧嚣的市井生活之外。不过，她们当中的一些人把洋泾浜英语学到了值得称道的地步，我们注意到这些特殊的人才，她们往往在传教士的家中服务了很多年；如果后者碰巧来自美国，她们甚至学会了鼻音和一些美式的说法。至于别的，她们的洋泾浜英语仅限于与实物相对应的词汇表达，如婴儿的衣服、食品以及小姐闺房、卧室里的一些零碎东西。

中国没有哪个地区，以能够大批地向外国居民提供具有适应各种工作、出类拔萃的女佣而闻名，那些生活中必需的女仆大都是从各个沿海的港口或者内陆地区分散而来。在上海，邻近的地区，特别是苏州，是大量女仆的来源地，这个城市来的姆妈被认为比一般的女仆们更美丽、更优雅；然而，我们也很难保证这一说法的准确性。此外，广东和宁波也向上海输送大量女仆。

总的来看，姆妈和男仆们相处得很好，尽管有时也会发生一些鸡毛蒜皮的争执，因为她们经常会到厨房里要热水喝。一般说来，女仆是诚实的。据我们观察，在遇到的极少数欺骗案件当中，经过会审公廨审理，最终往往证明坏事是某个男仆干的。虽然我们对中国人的一般卫生习惯不甚了解，但必须承认，女仆们总是穿戴整齐、精明干练。

最后要说，中国的女仆有一个值得称道的特点就是循规蹈矩、遵命行事。她们从不像西方的女仆那样喋喋不休，也不会把主人的家事到处乱说，更不会提一些无礼的要求。当然，最重要的一点是你可以毫不客气地随时将她们解雇。

枷锁和铁链

在租界的会审公廨，被判刑的犯人会受到各种各样的惩罚。主审的官员既可能对犯人罚款、施以鞭笞或刑枷，关进法庭或者警局的牢房，也可以把人用铁链子锁住然后让他们去做苦力。这些刑罚既可以单独实施，也可以多种组合在一起施加给犯人。枷刑是给犯人的脖子上套上木质的刑具，一般短短几天，但某些情况下也可能超过一个月。那块木板又笨又沉，让犯人极不舒服，看起来就像要把人的脖子绞断了一样。木枷大约有两平方英尺大小，没戴的时候分成两半儿，戴上以后，两部分就牢牢地被燕尾形的楔子固定在一起，囚犯根本无法自己把它取下来。木枷上带着一根铁链，另一头就拴在囚犯的腰间。当这些囚犯坐在会审公廨门口的木笼里，或在任何一个巡捕房的院子里放风的时候，都会被人用铁链把他们六七个拴在一起。

把小偷押在行窃之地的附近示众是对其最为常见的惩罚方式。囚犯不得不一整天都站在那里，因为被链子锁着，一旦坐下来就会被勒死。一名当地的便衣警察会监视着他，并给他一些难以下咽的口粮。盗贼们也常常以同样的方式被锁在租界或者城郊，让作恶者感到不寒而栗的是白天要在原地站八到十个小时，晚上再被带回巡捕房的监牢里。某次，一个恶习难改的小偷被警察用铁链锁在了静安寺路附近的花园里，不知道这家伙借助什么工具，居然把长长的铁链锉断了。尽管他和所有单独关押的小偷一样戴着手铐，而且还扛着木枷以及两三米长的铁链，居然能越过田野成功逃走。不过，戴着如此沉重的羁绊，他很轻易地就被当地民众捕获了，大家都认为抓住囚犯是办了一件大好事。

木枷上粘着封条，上面写着犯人的名字以及他所做的恶行，这也是惩罚的一部分，既让犯人颜面尽失，也对他人起警示作用。然而，大多数戴着木枷的惯犯看起来对此似乎并不介意。那些被判长期监禁的犯人通常要遭受鞭笞的折磨，还要戴着枷锁、用铁链子把他们锁在一起示众。有些囚犯会被铁链锁在一起两三个月，有的还要更长一些，甚至长达两年时间。

有一些冥顽不化、无可救药的犯人，始终没有逃脱被拘禁的生活，几乎就这样度过了一生。这些犯人大多数是社会下层的苦力，有些是小有名气的偷窃惯犯。不过，我们也看到过另外一种情形，当地的商人以及境况较好的本地人，也有因严重的罪行，诸如贪污、诈骗和盗窃等而被处以拘禁的。

这些囚犯之所以被称为"铁链锁着的囚徒"，是因为他们被铁链拴在一起组成了一支庞大的施工队伍，由工部局安排完成租界里的大量市政工程，主要是拖曳笨重的巨型压路机械。工部局同时还雇佣了大批苦力来从事道路的修建，因为被铁链束缚的囚犯彼此之间的距离实在太近，根本没有足够的空间完成必要的工作。当他们干活的时候，由一个外国警察和两三个本地巡捕监视着。在外滩的海滨，填海造地对于苦力和铁链锁着的囚徒来说是一项艰巨的任务，一批批囚徒要拖着庞大的铁辊子完成沉重的工作。

拴在铁链上的犯人统一穿着褐色工作服，裤子和夹克上都印着汉字，表明穿着这身衣服的人是一名囚犯。至于靴子和帽子，则是五花八门并没有什么限定，有人穿着麻鞋或者毡靴，有人干脆就光着脚，但也有犯人炫耀穿在脚上擦得锃亮的外国靴子。帽子也是各种款式，既有本国的，也有外国的。遇上下雨的天气，几乎每个犯人都会采取一些防雨的措施，或是披着蓑衣，或是打着破烂的布伞、油纸伞。囚犯们拖着铁辊子在雨中缓慢地前行，整个队伍干活的场面给人留下深刻的印象。

这些被铁链锁在一起的囚犯，看起来永远是一副开心的样子。他们的工作比苦力轻松，供应的糙米口粮也很充足，住得也不错，他们不需要为即将到来的明天而忧心忡忡。当他们带着锁链蹒跚前行的时候，能够看到外滩全部的美景，一定觉得自己的日子过得比黄包车夫或独轮车夫还好一些。后者中的许多人可能会嫉妒这些被铁链锁着的同胞，甚至会采取一些非常手段让自己也成为被铁链束缚的囚犯，而有些服刑的犯人同样想方设法在自己刑期届满之后再次身陷囹圄。不过，到了 1890 年，随着蒸汽压路机的问世，这种奴役铁链囚徒的做法被废除了。

噪　声

仔细阅读当地的报纸，我们发现了一篇关于工部局会议的报道，其中涉及一封德国总领事馆写给工部局的函件，他们对"轮船夜以继日，甚至周末也不停歇装卸货物产生的噪声；对那些搬运货物的苦力呼喊号子所带来的无休止的烦恼"进行投诉。这封信也令我们开始思考自己的遭遇。是的，我们不仅有类似的烦恼，而且抱怨的事情可能还要更多。我们确信自己对可怕的"声音"各种变形所做的生动（请注意这个词）描绘，将有助于减轻它们的危害，无论这种声音是从哪里发出来的，是从中国的帕格尼尼，或是沿街负重前行的苦力，或是那些穿着孔雀轻裘、鸣锣开道，使一大群衣衫褴褛的穷人拥入租界街道的官员，或是其他任何人和物体。现在，我的开场白已经讲完了，接下来就言归正传。

"当你到了罗马，就要像罗马人那样生活"，这是西方的一句习语。定居在租界的中国人，不能违反租界的规章制度，不尊重西方的习俗。中国人应该知道，那些使他们心情愉悦、如天籁般悦耳的可怕声音，是我们的审美情趣和神经系统所不能接受的。很难理解中国人和我们审美情趣之间的差异是如何产生的。

亲爱的读者，你有没有这样的一位亲戚，你常常担心他可能会跑来同你一起瓜分百万富翁叔叔的遗产。如果是这样，你尽可以把这位亲戚安排到一个有六七位中国音乐大师待的房间，他们在里边不间断地演奏着公元前 2252 年伟大的伏羲氏编创的乐曲。我向你保证，只要他在里边待上 24 个小时，你不费吹灰之力就可以聘请到一位医疗方面的法律顾问，他会为你出具一份由于这位亲戚突然精神错乱而无法与你共享死者财产的书面文件。

现在，我们并不是要责怪中国的音乐家，只是想不明白为什么外国居民要被迫忍受这种噪声的惩罚。尤其是在眼下这炎热的夏季，这些罗密欧们通宵都在吟唱，直到天光大亮。这是最为严重的公害，地方当局应该制止它。我们认为，外国居民过上和平、舒适的生活，应该比中国人从中得到精神满足更加重要。

还有一种更加可憎的声音，应当引起当局的注意，其令人厌恶的程度远远超过刚才提到的种种，那就是租界繁华地段里生活的当地工匠，日夜不停工作时所产生的恼人噪声。我们就认识这样一个人，他"幸运地"挨着的两户邻居，一个是修补匠和一个是木匠。他们都是特别勤劳的那种人，天不亮就开始工作，同时也很少能在午夜之前休息。亲爱的读者，你能想象一下这个人的生活感受吗？在一天 24 小时当中，有 20 个小时必须听风箱呼呼地轰鸣，听小炉匠的大锤小锤或快或慢发出令人抓狂的叮当声，同时还得忍受木匠恶狠狠地把一些多节的木头锯开时发出的二重奏。只要这欢快的四重奏没有停下来，对他而言，睡个好觉就永远是一个甜蜜的憧憬。试图证明这些行为违法，只能是一场徒劳，因为没有人会听你的。我的朋友曾经几次向警察申诉这件讨厌的事情，但收到的答复总是他们没有上级关于处理这件事的指示。租界的行政当局显然应该调查一下这件事，并且指示警察管束一下这种夜间发出的可怕噪声。

在令人厌恶的众多中国乐器中，没有什么比铜锣的声音更招人恨的了。这可真是件可恶的东西，它们在中国官员的生活中扮演着极其重要的角色。无论何时，当官员离开府衙宅第的时候，总是伴随着震耳欲聋的锣声，这会极大地冲击欧洲人敏感的神经系统。为什么这些顶戴花翎的官员，行进时要发出如此可怕的喧闹之声？如今，当一位封疆大吏抵达或离开时，总会有成百上千的"乡勇"以及十来艘战船热烈地迎送，这会打破原有的和平与宁静，真是让每个人大光其火。应该通过一项法律，一劳永逸地禁止如此荒唐的活动。

最后，我们来谈谈德国总领事耿耿于怀的那件令人讨厌的事情，还有街头小贩和中国行人所发出的噪声。关于第一个烦恼，大家对这样的抱怨早已感同身受，但这只是对住在河边附近的人影响较大，那些在大街上受雇运送货物的苦力呼喊的号子才是最闹心的事。他们的喊叫声，比密歇根州木材厂999把带锯发出的噪声都要烦人。为什么中国工人在搬运东西的时候，不管搬的是啥，不管重量多少，每走一步都要喊一声号子呢？

世界上没有哪个民族像中国人这样喜欢唠嗑，他们的交谈让美好的夜晚变得面目可憎。夏天来临，当我们不得不打开窗户乘凉的时候，他们的声音经常把人从甜蜜的梦乡惊醒，让人久久无法入睡陷入失眠的苦恼当中。某天，我们出来寻找噪声的源头，发现两个中国人正悠闲地走在大街上，温文尔雅的聊天。凌晨时分，小贩们南腔北调地叫卖着各自的商品，这毫无疑问也会激起我们内心深处无穷的怨念。

会审公廨

行文之前，先简单勾勒一下大家熟知的上海会审公廨，介绍一下这个伸张正义的法庭办案的程序、内部的陈设、外部的形制、周围的环境以及与其相关的各样东西，介绍一下中国地方官吏、外国陪审官、公诉人、官府的捕快、原告和被告、囚犯和苦主。总之，使会审公廨成为有史以来最为独特的司法机构的一切。

当初，设立上海英美租界的会审公廨，是为了解决那些原告为外国人而被告是中国人的民事案件，还有就是触犯了基于租地章程而建立的市政法律，再有就是对在租界犯刑事罪的当地人进行审判。参加会审的中国官员是隶属于上海知县的七品官吏，而外国陪审官则与中国官员坐在一起，他们同样拥有司法权，其特殊职责就是关注外国原告的权益，并确保给予那些敢于违犯租界法律的当地人以适当的惩罚。一年当中，除了中国的元旦和其他一些特殊节日外，公廨每周开庭六天。一周当中有三天是由英国的副领事来担任陪审官；两天是美国陪审官；第六天的陪审官由奥匈帝国官员来担任，或者在他缺席的时候由德国人来顶替。

会审公廨坐落于大马路，审案的公堂是清政府官衙的一部分。一到衙门口，那些为非作歹之辈就会感到不寒而栗。大门两侧靠近大街的人行道上，摆着两个用坚固的木椽做成的巨型囚笼，其高度从地面几乎伸到了门廊的屋顶。它们看起来就像约翰·班扬笔下的浮华世界里囚禁着费思富尔的笼子，其用途与许多年前英国所使用的枷锁一样。中国的木笼里关押的都是囚犯，这种惩罚方式不仅对犯人是种惩罚，而且对其他人也起着警示和震慑的作用。囚笼的木栅栏宽得几乎可以让一个瘦子钻过去，但现实中并没有人做这样的尝试。所有囚犯都戴着一个大约两尺见方的沉重木枷并被牢固地锁起来，一条拇指粗细的铁链将枷锁与犯人的身体连在一起，另一条铁链则把六个囚犯串在一起，成为不能分开的一个整体。这些坚固的刑具用铁和硬木制成，防止有人企图营救他们。囚犯的双手可以自由的活动，因而吃饭时能正常地使用筷子，加之供应的米饭管饱，这让犯人们真是喜出望外。当他们坐着的时候，木枷杠在两肩之上，一头垂于胸前，另一头翘于脑后，其神情姿态也因相识的人出现在人行道上而变得愈加生动。卖饭的师傅和其他走街串巷的小贩在木笼周边都有自己的摊位，显然，囚犯们时常能得到超乎其正常待遇的抚慰，许多人甚至还能弄到烟斗和香烟。

穿过画着凶神恶煞的大门，我们看到门板上红黄蓝绿各种颜色混搭在一起，营造出了一种热烈的氛围，即使花上几便士来看一下也值得。走进一个宽敞的院落，左右两边的房子并不高大，住着衙门里的仆役。一进门的正前方立着一面照壁，上边画着一头狰狞的怪兽，是龙吗？反正看起来足够凶狠和丑恶，而奢侈堆积上去的颜料足以像模像样的画出六七条巨龙。这只怪兽象征着贪婪，将它画在衙门口的照壁上，是为了警示官员贪婪乃是一种罪恶，要时时加以防范，决不要做压榨百姓的事情。官衙前面和四周停了许多轿子，高官的坐轿与其下属的显然有着极大的区别，就如同商人穿着丝绸衣服而贫苦人则披着破布一样。当官员带着一大堆随从出行的时候，总是打着红色的伞盖和写着金字的回避牌，咣咣的锣声让路人早早地就知道大老爷要来了。

这个院落的左侧有条狭窄的弄堂通向一个小院，它三面围着砖墙，北边则是审判的大堂。院子非常狭促，地上还散落着各种垃圾。当公廨审理当地人非常关注的案件时，院子里总是挤得水泄不通。在审理大马路谋杀案的时候，不仅小院子里，还有穿行的弄堂、前边的衙门大院，甚至外面的大街上，都挤满了看热闹的人群。就像伦敦的中央刑事法院一样，当一场引起轰动的审判即将结束时，人们蜂拥而至，挤满了从路德门山到纽盖特监狱之间的老贝利大街，只为等待最终判决的消息。只不过，这里的居民并没有对南京路谋杀案的审理和判决表现出格外的兴奋，囚犯们押回了城里并处以长期监禁，然后又被押到全省各地游街示众，他们就是以这样一种极端烦琐的方式对触犯禁令者进行处罚。

每天上午 10 点，公廨开始断案。庭审的过程总是吸引着许多本地人驻足围观。虽然并不牵扯自身利害，只是出于好奇，但有些人还是想方设法挤到大堂里面，找块儿立足之地一看究竟；而大部分民众觉得站在外面的小院儿里旁听就满足了。审判大堂的门窗全部安着玻璃，看热闹的人摩肩接踵地紧挨着窗户，在大堂前边站了个满满当当，要想从人群当中挤开一条通道并非易事。到了门口，我们径直推门就进了"光明正大"的大堂。

记得几年前第一次去那儿，习惯使然，我们满怀敬意地行脱帽礼，但很快发现在会审公廨，这完全是多余的礼节。当看到一个朋友居然在法庭上抽雪茄烟的时候，那种无拘无束的气氛就变得更加明显了。我们原本对法庭心存敬畏，总是把刚抽了几口的雪茄扔掉，然后取下头上的帽子，恭恭敬敬地走进去。"这里可以吸烟吗？"我低声问朋友，陪审官听到后说道："噢，没关系，请抽吧。吸烟已经成为这里的惯例了。"我们看到陈大人从他的盒子里取出一支方头雪茄，然后用安全火柴点燃，递给了那位陪审官。很快，四五支雪茄相继被点燃，冒出的烟雾就像几间房子着了火一样。

会审公廨是一个面积很小的木结构建筑，屋顶是山脊的形状，椽头裸露，整栋房子看起来摇摇晃晃，有几分破败之感。法官和陪审官面前的公案是一个巨大的木桌，桌腿看起来也极不稳当。公案摆放在距离地面几英寸高的一个平台上，大体处在屋子的中央。平台上的几个座椅后面，起初为了支撑屋顶的两根柱子中间立起了一块屏风，屏风后面还有一条挺宽敞的过道，那里坐着一位给官老爷们摇大蒲扇的苦力。从玻璃门到公案之间有一块空地，被木头栅栏分成了左右两半，囚犯们押到这里必须得下跪磕头。公案右侧的空间同样被栅栏以直角的形式分隔成两半，里边是专门为巡捕厅的警司和巡长进行起诉、指控而预备的；外边则是为外国的原告或其他相关人士预备的。法庭左侧的场地被官府里的衙役围了起来，他们并肩而立，担任警戒，有时甚至站成两排。在法官旁边，文书在做着记录。法官周围还有几个中国人，很难说清楚负有什么职责。其中有一个中国人格外引人注目，身材高挑、体形瘦长，大约四十岁。地方官陈大人背后站立的这个人是他的师爷，其目光掠过大人的肩头可以看到大人手中的每一份文件。还有一个经常出现在法庭上的人物是陈大人的儿子，小家伙聪明伶俐，在公案上蹦上跳下，获得了足够多的快乐。他有时候躲在父亲身后，有时候站在陪审官旁边玩着对方的嵌银手杖。或者在冬天的时候，他会拨弄公案右侧角落里放着的火炉。最高兴的时候莫过于公堂上没收了伪造的美元，他会从父亲那里拿上铜做的假币，走到火炉边试着将它们在炉火中熔化掉。

审理案件的法官坐在公堂的正中央，陪审官则坐在他的右手。公堂上摆着三四个座位，当外国领事对个别案件特别感兴趣时，也会坐在台上。陈大人已经穿上了冬装，镶着皮毛的绸缎大氅上绣着官秩品的"补子"，向上翻的帽子后边拖着孔雀花翎，整个人看起来比穿着单薄夏装时显得更加尊贵。虽然老爷子的实际年龄只有六十多岁，但看起来足有七十岁了。此时，他还不得不强打精神，处理这些令人挠头的事情。审案的时候，他常常光着脑袋坐在那里，看上去就跟秃顶了一样；头上已经没有足够的发丝来编辫子，那根悬垂的发辫基本上是用丝线编成的。陈大人的五官没有什么特别之处，但表情看起来相当喜感。眼睛小而黑亮，显得机敏异常；鼻如悬胆；上嘴唇阔而厚实，两撇灰白的八字胡稀疏地挂在嘴边；颧骨高耸，双颊微陷。他已经不像几年前那样装束整洁了，岁月在其额头上留下了深深的皱纹。当人们看到囚犯和差役们在堂前吵翻了天，而他还心平气和地坐在那里，大概就会感到他已然不像过去叱责囚犯时那样精力充沛了。

陈大人面前的桌案上摆放着一方很大的砚台，上边搁着一块儿中国产的墨锭。砚台后面立着一个奇特的物件，形状就像一只从腕部割下来的手，五指分开，个头要比我们见过的真人手掌大很多，据说象征着佛陀的手掌。如果装上长长的扫帚把儿，将会成为中国最高巨人非常称手的一件痒痒挠。这款物件其实是搁毛笔或铅笔的架子，用以防止陈大人在批阅文件时，蘸了红墨汁的毛笔把桌案弄脏。桌上除了刚才提到的这些物品，陈大人的左手边总是放着一个小茶壶和一个更加袖珍的茶杯，一盒雪茄烟以及安全火柴。总之，这些东西都摆放在他面前触手可及的地方。另外还有两件结构简单，使用频繁的东西值得一提，人们很少见识它的庐山真面目。这是两块硬木，大约十二英寸长，一英寸见方。当陈大人已然发怒，开始声嘶力竭地冲着那些倒霉的囚犯大声地断喝，在他怒发冲冠之际，就会随手抄起一块木头以雷霆万钧之力击打另外一块，发出的巨响足以盖过所有人的声音。对此，我们猜想，他一定认为这是让那些被严厉训诫的人们胆战心惊最有效的办法吧。在他拍击两块木头的时候，仿佛要用手中的东西砸向犯人的脑壳，犯人自然下意识地赶紧躲闪，以免遭遇飞来的横祸。

每天早晨被带到会审公廨的犯人，一般都是当地社会底层的民众，其成分也是杂七杂八。有时法庭上会接连审理二十多个独立的案件，一个案件往往又会牵涉到两三名嫌犯，偶尔十几名嫌犯会因为一项指控而被带到堂前。因此，你在一上午的时间里，常常会看到有将近一百名嫌犯在那里过堂。我们注意到，这个公廨里调查审理的案件，绝大多数都是些鸡毛蒜皮的小事，违法的性质都不严重。只有在极偶然的情况下，才审理一两件性质严重的案件。因此，在人员庞杂的租界，这个法院的记录涉及了几乎所有不同地域的中国人。本省籍的人当然占了大部分，但还有为数不少的广东人、福建人，以及来自北方各省的人口。上海是中国人与外国人杂居的中心，如果考虑各社会阶层的复杂情况，以人口比例计算，这里的犯罪率其实并不算高。

公廨审理的大都是当地人家中被小偷小摸的案子。不过这里最常见的盗窃案件是当地人从大烟馆、茶馆或旅店里偷窃了个把烟枪、几枚硬币、一件外套或者别的什么不值钱的东西。

黄包车夫、独轮车夫绝非值得信赖的人，他们在犯罪过程中扮演着重要的角色；货船上的员工、摇舢板的船夫偶尔也会参与其中；驾车的马夫并非无可指责；小店的掌柜、大商号的伙计腹中也藏着许多骗人的诡计。然而，大部分偷窃案件并不是这些人干的，而是那些声名狼藉的鸡鸣狗盗之徒所为。很多当地人将偷盗和被抓视为生活中唯一消乏解闷的事情。他们从监狱里一出来，就回到老地方去偷东西，不久又被抓起来关进大牢。然后，可能面临更长的披枷戴锁服苦役的刑期。即便中间没有机会逃跑，他们也会愉快地等待重获自由，再去偷窃，重被羁押。

另一类罪犯分子是街头的赌徒，光天化日之下他们就在弄堂里赌博，旁边围着十几、二十个看热闹的游手好闲之辈。当巡捕以每小时半英里的缓慢速度出现在街角的时候，望风的人就会飞跑着去报信儿，赌徒们迅速散开。当威严的执法队伍经过以后，没有了被抓的危险，赌博游戏又开始了。这些家伙们被抓简直就是家常便饭，因为这种赌博的小游戏并不算什么严重的罪行，一般都会从轻发落。然而，经营赌场的老板就不一样了，有时会受到严厉的惩罚，但他们被抓现行的时候极少。警察还没来得及靠近赌场，望风的人就发出警报，赌徒们立即四散奔逃，等警察进来，哪里还能看得到赌博的痕迹。1879 年，警方突袭了一个臭名昭著的赌窝，逮捕了 40 多名中国人，这么一大群人被带到法庭上，几乎没有立足之地。罚款的总计金额高达 900 美元，许多囚犯因掏不出自己的那份儿罚金，只好接受短期监禁。其中一名主犯是个商人，逃到了广州，法院强令留守的店员支付了 300 美元的罚款。过了几个月，商人返回上海，旋即就被送上法庭，判处一年戴着铁链的劳役。

发生在茶馆里的打架斗殴、损毁财物是最为司空见惯的违法行为。对中国人而言，茶馆是一个公共场所，人们常去喝茶、解闷，无论是偶然邂逅，还是预先约好要解决争端，总之，那里成了众人聚会的地方。当然，解决问题的方式并非全都友好和善，常常说着说着双方就抄起茶壶茶碗、拿起桌椅板凳，以一场混乱的撕打场面结束。不消多说，损害赔偿的账单对于争吵中负有责任的一方将是个颇为头疼的问题。

无论针对中国人还是外国人的暴力抢劫案件都极少发生。至于入室盗窃，大多是些开门撬锁进入本地居民家中的小案件，外国人的住宅偶尔也会被贼光顾，酒窖往往是最吸引贼人的地方。

许多案件只可能在中国发生，例如恶意的压榨、绑架；卖妻与纳妾的争讼；妻子私奔，丈夫提起诉讼要求强制遣返等等。诸如此类，在西方人眼中，性质上属于民事而非刑事的案件，但在中国法律制度下，被起诉的一方会被当作罪犯。

通常这些犯人由租界的警察押送到法庭。有时候，他们也会在接到法院传票后自行前去应诉，或者在获得保释后又去自首。但一般情况下，是看守紧紧抓住犯人的辫子，或者将两三个犯人的辫子捆在一起押解到这里。犯人被推推搡搡地带进法庭，硬生生地从围观的人群中挤出一条道来。玻璃大门被猛然撞开，哗啦啦地乱响个不停。犯人被狱卒径直推到堂上，在公案前赶紧跪倒，鸡啄碎米一般地磕起头来。在案件沉闷而冗长的审理过程中，犯人们始终双膝跪在地上。有的实在太累了，但他只要调整个稍微舒适些的姿势，看管的衙役就会冲过去，残忍地拽住头发让他跪直。

有一些囚犯磕头的动作堪称典范，不仅要磕够最起码的九下，而且还要用前额快速、猛力地撞击地面，以至于尘土飞扬，好像不把自己的颅骨磕碎，或者不把地上砸个坑就决不罢休。他们一边磕头，一边呼天抢地、涕泪横流、咬牙切齿，这番景象是租界里的其他地方看不到的。如果碰上一个囚犯情绪激动，吵闹得根本停不下来，他那脑瓜后面的小辫子就派上了用场，一个衙役会冲上去薅住他的辫子猛劲地拉扯，直到他平静下来。其实还没等衙役使尽手段，囚犯早已经疼得龇牙咧嘴、气焰顿消了。然后，乖乖地待在那里大气都不敢吭，让人一眼就看出方才他的激动和狂乱其实都是装出来的。

衙役们开始审问犯人了，同一个时间不是一个人在问，而是六七个甚至更多的人对着他大喊大叫。这名被折腾得精疲力竭的囚犯，其姓名被无数次大声地喊出来，以便让法庭上负责记录的中国师爷听到。接下来囚犯被连三赶四地追问，自然，法官也收到了同样多的答复。在囚犯以被告的身份进行自我辩解的时候，原告听着听着往往按捺不住激动的情绪，赶紧扑通一声跪倒在地，双方免不了又是一番辩争，审讯过程变得异常混乱和嘈杂。

在过堂审案的过程中，巡捕房的警司或巡长会将案件的全部情况告知陪审官，陪审官再将情况转述给法官。如果证人在场，他们也会接受讯问。接着主审法官还会对犯人反复加以质询。罪犯如果感到案情对自己不利，就会毫不吝惜自己的话语和眼泪，大声地哭诉、喊冤并用前额不停地叩击地面，以此来表明自己无辜，或者恳求法庭的宽恕。囚犯如果被处以二十美分的重罚，或者代之以两三天的监禁，他会变得悲痛万分，磕起头来更加卖力，衙役则会抓住他的辫子将其拖出大堂。当然，一旦走出法庭他很快就接受了这个结果，并为自己能如此轻易地脱身而暗自庆幸。

还有一类囚犯，他们与那些磕头时举止夸张、情绪激动，仿佛要把地面砸出坑来的人正好相反。即使面临的指控非常严重，他们竟也能做到神情冷峻，若无其事。头磕得不多不少正好九个，辩护时也没有表现出任何激动的情绪。当听到对自己的判决时，他们在公堂上依然镇定自若，面带微笑。

对于那些惹上了官司，不得不出庭受审的倒霉蛋而言，亲戚、家人对他的命运至关重要。如果嫌犯能够把七大姑八大姨都带过来，他几乎可以毫无悬念地全身而退。但如果他没有什么亲朋故交，最好也要找个老头，让他谎称是自己的爷爷。祖父母来到庭审现场要比试图自证清白有效得多，因为他们是人品楷模很重要的证据。在法官的心目中，孝道占有极为重要的分量，尽管没有什么证据能够证明所谓的父亲、祖父或者曾祖父是嫌犯真正的亲人，但他们的哭泣和哀求却可能让罪犯免受鞭笞，或者确保他获得更短的刑期。

如果囚犯被指控殴打他人，或与他人发生争执，亟须做的事情就是把祖父也带上法庭，并让自己脸上布满血迹，手臂上有三两处淤青的伤痕，胸前再贴上一大块膏药。同时，他还得假装正在忍受着巨大的疼痛，脸上淌着泪水，用手捂着前胸，仿佛只有这样才能减轻呼吸的困难。如果可能，最好把鼻子弄得流出血来，再用手掌胡乱地涂抹到脸上。不过，这种弄虚作假装出来的可怜一旦被主审官识破，不仅不能获得同情，还将面临极其严重的惩罚。如果嫌犯不能使法官大人完全相信他所受的苦比原告还多，那就意味着他的欺骗手段被识破了。一个挨了打的中国人在上法庭控告打他的人之前，无论如何也不会洗去脸上的血迹。他认为满脸的血迹，远远胜过六个证人声称亲眼所见的证词。当然，被告也会设法把血抹到自己脸上，试图证明自己才是真正被冤枉的。之后，原、被告双方就此展开了一场撒谎比赛。不过，如果警察已经知道了实情，那么各方的说辞都不可能被采信。

不久之前，一个既是骗子又是小偷早已恶名远播的无业游民，居然利用会审公廨，达到了给一个亲戚制造麻烦的目的。这个亲戚曾经多次给过他金钱和物质的帮助，但后来因为不愿意再资助他而让其心生恶念。这个流氓跑到巡捕房去假装自首，郑重其事地忏悔，承认自己偷了别人 10 美元，当然后来的调查证明这是一个谎言。而一个无关的人自称是原告，死死地拽着这个小偷的手不撒开，说自己的钱被他偷了。这当然是另外一个谎言。这个假意忏悔的小偷说他已经把赃款交给了自己的亲戚，那个曾经对他十分友善现在却势不两立的人。如此一来，亲戚因被诬告而送上法庭。庭审的时候，这个大流氓声称自己遭遇了刑讯逼供、严刑拷打；两个拇指被夹在竹棍中间，然后整个身体被吊在空中，重量都施加在两个拇指上，直到他不得不承认自己偷了钱，并说清楚如何把钱花掉时为止。他编造的这番屈打成招的故事，完全是为了佐证对亲戚的诬告，即便其手上的伤是真的，那也一定另有原委。然而，法官相信了他编造的这段故事，将他释放了。在法官看来他已经挨了一顿拷打，也算罪有应得。那个声称自己丢了 10 美元的人，被质疑恶意起诉，在挨了一顿老拳之后也被轰了出去。受到诬陷的亲戚根本没有收过任何钱财，最终洗清了自己窝赃的罪名，被无罪释放了。在这个案子里，栽赃陷害的伎俩既不高明也不复杂，否则最后的结果还真是难以预料。

我们听说犯人在会审公廨里耍的最离奇的花招是这样的。有三四个家伙被指控犯了一些微不足道的罪行，每个人被判处交纳 20 美分的罚款或 3 天的监禁。众人在听到判决后开始痛哭流涕，仿佛要用自己的眼泪和哭声唤起法官大人的同情之心。唯有一个嫌犯不仅没哭，而且一等判决宣读完毕，即刻起身，大踏步走到法官的文书案前，掏出钱来交了罚金，然后扭身就走，匆匆出了法庭。过了一会儿，人们发现他上缴的 20 美分居然是一枚假币，再要找他为时已晚，这个狡猾的家伙早已经逃之夭夭。

对违法的嫌犯，法官的自由裁量权很大，可以判处 20 美分到 250 美元的罚款；24 小时到 2 年的监禁，甚至无期徒刑；打板子的数量从 20 下到 500 下不等；监禁期间，还可以责令囚犯戴着木枷在大街上示众。囚犯们在服刑期间，大多数被押往租界修建马路，戴着枷，拖着长长的铁链，成为"铁链下的囚徒"。打板子一般是在法庭前面的小院子里执行，罪犯脸朝下趴在地上，双手、双脚、脑袋都被衙役们按住，板子就抽打在他裸露的大腿上。刑具是一根又细又长的竹板，大约一英寸宽窄。抽打时轻重的力度，完全取决于挥舞刑具的衙役对犯人有没有好感。一些可怜的家伙被打了四五十下就皮开肉绽，但有些即使挨上一百下也没有那么严重。行刑者既能施以狠手，也能恰到好处地把竹板控制得刚刚挨住犯人的皮肤。当然，这种好恶倾向完全是在合理的范围之内。衙役在入行的时候就被警示贿赂乃是不义之财，金钱乃是万恶之源。在会审公廨，打板子是最能让观众兴奋起来的处罚方式，一般都会等到下午庭审结束之后，但偶尔也会在宣判之后立即执行。据说，如果抽打一百下，囚犯几天内都会疼痛难忍；如果抽打上四百下，那他至少需要两周的时间才能坐起来。

公廨里当地官员与坐在旁边参与审案的外国陪审官之间的关系，真是中外交往史上一段亘古未闻的趣事。对外国侨民利益的保护，对租界良好治理所赖各种法令的执行，对享受了种种善治却违犯法令的当地人进行惩戒，对于犯罪分子严厉的打击，凡此种种，在很大程度上都取决于外国陪审官采取的立场以及坚定维护合法权益的态度。在许多案子里，如果不是外国陪审官反对地方官的判决，并且说服对方改变最初的意见，那么对于外国的原告、本地的被告，或者被免于责罚的嫌犯都会做出许多不公正的判决。这些陪审官也常常纠正一些对本地人不当的裁决，尽管此类案子涉及的纯粹是中国人的事情。然而，我们依然能够听说一些不公正的判决，有时是对轻微违法施以重刑，有时却是对十恶不赦的地痞流氓从轻发落，错误的判决以后者居多。开诚布公地说，时有发生的此类冤案，说明我们的陪审官伸张正义的态度还不够坚决。

审案时，负责起诉的警察信心满满地站起来，要求对那些在警局里挂了号的惯犯按律惩罚；他们会把卷宗摆在陪审官面前，请求他做出让犯人罪有应得的处理决定。陪审官在做出赞同中国式鞭笞、监禁或者罚款的决定之前，会与当地官员讨论大约五到十五分钟，也许双方会达成一个折中的共识，也许法官拒绝让步，声称自己才是法庭上的青天大老爷，理应按照自己的方式来审理案件。

几年前有一起案子，后来引发了有趣的连锁反应，其中一些细节是由一位亲眼看见的朋友告诉我们的，值得向读者一一陈述出来，或许这也是首次将此案公之于众。

话说一名囚犯被判处了短期监禁，对于这个判决结果，其实并没有什么难理解的。但若是从其他方面看，又着实有些令人费解——如此轻判似乎仅仅是由于囚犯的祖母在法庭上使尽浑身解数，又哭又闹不断恳求，而陈大人作为主审官，宣布该犯在法庭拘留所服完全部刑期，不必再押往租界巡捕房的大牢里执行了。警官对此表示抗议，陪审官也强烈地反对陈大人的判决，接下来各方就发生了激烈的争执。于是，在这个"明镜高悬"的大堂上出现了世界上任何地方都不会见到的景象。陈大人不再顾及自己的体面，在他看来，如此判决完全是出于对囚犯相依为命老祖母的同情，但这个充满恻隐之心的判决竟然遭到了外国陪审官的反对，而且不肯做丝毫的让步，这不禁让他勃然大怒。陈大人从长凳上站了起来，绕到木头做的公案前边，对陪审官说："好像你才是这里的法官，而我不名一文。如果你是法官，那就惩罚我吧！把我也送进监狱！"陪审官请求这位长者冷静冷静回到自己的座位上去。同时，他看到情况不妙，赶紧命令警察把那个犯人带走。一眨眼的工夫，三四名租界的巡捕就把跪着的犯人拉了起来，有的拽辫子，有的拉外衣，急急忙忙地拖出了法庭。陈大人在后面紧追不舍，但警官挡住去路，充当了巡捕们的后卫。尽管陈大人拉住了警官的袖子，高声喊喝着让他们把犯人带回来，但最终还是没能阻拦住。巡捕们一出衙门，就把犯人放到一辆独轮车上，催促着推车的苦力撒开脚丫子赶紧奔向中央巡捕房。那辆破车在两边巡捕的护卫下，完全具备了西式囚车的功能。陪审官也趁机离开了公案，于是，当天的庭审就这样匆匆结束了。陪审官还没有走出法庭，怒不可遏的陈大人就召集了随从，坐上他的大轿，由撑着红伞和鸣锣的人在前面开道，众人服侍着扬长而去。如果我们得到消息确切无误，接下来发生的事情是这样的。陪审官驱车径直回了领事馆，但陈大人已经捷足先登，并且正向领事陈述自己刚才是如何被轻视和辱没的！后来，这样一场纷争被很好地平息了，法庭上再没有听到这个案子的只言片语。不过，这一次陈大人算是认栽了，他不得不做出让步，而那个囚犯也只好在租界的监狱里服满刑期。

我们在试图详尽地描述上海的会审公廨时，因为缺乏租界警察执行公务的相关资料，所以无法完全做到全面准确。警局对于中外民众的所有报案，或者对于巡捕在租界里履行日常职责发现的问题，都进行了非常高效的调查。正如我们前文所述，警司在会审公廨里充当了公诉人的角色。警察在调查所有的案件时，最重要的工作就是甄别乃至推翻与案件相关的人所说的各种谎言。

根据有关各方的第一次陈述，似乎可以轻易地找到一条清晰的线索，但是后来警官发现自己搞错了，因为这些人一直都在撒谎。

这里的警察有一项特殊权力，那就是如果抓不到他们要抓的嫌犯，就会把他的兄弟、父亲或者别的什么亲戚关押起来。如果通缉犯的亲戚有个黄包车、手推车，或者其他可以执行的财产，警察就会把它们扣押起来，并且告诉其主人，除非他协助警察找到藏匿的嫌犯，否则他休想要回原本属于自己的东西。

下面这些在当地办案的细节，为我们提供了一个涉案人通常会遭遇情形的极好样本。前一段时间，一名英国海员到虹口派出所报案，声称自己在夜里被两名黄包车夫拉到了老宁波港对面空旷的乡野，他们朝着他的眼睛撒了一把土，然后将他打倒在地，并抢走了十英镑。虹口的警察并没有接手这个案子，而是移交给了老闸的警察来处理。在随后的一两天，案件的调查没有任何进展，人们不禁怀疑它的真实性，觉得一开始就是场恶作剧。但后来随着调查的深入，一切都水落石出，而且是以一种出人意料的方式。

警察最初打探到这件事情的原委是这样的：有个黄包车夫告诉自己的朋友，这个朋友又告诉了自己做巡捕的朋友，巡捕又告诉了探长，说是另外一个黄包车夫曾被人看见在法租界的一家票号里兑换过一枚英镑。那个被举报的黄包车夫很快就被缉捕归案了。当被问及他是否侵吞过一枚英镑的时候，他开始编造了第一个谎言。他说，某天晚上他拉着一位海军军官从浦江饭店到俱乐部去，并且从军官那里得到了两枚硬币，后来发现竟然是英镑——一枚一元的，一枚半元的。他宣称自己说的都是事实，当然到底是真是假还需要进一步验证。警察到军舰上、旅馆和俱乐部调查了一番之后，发现这个故事完全是胡编的。

在被告知了调查结论后，黄包车夫说他早知道会是这个结果。英镑到底从哪里弄到手的？他接下来的解释听起来比海员的胡扯更不靠谱。他说自己坐在广东路边等着拉客人，其间离开了一会儿，等他回来的时候就发现车座上多了一个小袋子，里边放着两枚金币。这个说法一开始并不被大家接受，但他随后的陈述却让人发现了另一条线索。他说早知道不明不白的钱必定会给自己招惹来麻烦，而这些钱无疑是另一个黄包车夫放在他这里的，因为几天来那个人一直在跟踪自己——无论是到票号里兑换现金，还是被抓捕到警察局里，甚至现在他还在警局外面逡巡。

躲在外面窥探的黄包车夫也被抓了进来，案件又一次峰回路转，人们发现这个人正是通过朋友向侦探告发有人兑换金币的那个家伙。他真是一个自作聪明的大傻瓜，一定有什么不可言说的事情使他在警察局周围转来转去，想要探听他所怨恨的那个人在危难之中是怎样应对的。他被指控把金币放在别人那里栽赃陷害，在进行了诸多抵赖狡辩之后，他承认自己这么做是出于给别人找麻烦的恶意。当被指控抢劫英国水手时，他先是矢口否认，然后又顾左右而言他，最后才不得不承认他是实施抢劫的两个苦力之一。他说自己本来打算把这件事情一五一十地说出来，可是又觉得不妨再拉上两三个平素忌恨的人来垫背。他说不义之财中的三枚金币，是他请住在新闸一个开旅馆的女人帮自己到城里一家票号兑换的，并且还有两个寄宿在那儿的男人也牵涉进这起交易当中。警察在城里找到了那家票号，黄包车夫确实在那儿兑换了三枚金币。他们又去新闸找到了那间旅馆，抓了一个女人和两个男人，但他们都说自己根本就不知道金币的事情，还说这一定是因为两个月前，那个告密者因拖欠房租被赶走而怀恨在心进行的报复。这个大骗子仅仅出于恶意就对这三人反咬一口！

这个家伙接下来招供的故事说：本应该告发的那个女人和两

个男人居住在洋泾浜，但其中一个男子途经苏州到内地去了，他身上携带了三枚金币；那个女人和另一个男人一两天前也乘坐独轮车出走了，头天晚上就借宿在上海西南边的一个小村子里。他的供述依然真真假假混在一起，警察按照嫌犯提供的住址，很容易就调查并确认了洋泾浜住着的一个女人和两个男人，其中的一对儿男女坐着独轮车走了，而另外一个因为身上并没有搜出三枚金币，所以也就爱哪儿哪去吧。

警察没有找到把这对儿男女送到乡下的独轮车夫，但找到了他的兄长，于是把他的一辆黄包车扣了起来，并告知他必须协助警察寻找弟弟的下落，他愉快地答应了。独轮车夫很快就到案了，车子也被扣了起来，他还被暂时招募进了侦察队伍，派到乡下去追捕最近拉的那两名乘客。嫌犯很快落入法网并被带回了上海，在他身上搜到了一枚金币，原来他就是另一个参与抢劫的黄包车夫。

最终，警察终于搞清了十枚金币各自的下落。从抓获的第一个黄包车夫那里找到了一枚半，他已经花了三角的零钱。主犯将分到的金币兑换了一枚半，还有三枚藏匿在了洋泾浜住处的门槛下边，而最初他却跟警察撒谎说一个去苏州的人将金币带走了。在第二个嫌犯身上搜到了一枚，还有三枚被妇人拿去兑换了。

在那个被抢劫的水手离开港口几天之后，这个案子就在会审公廨里宣判了。由此可见，并非只有原告出庭才能断案。两名抢劫的黄包车夫各被判处九个月的监禁；把黄包车出租给这两个坏蛋的老板，也受到了法律的严厉制裁，他被要求偿付十五块零几角钱，用于把妇人兑换出去的三枚金币再赎回来。就这样，从水手身上抢走的金币全部找到了，并且最终交到了船舶经纪人的手中，由他把钱汇给那名幸运的水手。

大马路反省院

在上海居住的欧洲人当中，有多少人曾经想过要去好好参观一下他们所处的这个陌生环境？有多少人对居所附近那些人的日常生活状况产生过短暂的好奇心？一个如此有趣的民族，一种与西方国家迥异的社会状况，应该能激发起人们最为强烈的研究兴趣；但是，尽管欧洲人拥有观察当地人生活状况的种种便利，他们对周围发生的一切却显得漠不关心。也许，来这里的外国人对事业的追求，已然耗尽了他们所有的精力；因而除了贸易状况、股票行情，或者自己的晋升前景，他们对周围发生的一切都显得漫不经心。不管原因何在，事实上只有极少数生活在这里的欧洲人熟悉中国的风土人情，知道租界里每天发生的许多真正有趣的事情。以会审公廨为例，有多少欧洲人试图走进去看看正义如何得到伸张？有多少欧洲人会关注监狱里的囚犯怎样生活起居？这样一个话题，将会激活那些对欧洲各国法律程序了然于心的人们的强烈好奇心。

会审公廨位于大马路市场对面，你不可能注意不到它，因为当里边审理案子的时候，就会有一大群吵吵嚷嚷的人聚集在它的白色墙壁外面。它有两扇宽大的木门，你从任何一个走进去，都会发现自己身处一个不大的庭院当中。高高的墙壁粉刷成白色，上面画着一些奇形怪状的动物：有龙、有长翅膀的狮子以及其他足以让罪犯看了以后胆战心寒的怪兽。正对着大马路，还有一扇木门，进去是一个更大的院子。门的两边各有一个大木笼，里面关着的犯人正在忍受木枷的折磨，两三个可怜的家伙蜷缩在栅栏里，肩上扛着木头做成的沉重刑具，脑袋从刑具中间的孔里钻出来。木枷上贴着一些纸条，上面写着囚犯的罪行；根据犯罪性质轻重，犯人分别被施以几天、几周甚至几个月佩戴刑具的惩罚。会审公廨的第一进院落，四周是办公室，院子尽头有一扇漆得油光发亮的大门通往官老爷的内宅。过了大门向左一拐，一条狭窄的巷子通往审案的大堂。

方方正正的大堂非常宽敞，墙同样刷得雪白，中间放着一张公文书案和几把椅子，那是供会审公廨的法官大人和欧洲陪审官坐的。在书案前面有一块用栏杆隔出来的空地，起诉人、证人、翻译和囚犯都被带到这里；当然，囚犯来了得跪着。法庭里通常会挤满当地看热闹的闲人、请愿者以及原被告的朋友。除了陪审员、警察或者对案件感兴趣的人，欧洲人很少出现在这个法庭上。

当一起案件开庭的时候，囚犯会由一名衙役带着快步跑进来，扑通一声跪倒在法官面前。这里的衙役很多，总是随叫随到。然后公诉人开始讲述案情，紧接着是证人，最后是囚犯，依次陈述。如果法官听不懂他们的方言，就会让一名通事来翻译。囚犯或许被判有罪，并处以监禁和鞭笞，如果这样，通常打竹板子的惩罚当场就实报实销了。囚犯被两三个衙役抓过来牢牢地按住，再过来一个人根据判决轻重抽打他的脸或者两手、两脚。这样的情形有时真是令人不忍直视，那个不幸的可怜虫被衙役们打到皮开肉绽，身体痛得不停地抽搐，发出鬼哭狼嚎般的惨叫声。而鞭笞的人则是一副毫无怜悯的冷漠样子，高声喊喝着已经打了多少下，如同鞭打的东西是谷物一样。当犯人要挨的板子打够了，他会被拎着辫子，带到监禁的地方。

如果你从大马路这边走进衙门，男牢在外院的右边，而女牢则在左边。有时候，多达百余名犯人挤在这个 30 英尺长、20 英尺宽的肮脏牢房里。要想进入牢房，先得得到一名衙门差官的允许。栅栏把里面的犯人与外面的世界隔开，进出的牢门上有一根没有钉死的木棍，犯人可以从移开它的缝隙钻进去。乍一看如此关押罪犯的方法并不稳妥，但实际上其保险系数和其他方法一样是极高的，因为牢笼的外面还有六个狱卒在监视着里边的一举一动。

一般来说，探视的人一次只能会见里边的一名囚犯。狱卒把你带到牢笼前边，叫应了里面的人，然后才让你和他一起进去。并不是所有的囚犯都对自己的处境麻木不仁，他们中的一些人还很年轻，只是因为一时的冲动而经受苦刑。你会看到他们蜷缩在僻静的角落里或者肮脏的铺位上，避开与那些年长的惯犯进行交往，或者在梦境中忘记掉自己正在经历的痛苦。

汉璧礼养蒙学堂

一座崭新的大楼坐落在了文监师路和蜜勒路的交叉口上，这里原来是欧亚学校，现在叫汉璧礼养蒙学堂，它与欧亚学校完成了实质性的合并，而位于万锦路上的少怀院也已经非常好地开展了慈善和救助事业，从今往后，上海百姓将自豪地在这儿看到远东地区最雄伟的建筑和最真诚的慈善机构。合并后的新机构于1891 年 9 月开始运营。

下面关于这座建筑的描写将会告诉你，它的创办人有怎样一个庞大的慈善计划，而且从一开始就倾注了全部心血。大楼由红、灰两色砖石建成，是虹口最引人注目的建筑。从文监师路这边看过去，整栋楼宇显得端庄大气，其高度足以俯瞰整个租界的景色；其粗犷质朴的建筑风格，使得没有什么钱浪费在不必要的外部装饰上；同时，它用心的设计又为这里收容的孩子们提供了尽可能舒适、宽大的空间。这栋竣工的建筑屹立在那里，将世世代代地作为慈善事业发起人和捐赠者高尚、慷慨品德的见证。大厦一共有四层，这还不包括顶上的阁楼和高出地面约 73 英尺的山墙塔楼，同时它的长度也达到了 92 英尺，而宽度达到了 55 英尺，这样它的平截面就是一个完美的长方形，我们可以想象出它能提供大量住宿空间。当然，它后边通常还会有一个单独的区域，那里有办公室、洗衣房、厨房等。

从文监师路进来的正门，上方是 7 英尺高的门廊，两侧又各有一个稍小些的入口，左边走男孩，右边走女孩。正门通向一间宽敞的过厅，大约有 10 英尺宽，地面上铺着抛光的柚木地板，顶头就是通往二层的楼梯了。过厅两边各有一间宽大的起居室，每间都连着教室，教室的左边安排坐男生，右边坐女生。事实上，整栋大厦也是如此分配的，楼梯右边的所有楼层都被女孩们占用了，而左边的则是男孩子们的领地。因为楼梯两侧是完全对称建设的，所以我们只需要描述一侧的布局就足以让读者明白全部的情形。

我们以女生这边为例，相较而言它只是比男生那边更整洁一些。我们就从学校的讲堂开始说起，一直讲解到最上边的阁楼。讲堂有 45 英尺长，25 英尺宽，右侧和前边的 7 扇高大窗户为室内提供了良好的通风和采光。这里的每一个学童都知道这所慈善机构里的设施是怎样的，所以我们也不必去详细地记叙桌子、地图、黑板以及它们在讲堂里是如何摆放的。不过，值得一提的是这里的学生，她们聚精会神、井然有序，是一群欢乐的青少年。我们继续到同一楼层另一侧的教室进行参观，那里同样也有一群朝气蓬勃的学生。这边有个房间长 19 英尺，宽 17 英尺，作为餐厅供人们使用。由于缺乏资金，原先准备在后面修建大餐厅的计划目前还无法实施。

大楼一、二、三层的房间分别作为学生的宿舍、行政主管和教师的办公室、浴室厕所等，它们基本上是左右对称的。学生宿舍收拾得很漂亮，整洁、清爽、舒适，每间按计划能够摆放 14 张床位。旁边是盥洗室，里面有 5 个锡制的脸盆、毛巾架、梳妆台等等，所有的东西看起来都干干净净，闪着亮光。连着学生宿舍的走廊前边是教师的房间，这样老师就可以密切地观察学生们的一举一动，哪怕他们在夜里发出最轻微的动静。每个教师的房间都有独立的浴室和卫生间，其大小与一楼的起居室是一样的。

楼顶上有一间神秘的阁楼，到处是箱子和蝙蝠。如果不畏尘土和蜘蛛网——其实它们并不多——爬上这座上海最高的建筑，你就可以看到一番瑰丽的美景，这还是非常值得的。黄浦江上最繁忙的一段黄金水道尽收眼底，周围的乡村就像沙盘一样展现在你的面前。如果天气晴朗，远处的山峦也清晰可见。阁楼上还有一个自动供水的热水箱，从这里流出的热水，可以输送到大厦里的每一个房间。所有的家具都与这里的舒适氛围协调一致，大楼的屋顶上覆盖着由汉璧礼先生捐赠的法国专利瓦片。

养蒙学堂设计的住宿名额是容纳 84 名学生，不过即使满员，这里仍然有足够的空间供学生使用，丝毫不显得局促。大厦右侧的厨房、储藏室和盥洗室完全由女孩子们来打理，干净整洁的程度简直无与伦比。在我写这篇文章的时候，女孩这边儿由韦尔夫人负责管理，我们看到她深受自己照料的小宝贝们的欢迎，而男孩子们也衷心地爱戴着他们的杨森夫人和戴顿小姐。因为缺乏资金，所以院子的围墙只能是并不能完全胜任的竹篱笆。活动的操场如同院子里的其他区域一样，也被分成了男左女右两个部分。

这里呼唤着年轻人来此各尽所能。建筑师克里先生，总的来说，他的设计是值得称道的。虽然这个机构的历史，如正门上面的铭文所说还不到一年的时间，但它却因为与托马斯·汉璧礼先生结缘而为上海大众所周知。在这里许多无私的女士和先生，筚路蓝缕地承担起将崇高的慈善事业变成现实的工作，他们作为热忱慷慨的慈善家将被人们永远的铭记。

圣方济学堂

1. 校舍

　　这所学堂于 1874 年在法租界内的圣约瑟教堂所在地创立，是一所由耶稣会神父管理的教学机构。最初只有四名学生，分别来自英、美、法、德四个国家。随着时间的推移，学堂逐渐壮大，直至发展到今天的规模。1884 年迁至南浔路的新校区，与虹口的天主教堂隔街相望。这座功能齐全、布局合理的学校由该教团的一位修士设计并监督建设，于 1882 年 11 月开工奠基，前后历时近两年的时间才得以建成，总共大约 40000 美元的开销全部由教会来承担。四层的综合大楼由砖砌而成，有着质朴的法国建筑风格，占地面积大约为 190 英尺乘以 60 英尺见方。每一层都有 13 扇高大的窗户，为室内提供充足的光线和良好的通风。尤其是这栋楼修建在了一个空旷的地方，所以从东西南北任何方向吹来的风都能惠及它。学堂还有一个供学生锻炼的大操场，旁边种的一排树木洒下了满满的阴凉。操场长 191 英尺，宽 190 英尺，被一堵大约 15 英尺高的坚固砖墙围了起来。操场一侧还建了一座很宽敞的棚屋，镀锌铁皮的房顶，当天气不允许在操场活动的时候，这里就成为孩子们娱乐的天堂。这栋大楼后面还有一个小操场和小凉棚，那是供收养在这里的孩子们使用的。

在大楼一层分布着一些起居室，还有三间教室供慈善机构里被收养的男孩子们使用，一间是婴幼儿班，一间提供给了中国的小学生。餐厅是为寄宿的学生准备的，而午餐室则服务于那些走读生。第二层有四间不同用途的教室，除了三间普通自习室之外，还有一间绘图室，每个教室大约可以容纳50名学生。第三层用作教师们的宿舍和医务室，有四个房间专门供生病的寄宿生使用。这一层还有一间图书室，里面收藏了大约1500册供小学生阅读的古代和现代的文学作品。顶层的房子有几间是寄宿生的宿舍，有一间是收养的孩子们睡觉的地方，还有一间音乐室以及放置衣服和靴子的房间。卧室宽敞明亮，通风良好，从它一侧的窗户可以俯瞰到租界美丽的景色，而另一侧则能看到广阔的田野。整栋建筑能够容纳比目前更多的人员。在这儿还可以看到，大楼前面装饰着一座巨型钟表，表盘用玻璃罩子保护了起来。它一丝不苟地工作着，不舍昼夜地用浑厚的钟声为虹口地区奔波劳作的居民传达着时间。这座钟表是由当时的上海道台赠送给学校的，包括安装费在内总共花了800美元，它从法国萨尔特省的马耶进口，制造商的名字叫作古尔丹。当然，通常建筑里的附属设施这里也应有尽有，例如，厨房、户外厕所，还有能随意调节冷热水的浴室等，为这里的寄宿生提供了一切生活所需的条件。

2. 学堂的师生

从1893年9月1日到1894年7月1日，在过去的这一个学年里，有7位耶稣会的教友和5位圣母会的修士担任这个学堂的老师。由于圣母会的修士特别适合于商业类的学校，而且他们在英国、法国、美国、澳大利亚和南非都取得了很好的业绩，所以打算派更多的人来负责这里所有的课程。这项措施将为圣方济学堂打下最扎实的发展基础。

在此期间，有不同国籍、信奉各种宗教的 210 名学生入学，比前一年增加了 30 名。他们大部分来自上海，还有一些来自沿海或长江沿岸的各个口岸。学生分班情况如下：四年级或者最高程度的有 10 名学生；三年级有 20 名学生；二年级分成两个班，有 31 名学生；一年级两个班，32 名学生；幼儿班有 28 名学生；学习中文的特别班有 38 名学生。另外还有些学生被分成两个班，初级班 22 人，进阶班 29 人。在这 210 名学生中，有 60 名是寄宿生。

3. 学习的课程

根据学生的发展阶段和中国的特殊要求，学校设置的课程循序渐进并不断完善，还尽可能地遵循英国文法学校的教学计划。所有人需要学习的通识课程包括：英语阅读、书写、语法、作文等；历史和地理；算术、簿记、代数、几何和测量；博物学、化学、物理、力学；法语翻译、作文、对话；乐理知识、歌唱、体育。还有一些用拉丁语讲授的额外课程以及中文、绘画和钢琴课。

每年有三次考试，分别于圣诞节、复活节和 6 月底进行。一个学年包括 10 个月，从 9 月份开始到第二年的 6 月底或者 7 月初结束，到那时会隆重地举办表彰仪式。7 月、8 月两个月是暑假。不过，家长们可以与这里的主管协商，在这两个月的时间里继续把孩子留在学校。各个年级的学生都被安排了假期中的任务。如果父母或监护人同意的话，孩子们可以在圣诞节到 1 月 2 日、复活节到下一个星期天期间离开学校回家探视，除此之外，学生在整个学期里都不允许外出，哪怕是很短的时间。在每个月的第一个星期四或者星期天，寄宿生如果提出申请，他们将被允许和父母或者监护人在一起待一天。一年当中所有的星期四都是假日；但是，如果周二、周三或周五放假，学校可能就会在周四继续上课了。上课时间从早上 8 点到下午 4 点。午餐时间为上午 11 点 45 分到下午的 1 点。

4. 入学条件

不管你是谁，如果没有良好的道德品行都不要奢望能被学校录取或者保留学籍。无论你信仰什么宗教派别，只要愿意维护秩序，在学校所有的日常活动中举止得体，都可以成为这里的学生。过去没有，将来也不会有任何强制措施迫使学生们背离他们的宗教信仰。

学校具体的收费条款如下，文具和额外的费用不包括在内：

寄宿生：第一等级 25 美元/月；第二等级 12 美元/月。

半寄宿学生：第一等级 15 美元/月；第二等级 7 美元/月。

走读生：第一等级 6 美元/月；第二等级 2 美元/月。

虽然有上述规定，但学堂的董事总是倾向于根据学生家庭的具体情况来制定特殊的收费政策。事实上，自从学校开办以来，该校 980 名学生当中，绝大部分缴纳的费用相较收费标准都有所减少，300 多名被作为慈善生收养，甚至有三分之一的学生被免除了所有的食宿费用。

上海图书馆

现在位于大马路的上海图书馆成立于 1849 年。这是一座由众人捐资而建立的图书馆，它的各项事务由一个读者委员会管理。近年来，委员会决定把它作为一个阅览室向公众开放，人们每天可以从上午 9 点到 12 点，下午 4 点到 7 点两个时间段来此看书。

如果我们按图书各自的类别将它们分为七大类并开列出一份清单，也许没有什么不妥。当下，这里的图书包括：

1. 宗教、哲学、科学和艺术，945 本
2. 诗歌与戏剧，315 本
3. 历史和传记，1640 本
4. 地理、航海和旅行，1265 本
5. 散文小说，3500 本
6. 其他类别，810 本
7. 工具书，120 本

合计：8595 本

在收到新书以后，这里的工作人员会把书单目录打印出来并分发给读者。图书馆每月可以从伦敦代理人那里接收到寄来的书籍，一年有 300 至 400 册。这些书籍是由读者委员会精心挑选的，

另外，这里还专门有一本采购书籍的"建议簿"，读者可以把他们想要阅读的书籍写在上面。建议簿会被定期地送到委员会那里，由他们负责审查哪些书籍可以购买，一般来说，只要经费在机构可承受的范围之内，阅览者的愿望都能够得到满足。

这里还会定期收到下列期刊：《亚细亚季刊》《商会杂志》《康希尔杂志》《朗曼杂志》《伦敦社会》《自然》《户外》《十九世纪》《皇家地理学报》等。

面对种类繁多的图书，读者往往一时之间无从下手。最近的新书籍目录，图书馆按学科和作者两种方式分类，便于读者根据作者的相关信息更加快捷地找到他们想要搜寻的图书。如此贴心的设计的确为读者带来了极大的便利，但馆方在前言中还抱歉地说道："因为所有的工作都由非专业人士来完成，所以缺点和不足在所难免，希望读者能够对此予以包含和体谅。"然而，我们对这种过分谦虚的说法并不认同。毫无疑问，正如小科尔曼所说："过度的谦虚将会使你所做的一切徒劳无功。"不过话说回来，还有位作家指出："自我贬低并非真正的谦逊。"

图书馆会员费的收费标准是一年 12 两银子，半年 7 两银子，一个季度 4 两银子。订阅用户的数量一年维持在 130 人到 140 人之间。大约四年前，考虑到该机构作为阅览室已经向公众免费开放了，所以它每年可以从市政预算中得到 590 两银子的拨款。不过，我们了解的现状是，由于它没有达到读者委员会最初预期的接待规模，因此也就没有理由接受这么多的补贴，所以今天执行的补助标准是每年 100 两银子。现在图书馆正在从旧址搬迁到目前所在的大马路，考虑到读者委员会已经为免费的阅览室提供了主流的评论期刊和大量带有插图的英国、美国报纸，并且还为各主要警署提供免费的书籍，所以市政委员会的拨款每年又增加到

600 两银子。据我们了解，读者委员会的共识是这个机构应该自给自足，如果做不到，它就不再是人们所期望的样子。当然，它接受一些拨款作为向公众开放阅览室的补偿也无可厚非。我们唯一感到美中不足的是，作为阅览室，它为什么没有更大程度地向公众开放呢？

上海市政当局未来可以适当地向该机构提供宝贵的支持，当然，我想读者委员会在不损害自身值得赞许的独立性并能保持生机与活力的前提下，不妨心安理得地接受这种援助。人们很容易达成共识，作为一个包罗万象的图书馆应有大量最新的参考图书供人们查阅，这是非常重要的。但如今图书馆里的许多藏书都已经非常陈旧了，原本就很少的现代外语词典也存在类似的情形。为了改善这种状况，人们乐于看到地方当局下一步更加慷慨地资助图书馆，并给予广大民众以极大的福利。事实上，这样做将有助于公共教育事业，图书馆面临的许多棘手问题也可以迎刃而解。这个读者委员会只有在分外慎重、厉行节约的情况下，图书馆才能勉强支付它的各项开支，它的财务状况事实上并不允许购买我们提及的各类书籍。

近年来，上海总会一直允许它的会员把阅览室里的书带出俱乐部。这种做法显而易见的后果就是让上海图书馆流失了一些读者。要想使上海图书馆摆脱目前的不利地位，它至少需要将会员稳定在 175 名到 200 名左右的规模，这样就能使它获得稳固的财务基础。大约八年前，副领事艾伦先生曾提出建议，图书馆应当成为市政委员会管理下的一个公共机构。然而，这一建议似乎并未受到足够的重视，因为在那以后并没有任何措施使其成为现实。当然，如果市政当局接到了读者委员会的请求，它或许将会接管这个机构。

上海博物院

　　上海博物院就坐落在博物院路上①，紧挨着英国邮局。这个具有重要教育意义的机构成立于 1874 年，是英国皇家亚洲文会北中国支会的一个附属机构。一名标本制作师协助博物院院长管理着这里，每年可以获得 500 两银子的市政预算拨款。在过去的几年当中，博物院有了很大的发展，按照这个趋势其规模还会继续扩大，不过，有限的空间已经成为它继续发展的"瓶颈"。

　　博物院里收藏了许多有趣的标本。在哺乳动物区有一只来自宁波县的雌性金钱豹，这是一种外表奸诈，内心狡猾的野兽，强劲的白齿足以把那些撞上它的倒霉蛋的骨头咬得粉碎。在同一展示区里，我们还遇到了一种熟悉的动物，当然它是死的，一只 17 个月大的小老虎，几年前它还是车利尼马戏团里的耀眼明星。来自朝鲜的一只黑熊可谓是熊科标本的翘楚。一头 200 斤重的白胡子野猪，来自太湖周围的山区，旁边还跟着一头小野猪，一大一小呈现出一幅有趣的场景。这里还有豪猪以及一些非常不错的中国野猫标本。在鹿的标本中，有一只叫"大卫"的小鹿来自北京的皇家苑林，还有一只叫"米基"的小鹿，深棕色的皮毛闪着悦目的光泽。一只没有角的河鹿大概得了白化病，因为其皮毛完全

是白色的。一只蒙古野兔的标本真是太漂亮了，无论哪个方面都远远超过它的中国同类。用中国沙獾和它的三只幼崽制成的标本也非常精美。这里的海豹看起来笨拙而温顺，是海豹科家族中一个蛮有趣的标本。还有卵生的短吻鳄，粗糙的躯体表面呈现出泥灰色，让人看着就不由自主地心生厌恶之情。博物院里那只短尾巴、红脸的猴子标本似乎应该安放在蜥蜴的背上。这样就应验了那首歌："他舒服地坐在那里微笑，就像一个人骑在鳄鱼的背上。"这里还有两块儿人们在吴淞海面上发现的死亡鲸鱼的巨大腭骨，每块几乎都有 9 英尺长，接近 2 英尺宽。

博物院里收藏的鸟类标本真是精美绝伦，单凭这一点就足以让我们觉得这趟参观物有所值。我们统计了一下，这里有 600 多个鸟类标本，代表了大约 300 个不同的属种，其中有 30 到 40 个标本是澳大利亚或者其他国家的鸟类。我们获悉，中国鸟类的标本很好地体现了外国人在大清帝国可以自由出入的地区，在鸟类学方面所取得的成就。标本制作师告诉我们，这个国家有 800 多种不同的鸟类。许多标本都有着无与伦比的华丽纹样与色彩，有些羽毛上仿佛长着无数闪闪发光的眼睛。

从尺寸上来看，博物院里的鸸鹋在这些鸟类标本中简直就是鹤立鸡群，这只来自新荷兰①的巨鸟，身高超过了五英尺半，我们或许应该说，它像巨人一样跨越了狭小的世界。在这里还有大约 50 只猛禽，它们是鸟类中的掠食者。鹰是鸟类中的霸主，就像狮子是兽中之王一样。你看这只金雕，虽然它的体形不像其同类的个头儿那么大，但它的神情看起来却十分高贵。毫无疑问，它是因其精神气质而得名帝国鹰的。

博物院里还有两只秃鹫的标本，它们的神态与其众所周知的

---

① 今日的澳大利亚——译者注。

贪婪习性完全吻合。大家都知道秃鹫的嗅觉特别敏锐，正如摩尔在《拉拉·鲁克》的长诗中所描述的，秃鹫甚至能够在生命逝去之前就感到猎物即将到来的死亡。他写道：

"猎物的身上带着强烈的死亡气息，靠着尚且温暖的呼吸，秃鹫嗅到了食物的味道。"

有一个制作精良的鹰鸮标本值得一提，它的双翅展开，爪子下面抓着一只野兔。还有一个巨大的猫头鹰标本，其表情庄严肃穆看上去非常滑稽可笑，仿佛"天堂的宁静就反映在它的脸上"。我们相信，大自然一定有意安排这位夜间的掠食者担任中国禽类法庭的法官，至少是担任陪审员。

这里有许多野鸡做成的漂亮标本，真是美轮美奂。一只锦鸡五彩斑斓的羽毛泛着闪闪的亮光。角雉也是一种羽毛非常艳丽的鸟，不过，这种原产于爪哇的"天堂美丽鸟"，已经成为这里的主人。它有一对扇状的羽毛，就像蓝色的丝绒一样，在脖子后面非常显眼地翘起来，从身体两侧向尾巴长长地延伸过去，因此很容易被人们看错。作为羽毛部族的一员，长着这样的附件可真是够奇特的！它头上的羽毛是绿色的，泛着金属般的光泽，看上去就像是镶嵌了无数颗细碎的宝石，翡翠一样的斑点如霞光般的光芒四射。这只奇鸟胸前还覆盖着一大片绿色的羽毛，其末端向身体两侧延展如同少女的围裙。总之，它真是一件非同凡响的标本，是大自然生物多样性的又一个鲜活例证。博物院里还有鹈鹕、麻鸭、仙鹤、鱼鹰、红隼、鸬鹚、信天翁、名副其实的黑天鹅，以及许多值得一看的鸟类标本。盛放它们的透明玻璃展柜，四条腿又细又长完全不成比例，看上去就像一个矮胖子踩着高跷。博物院里还有一只畸形的动物——长着四条腿的鸡。令人感到奇怪的是，在众多的中国鸟类标本中，竟然只有大约 15 只鸣禽。这种状况或许是出于下述原因，几个世纪以来，中国音乐那嘈杂刺耳的声音对鸟类也产生了非常不利的影响，受害颇深的鸟儿，那原本甜美迷人的鸣唱竟然变成了不和谐的啁啾。

昆虫部类里有不少于 180 个蝴蝶的标本，它们的颜色随着光线而千变万化。还可以看到 150 个不同颜色的蛾子，以及大量的甲壳虫、蜻蜓等。

在爬行类动物中有 12 条大蛇，包括 3 条眼镜蛇，还有 23 条小蛇以及蝎子等。

矿物的标本数量众多，许多都来自国外，包括维苏威火山的熔岩标本和火山碎屑标本。

这里有种类繁多、各式各样的珊瑚，它们是珊瑚虫奇妙的产物。还有一些非常漂亮的硅质海绵体的标本。各种贝壳和鱼类，也被展示了出来。那些醉心于研究大黄蜂蜂巢结构的人会在这里发现一个巨大的马蜂窝，它是从福州离地面 20 英尺高的砖墙飞檐上取下来的。另外，来参观的人都应该看看"洪天王"坐过的椅子，他曾经是太平天国运动著名的领袖。

好了，我们已经大致讲述了这个非常出色、有价值的公益机构当中最为典型的展品。尽管它的空间不是很大，但希望今后能进一步增加动物展品来扩大其社会效用。毫无疑问，这将会得到中国民众的大力支持。

江苏省化工厂

　　那些位于苏州河北岸的工厂最初是由外国的企业兴建的，它们离北部的船坞不远，就在怡和洋行的缫丝厂对面。工厂的厂房鳞次栉比，占据了相当大的面积。资方投入一大笔钱修建了生产硫酸各个工序的车间，生产出的硫酸主要用于银子的精炼。一个一天24小时生产8000至9000磅汽水的工厂，也是这个硫酸厂的主要客户。生产在日夜不停地进行，引用库珀的话来说就是："工厂害怕片刻的停顿，只要不断生产就能得以生存。"只有在中国农历新年的时候，那里的员工和机器才能得到八九天短暂的休整。要提炼的银子，由全国各地的银行机构，以银锭的形式送到这里的车间，每天大约能提炼1000锭，以重量计就是5000两白银。用于制造硫酸的硫矿石或黄铁矿，是从英国进口的，每月大约需要100吨。这里每周还能为欧洲和中国的市场生产销路很好的肥皂，产量为五六吨，它们是在独立的车间里加工完成的。现在市场上对优质产品的需求日益旺盛，工厂打算专门生产此类产品。生产肥皂的机器是世界上最先进的，可以保证最快的生产速度，最好的产品质量。在生产硫酸、提炼银子、制造肥皂的车间，总共雇佣了200左右的本地居民。联合企业由精明能干的冯·曼先生来执掌权衡，他被专门从英格兰延请来担任管理职务，在我们眼中，他的身上总是有使不完的充沛精力。

亲爱的读者，下面我们将对各个生产工序尽力提供最简单明了的讲解。您要知道，我们可不是闭门造车地乱写一通，而是基于对江苏化工厂制造硫酸、提炼银子和生产肥皂等各种工序的观察，这个过程可要比从蒸馏锅中提取炉渣复杂得多。

硫矿石，也就是黄铁矿，首先在加工车间被粉碎成适合于熔炉的大小，以便下一步做提取硫的煅烧。车间里有八座双膛炉，每两个小时投放一次原料，每天大约要煅烧四吨的矿石。烟气从煅烧炉中升起，经过烟道涌进一个铁桶里与硝酸混合，再进入一排铅质的反应仓，在那里逐渐凝结成硫酸。反应仓一共有八个，用每平方英尺达 10 磅重的铅做成，大的有 6 个，宽 25 英尺，高 17 英尺，长 120 英尺；还有两个尺寸相对小一些。当刺鼻的烟气从炉子里上升时，它们依次经过各个反应仓，并且在那里与硝酸、水蒸气、氧气等物质混合并发生化学反应，形成硫酸，然后像雨水一样滴落在反应仓的底部，深达五六英寸。经过所有反应仓的这些烟气最终被机器压缩后，当作废气排放掉，它们已经没有硫化物可供提取了。

烟气依次通过 1 号到 8 号一个比一个略微高一些的反应仓，而生产出的液体则通过一根管子，以相反的方向在重力作用下从 8 号汇聚到 1 号反应仓里。硫酸先是一点一滴地汇聚在各个反应仓底部，最后就流入到一个白金制成的容器当中。由于最初从各个容器里收集到的硫酸浓度比较低，所以还必须进一步加以浓缩，为此，要把这些酸性液体转移到用铅制成的平底锅里。这些铅锅一共有四个，每个的规格都是 20 英尺长，7 英尺宽，1 英尺深，它们相互连通在一起，一个比一个略低一些，在浓缩的过程中酸液依次经过各个蒸发皿。在最低的平底锅旁边有一个炽热燃烧的火炉，它产生的热气从各个平底锅下面经过。酸液就这样一点点蒸发，直到抵达白金做成的容器，并在那里进行最后的浓缩。

那两个白金制成的容器，一个方形，长 6 英尺，宽 2 英尺，深 5 英寸，另一个圆形，直径 2 英尺，深 2 英尺，它们都放置在砖石垒成的台子上。第一个白金容器里的硫酸液体，在流经一个个铅锅的时候已经得到初步浓缩。在这些锅里，由于酸会跟铅发生反应，因此其浓度只能在一定幅度内发生变化。当酸液从第一个白金容器流入到第二个的时候，预示着它们即将在这里完成最后一道工序。那些加工过程中剩余的水分会被分离出来，用管子将其抽走，只留下所需浓度的酸性溶液。最后，硫酸溶液只需要从第二个白金容器抽送到储存罐里，就可以使用和销售了。因为它的温度非常高，所以需要一根安装了水冷却装置的白金虹吸管才能将其安全地输送到储存罐里。仅仅这两件白金容器，其价值就将近 5000 英镑，第一个 1700 英镑，第二个 3000 英镑。在这些铅反应仓的附近放置着两个大水箱，每一个的容量都达到 2000 加仑，它们用来防备不慎发生的火灾。另外，万一工人不小心弄坏了装有酸性液体的罐子，把里面的溶液洒在身上，他就可以跳进这两个水箱里，从而减少腐蚀性液体所造成的伤害。在白金容器旁边也放置了一个大水箱，容量达到了 20000 加仑，当然也是出于相同的考虑。在厂房的顶部还有一个 8000 加仑容量的高压水箱，为工厂提供日常用水。熔炉里经过研磨和煅烧之后的矿石，含有大约 2% 的铜，工厂也同样收集和利用。

现在再来谈谈炼银的事情，这是一个非常有趣的过程，我们在前文已经提到过工厂生产的硫酸将在银子提纯时被大量的使用。那些银锭和硫酸会一起被放入炉火加热的容器当中，高温的酸性溶液可以溶解银子将它变成硫酸银。溶液中的金子无论如何都不会与酸发生反应，它们会沉淀到容器的底部。这些回收的黄金就足够支付萃取过程所耗费的成本了，而且还略有盈余。含银的溶液和一些铜片被一起放入还原容器中，酸与铜具有更强的亲和力，因此二者紧密结合形成硫酸铜，而分离出的银就沉淀下来。这样在容器的底部得到了金属银，而溶液中则是硫酸铜以及其他银锭中存在的贱金属。清除了杂质的银子被提取出来，重新铸造成银锭。接下来要萃取的是仍然留在溶液中的铜，工人把废铁放入溶液中，酸就会与铁结合形成硫酸铁或者硫酸亚铁，铜就被析出沉淀到容器的底部。从容器里拿出来的铜被压制成块状，重新在熔化炉中铸造成板材，就像炼银前一样，随时可以使用。还有一部分硫酸铜根据市场需求，在一个大罐里进行加工，使其附着在金属线上用于电报业务。现在溶液中还有硫酸铁需要加以处理，它会被输送到工厂的另外一个区域，并放置在一些大的铅盘中使其结晶。当晶体形成时，它们会沉积到这些平底容器的底部形成硫酸亚铁，或者俗称的"绿矾"。这些产品将会出售给中国人，用来染蓝色和黑色的衣服。绿矾的产量大约每周为200担到300担，销路一直很好。

工厂里边有些地方的烟雾会对人的呼吸器官造成严重的刺激，以致我们都想抽一支哈瓦那雪茄，把它们从身体里清除出去。然而，经理却告诉我们，如果喉咙被弥漫在工厂里的蒸气弄得发痒，那么人们的身体会变得更加健康。他向我们保证，在任何地方都找不到比他雇用的当地员工更健康的人了，因为他们在不停地吸入这些烟雾。但就我们而言，可不愿意以这样的方式来获得健康。

接着再描述一下肥皂的制造过程吧。制造肥皂所用的原料包括棕榈油、动物脂肪、花生油和其他植物油。这些油类和动物脂肪，首先需要在净化环节使用高温蒸气来加以提炼。然后，它们被泵入一个直径和深度都达到 15 英尺的大铁锅当中加入碱面，一起被加热煮沸直到变成肥皂。这道工序完成时，肥皂还处于液体状态，它被一根管子抽出来，倒入一些大铁槽里边，在那里逐渐冷却并在四五天内完全凝固。凝固后的肥皂被取出来切割成大块，再通过机器切成小条，整整齐齐地码放在一个用蒸汽管道加热的干燥室里，现在它们叫作棕榈油肥皂。把干燥后的肥皂放到巨大的花岗岩碾子下面进行研磨，同时加入香水加工成条状，再用机器挤压成各种规格的模坯，最后在压模机中做成所需大小的香皂。在添加香水的生产线上完成最后一道工序后，它们就被放到另一个房间里再次干燥。在那里可以看到各种各样的煤酚皂、杏仁皂和其他的香皂。这种煤酚皂与从英国进口的不同，几乎没有任何气味，配料中使用了纯净透明的苯酚，其含量有 10%、5% 和 2% 不同的配比。在我们看来，所见的标本质量都极好，非常纯净。毫无疑问，当工厂生产的产品广为人知的时候，其需求量将会越来越大。

最后，我们再补充一点，所有这些实业公司，包括苏州河对岸的火柴厂，都是梅杰兄弟引进到中国来的，其干劲和进取心一定会使得他们的事业蒸蒸日上。

火柴厂

　　这家地方企业，如同我们前文提到的江苏硫酸厂一样①，应当归功于梅杰兄弟创办的公司。工厂位于苏州河南岸，与硫酸厂几乎是隔河相对。整栋建筑的外形看起来是个四四方方的四合院，院子的正中间有一个池塘，显然是为扑救不慎发生的火灾而预备的。建筑的三面儿都分配给了不同的生产部门，还有一面儿则当作办公室和买办们的用房。工厂雇佣了大约 300 名当地工人，其中有 200 来个是中年妇人，还有一些年轻的女子和儿童。许多中国家庭也在自己家里制作火柴盒；在辛庄村子里边和道路两旁，目力所及的地方都能看到各家门前晾晒着糊好的火柴盒。人们每生产一千箱的火柴盒就可以得到 170 块钱，工厂提供了生产的原材料，他们只需要自己打点糨糊就行了。这家火柴厂的产量大约为每周 560 箱，将近 70 万盒，中国各地的市场需求都很旺盛。工厂的批发价是每箱 2.5 元，而上海的店家会以 3.5 元一箱的价格来零售，我们听说有时候每箱火柴的价格会涨到 5 块钱。

　　由蒸汽驱动的带锯把用来做火柴的木头锯成六英寸见方的小块，大约就是火柴梗两倍那么长。这些木块再由汽动的许多刀片以极快的速度，自上而下按所需厚度和形状垂直切割成薄薄的木

---

　　① 这些企业，连同火柴厂等等，都已经成立了有限责任公司，资本金为 30 万英镑，分成了 6000 股份。

板，然后捆扎在一起，放到干燥室中晾干。干燥后的板材末端会被浸泡到使其易于燃烧的混合药液中。妇女们将薄板放在带有凹槽的一些木架子上，凹槽宽约五分之一英寸，足以将一块薄木板立于其中。现在它们已经可以浸泡了，但在进行这道工序之前，这些架子还需要经过一个校对轧平的机器。然后，它们被放置在像"幸运轮"一样的旋转装置上，隔壁房间里的一个人将其取下，把薄木板的一端放置在药液里蘸了蘸，这样它在摩擦的时候就能产生火焰。接下来又是一个干燥的过程，如果赶上天气潮湿，这些架子还得放在温度达 100 华氏度的加热室内进行干燥。经过此道工序后，这些每块都能分成两个火柴头的薄木板，被工人操控的刀切成两段。现在，火柴进入了完美的收官阶段，可以装盒、打包并且装进大箱子里边去了。生产车间的每个房子都用防火墙隔开了——这是非常必要的预防措施，因为到处都堆放着易燃的物资。

观察妇女们用灵巧的手指把火柴装进盒子里并且打包好，真是一件相当有趣的事情。经过长期实践，这些妇人和女孩用她们的手一抓，基本就可以拿到正好装满一盒的火柴，只存在少许的误差。当这些盒子装满了，每十盒就打成一包。然后再把若干包火柴放进一个密封的镀锌盒子里，防止它们受潮。有一个年轻的姑娘，打包的速度快得简直像闪电一样，让每一位看到的人都叹为观止。我敢断言，如果她去从事变戏法的职业，一定会成为一名出色的女魔术师。像这样装填火柴，每天可以赚到 10 美分，工资多少根据她完成的工作量来核算。

在几个女工车间里，年轻的、年老的、俊俏的、貌丑的都混杂在一起。在这边儿，你会看到一个年老色衰的干瘪老太婆，属于她的韶华早已逝去；而在那边儿，则正有一个花季少女，她那柔嫩光滑的脸颊如同盛开的玫瑰。所有这些苦力都在为同一个目标而努力工作，她们像"孵蛋的鸽子一样安静"，你很难听到有人在窃窃私语。

尼罗斯说过："亚当的后裔必须劳作，而夏娃的孩子则无法逃避苦难。"

这就是人类无法逃避的命运。

有些人可能认为火柴是一件不起眼的小玩意儿，但几年前一位英国财政大臣在编制预算时谈到："别看火柴微不足道，但它却是科学赋予人类最伟大的福音之一。"

从上海到汉口的长江之旅①

当马可·波罗来到中国看到长江的时候，他心底里形成的印象，后来通过那本非常精彩的游记，对世界产生了巨大的影响。现在看来，它在许多细节上依旧是客观的。例如，他说长江是世界上最长的河流，从某种意义上说，这样称呼它并没有错，因为那时新大陆及奔涌之上的大江大河并不为人所知。马可·波罗说：长江有的地方宽度达 10 英里，有的达 8 英里，有的达 6 英里。如果从长度上说，从长江头到长江尾得走 100 多天的路程。众所周知，长江的长度大约为 3000 英里，虽然如今从上海到汉口 600 英里的路程乘坐小汽轮仅需四天航程，从汉口到宜昌 320 英里再用两到三天，但我推测余下的航程如果乘坐当地的木船，即便用不了 100 天，也得花上几个星期的时间。有些人认为长江的宽度被马可·波罗夸大了，但我们不这样认为。自从这位伟大的威尼斯旅行家在这条大江上航行以来，长江的河道已经数次改变，它的河岸也在不断变化，现在狭窄的地方可能曾经很宽，反之亦然。马可波罗提到河流的最大宽度是 10 英里，如今在长江的入海口附近，江心有一个巨大的崇明岛，还有一个略小一些长满灌木的岛，它们离大陆海岸依然有 10 英里宽。从长江携带的

---

① 为 1880 年 7 月 29 日上海《水星报》撰写的文章。

大量泥沙不断沉积使这些岛屿面积迅速增加的趋势来看，如果这些岛屿当时就存在，它们一定比现在要小得多。在马可·波罗生活的年代，这条大江的入海口到底有多宽并没有一个说法，因为他在谈到长江的宽度时，并没有提到这些数值到底是这条江的哪个特定部分。至于这条江上的贸易，马可·波罗说道："我可以向你保证，这条大江流淌得如此之远，穿过了无数的乡村和城市，说句老实话，在这条江上来往穿梭的船只、流动的财富和商品，比起基督教世界在河流和海上加在一起的还要多。与其说它是一条河，不如说它简直就是一片海。"其一是在马可波罗写作的时代，中国比现在繁荣得多；其二是那时西方国家的舰队与现在相比还微不足道。我们明确了这两个事实，以上的这些说法就一点也不显得夸张了。在《中国》一书中，威廉姆斯博士说道："有人断言，中国船舶的吨位比世界上其余国家的总和还要大，对于那些曾经在中国看到过河流上成群结队船只的人来说，这种说法一点都不过分；尽管这个断言很可能并不完全符合事实。"在那些马可·波罗估计有成千上万艘船舶停靠的码头，如今已经大大减少，能看到的只是成百上千。他说他在一个城市（根据尤尔上校的笔记，这个城市位于大运河北段与长江的交汇处）看到了 15000 艘船只。在这条河上被雇佣来征收赋税的官员告诉他，每年会有 20 万艘船只逆流而上，这个数字还不包括那些顺流而下的！在中国辉煌的鼎盛时期，说在大河河口航行着 15000 只船其实并非杜撰；即使现在，对于那些每天在大河上拥挤的大小船只间穿梭的人们来说，一年 20 万艘的通行量其实毫不夸张。自从长江上开放了通商口岸，许多年来一直有定期的蒸汽轮船在长江上航行。目前，有四家公司在经营着这里的航运业务，每天几乎都有 12 艘或 14 艘轮船轮流往来于上海和汉口之间。5 月，在茶叶交易开始的季节，大约有 20 艘远洋轮船开到汉口来装运货物。尽管一些通商口岸的贸易发展得并没有人们预期的那么好，但是长江下游的交通还是因此而变得异常繁忙。在我们写作这本书之前的一年，在汉口进港和清关的蒸汽轮船总数有 692 艘，吨位达到了 671120 吨；而蒸汽轮船和帆船加在一起有 1323 艘，吨位达到了 733335 吨。

1879 年的秋天，怡和洋行与另一家从华南沿海撤回来的航运公司签订了 12 年的协议，恢复了他们在长江上的业务。"长和号"轮船是这条新航线的先锋船，令人瞩目的是它除了旋转叶轮在国外加工以外，其余部分完全在上海建造，这在中国尚属首次。建造者是上海的祥生船厂，它还建造了这条航线上的第二艘轮船"福和号"，目前正在建造第三艘，也是其中最大的一艘。我们见证了先锋船"长和号"下水、试航的情况。在她第 16 次前往汉口的航程中，我们有幸成为它上面的乘客，看到并了解了长江下游两岸许多有趣的地方。"长和号"由波普船长指挥，他在这条江上已经有很长时间的航行经验了，再也找不到比他更和蔼、更彬彬有礼的船长了。

我们在 3 月 23 日早晨 5 点钟左右离开了上海，码头和轮船甲板上嘈杂的喊叫声把我们吵醒了。只听大副高声地喊了一声"起航"，轮船就渐渐驶离了停泊的码头。这么早就爬起来确实也没有什么新鲜的事情好做，于是我们决定再睡会儿，直到轮船过了吴淞才又一次醒来。蒸汽机轮行驶得非常平稳，我们觉得与在岸上睡觉毫无二致。当"长和号"行经吴淞口一列舢板船队的时候，我们被船员划桨的号子声再次吵醒，号子声响亮而悠长，有些还很刺耳。不过，这种声音毕竟还不到令人难以容忍的地步。我们能感觉到舢板一艘接一艘地从身边过去，因为可以听到一队船员的号子声正在渐渐消逝，而另一队船员的声音则越来越大，直到仿佛就在我们的窗户底下呼喊一样。随着这个声音也逐渐远去，没过多久，我们又听到了比以前更响的声音，因为有一大群的舢板接连驶过，而所有船员都呼喊着同样的划桨号子。这些舢板离得如此之近，以致让人担心会不会有些船会撞到一起；因为有为数众多的船只都聚集在这条江的航道上。水手的号子声如梦般依稀逝去，但没过多久，我们又被某种怪异而难听的声音吵醒了。"不会搁浅"，"航速七节"，领航员怪异的声音让人实在难以忍受，任谁在船舱里也无法安然入睡，至少第一次经历时是这样。于是我们在航行了两个半小时之后，起床并很快地来到了轮船的甲板上面，用好奇的目光欣赏着面前壮丽的长江景色，"长和号"正乘风破浪地全速前进。

当我们首次登上甲板的时候，轮船已经接近"老岬"了，还记得它在试航的时候也曾走了这么长的距离。我们问道："那个角在哪儿呢？""就在船头左边的方向，你们没有看见树丛中央的那棵枯树吗！""哪儿？那边有好多树，看不出哪棵已经枯萎；我们也不明白为什么把那儿叫作一个角。"我们只好安慰自己，在一本旧的袖珍航海指南里说过，当人们溯流而上时这个位置是极难辨认的。长江两岸的样子，看起来像是在暗褐色的宽阔水面上镶了一条窄窄的绿边，仿佛对应了爱尔兰人对这里景色的描绘："先生们，右边，什么也看不见；左边，鬼影子也没有。"在船头的左边，河的右岸是大片的土地；而船头的右边则是一个灌木丛生的荒岛；我们继续溯流而上，感觉江面变得更宽了，因为那个荒岛已经被抛在身后，江北岸那条窄窄的绿边也显得更加遥远了。

北边那一定是陆地吧？现在我们看到的是这条江最宽阔的部

分吗？不，不是，你看到的陆地其实是崇明岛，在它的另一边还是这条大江，那里是长江北边的入口。放眼前望，广阔无垠的江面一直延伸到地平线那里，置身其中的我们好像也正向一座小山驶去。江上密密麻麻地布满了舢板和小船，远远地看它们只是一个个小小的黑点。江上最大的蒸汽轮船"芜湖号"冒出的黑烟，长长地漂在江面上，即使看不到别的，仅靠它那巨大的黑色烟囱就足以将它辨认出来，有时候只能看到它的烟囱和冒出来的黑烟，尤其当我们在一条航线上时，因为根本分不清楚它船身的颜色和污浊的江水；当它通过狼山渡口时，才终于看到了它的侧面。我们超过了一艘包裹严实的满载小火轮；并与另外一艘向上海驶去的船只擦肩而过；在目力所及的地方可以看到四艘蒸汽船，其余的就是数百艘的舢板和当地人的小船了。后者主要是渔船，渔民们拿着渔网，把它们尽可能地撒满了整条江，水面上密密麻麻地遍布小黑点，那是系着渔网的竹筒，渔网借助它们浮在水面上；数以百计的渔船在江上游弋着，撒网或者收网。我们的轮船正好穿过一片渔网，通常情况船底下的渔网是不会受损的；但偶尔竹筒带着渔网也会挂到船头上，之前就曾见到过一次，轮船不得不放慢速度，然后设法把它们弄下去，否则这些竹筒和渔网将会激起很大的水流，阻碍轮船前进。

在船驶过崇明岛之后，我们勉强可以看到江北岸的陆地了。向船尾方向眺望，可以看到长江北边的支流（大约有四十二英里长），从这里一直通向大海。而另一侧的支流，则是我们刚刚驶来的地方。当你从船头到船尾看到无垠江水的时候，才发现自己根本无法用语言来形容它的浩瀚；地平线有四分之三都是水天相接，马可·波罗说它更像是海洋而不是河流，当然是非常确切的。尽管这条大江如此宽阔，但在这一带航行却也异常困难，因为这里的航道宽度只有四分之一英里。孔夫子水道①比较靠近江的南岸；从老岬到千鸟岬之间，南岸上有许多航标，对于训练有素的领航员来说，这些名称各异的航标对于识别航道的作用非常有限。例如"分权树"，就是一棵树上有两根分权的枝干，因而显得比周围的树木稍稍突出了一些。"独权树"，就是这棵树只有一根树枝，伸出来的树枝像路标上的指针一样。还有"大灌木"，就是一棵树有着浓密如灌木丛般的树冠，远远望去就像一个头发蓬乱的日本学生。还有"七根柱"，它们就竖立在一个寺庙边上。在南岸的千鸟岬与北岸的北树之间航行，比在长江下游任何地方都要困难。有一段航道，只有两艘船那么宽，两边都是陡峭的河岸；在一个急转弯后便到达了狼山码头。

　　远远地看到了江北岸的狼山宝塔，在远离南岸的陆地上有三座小山，我们将其当作了缪尔海德山。在靠近狼山后，我们发现除了那座有宝塔的山之外，它的旁边还紧挨着一座；它们在地图上都有标注，宝塔山高 376 英尺，另一座还要更高一点。由于在视野范围内没有其他更引人注目的景物了，所以我们观察着这些山丘，并且试图弄清楚它们的全貌。起初，这两座山看起来似乎是连在一起的，半山腰处的一条山谷把它们从中间分开；其中一座是近乎完美的半圆形山丘，而另一座山则是圆锥形。峰回路转，当我们从中间穿过时，它们就如同两扇门一样打开了，洄流的河水旋转不停地冲刷着山脚下的岩石。不过，当轮船继续前行与这两座山渐渐靠近的时候，我们发现这里其实是三座山，在那座 376 英尺和比它高 4 英尺的两山之间，有很宽的距离；并且它们根本不是岛屿，这三座山都在陆地上，只不过离着河岸很近罢

---

　　① 在今江苏长江口狼山、福山之中流，西方人第一次行驶在长江上的轮船为"孔夫子号"，故而称此船所测之水道为孔夫子水道——译者注。

了。狼山上的宝塔掩映在山顶的树丛当中，在山陡峭的一侧，一条林带一直延伸到山脚下；山坡上还点缀着一些白色的建筑，很可能是些寺庙。临江一面的山坡上没有树木，只有一些简朴的房舍。山另一面是悬崖峭壁。最高的山上光秃秃的，山顶上有些方方正正的低矮建筑。那个古塔看起来年久失修，已经破败不堪了。经过狼山渡口后，航道贴着长江的北岸行进；这里有一个写着"北树"的航标，还有一个灯塔。这趟轮船总是一大早就从上海开往汉口，所以这段危险的航道我们就可以在白天安全地通过。在返回上海的航程中，轮船往往会在"北树"这个地方抛锚过夜，或者合理地安排航速，以便在白天就能够顺利抵达，因为他们无法在黑夜里通过狼山渡口及下游其他危险的航道。这次我们路过"北树"的时候，舒舒服服地坐在餐桌旁吃了一顿午餐。

轮船继续前行并且靠近了长江北岸，我们终于第一次清楚地看到了中国人从事农业活动的情形；在此之前，因为离江岸太远，只能够看到树木和一些低矮的茅棚。这时我们看到沿着河岸的是一些耕地，有的可以一直向内地延伸大约四分之一英里，有些地方则没有那么远，茂密的竹林和树丛将近处的田地和远处的背景隔开，使人无法看到更远处的乡村到底是什么样子。农民低矮的房子散落在大地上，有的聚在一起就形成了小村庄；虽然有些房子是砖墙和瓦顶，但大多数是用竹席和泥土建造起来的，几乎所有的屋顶上都苫盖着芦苇和稻草。有些地方，穿着蓝色棉布衣服的中国人站在岸上，片刻凝视着过往的轮船，以此缓解他们在田间单调的劳作。在绿色的原野上，你随处可以看到这些穿着蓝色衣服的人们，这些吃苦耐劳的劳动者弯着腰，用锄头或者别的工具干着农活。我们沿着江岸走了好几英里，一路上的景色都大同小异。不断被激流冲刷的黏土堤岸离水面大约有 15 英尺高，几乎是垂直的。

我们不时地会经过一个个的河口，那里挤满了各式小船，从河口往上远眺，那里应该有好几百条的小船，看不见别的，只能从裸露的桅杆进行大致的推断。如今，这些小船搁浅在小溪里，只等着河水上涨的时候才能开回内陆去。河岸上还有许多的坟丘，有些就在离河几英尺、摇摇欲坠的堤岸边，当夏天洪水上涨的时候，里边的遗骸就泡到了水里。下午四点，我们的轮船经过了南岸的江阴城，离岸不远的地方有一座宝塔。在通往城里的小溪和洼地两边的小山丘上，耸立着一些泥土的城堡。天气在夜晚变得非常寒冷，我们待在酒吧间里，看不到外边有什么有趣的事物。

现在我们可以费些笔墨聊一聊领航员、舵手、船员和中国的乘客了。船甲板上的六个马尼拉人是舵手，他们轮流着掌舵，或者将水铊投掷到水中探测水的深浅。在船头的左右舷都有放置锚链的平台，负责勘探的水手就站在那里听从领航员下达命令，不时将水铊抛向船两边的水中。马尼拉水手站到水铊链子跟前，一名中国水手协助他把链子拉上来。舵手们动作的变化远不如声音的变化那么丰富；当其中一个人喊出水位的深浅时，他的声音并不刺耳甚至还有些许的浪漫，但是另一个人执行相同工作时发出的怪异喊声，仿佛要把人们从睡梦中惊醒，使人感到毛骨悚然。然而，他们当中还没有一个人能达到马克·吐温笔下密西西比河船工呐喊的水平，那人唱道："用一根长长的、防水的、松木长杆，探一探，没有异响、没有触底、没有碰到河床。"当那些马尼拉人喊出"N－o g－r－o－u－n－d"时，第一个词的"O"音拖得很长，第二个词的"g－r"仿佛是从喉咙里挤出来的，怪异的发音令人浑身感到难受。或者，当他发现河床深度为七又四分之一英寻时，就会高喊，"四分之一，七！"发第一个单词时声音非常低沉拖沓，紧接着就是第二单词的第一个音节，然后又慢吞吞地发出第二个音节，声音拖得就像水铊链一样长。"六又二分之一英寻""深六英寻""读数五英寻""深四英寻"，每当有二分之一、四分之一这样的深度时，独特又含混的发音真的很难用文字来形容。在上层甲板的轮舵室里，可以看到两个马尼拉水手在一起掌舵，当领航员喊出要操作的航行指令时，掌舵的一个人就跟着重复一遍，并且在每句话的后边都要加"先生"。领航员指挥着："东北，偏东"，舵手紧跟着重复一遍："东北，偏东，先生。""稳住！""稳住，先生！"除了马尼拉的舵手外，所有的船员都是中国的水手，虽然内河轮船上并没有太多的事情可做，但他们都干得不错。

中国乘客对于在江上的这趟旅行感到非常开心。他们大多集中在一个很大的船舱，里面全是睡觉的铺位，分成上中下三层，一共大约可以容纳150名乘客。还有一些较小的客舱，每间有六个铺位。这艘轮船大约搭载了200名本地乘客，不过他们除了少部分是从上海到汉口，绝大多数都是短途的旅行，几十个人从前一个码头上来，又从后一个码头下去，所以往返一趟下来，这艘船大概搭乘了1000名乘客。中国旅客乘坐江轮的旅行费用简直便宜到家了，在世界上任何别的地方都不会有这么便宜的票价。一个中国人从上海到汉口有将近600英里的航程，要走四天四夜的时间，而且还管吃管住，费用仅仅需要5块钱，每英里还不到1美分。如果这还不算物美价廉的生活和旅行，我们真不知道该怎么称呼它了。除此之外，中国乘客免费携带的行李数量是没有限制的；而从这个渡口到那个渡口往来穿梭的大多数旅客都热衷于做些小生意，所以每位乘客通常都会带着一吨左右的行李。

午夜时分，我们到达了镇江，这是长江上的第一个通商口岸，船就停靠在"奥里萨号"旧船的旁边。从清晨到早上的9

点，我们的船在那儿卸货，并在最后一刻重新开启了新的航程。去的时候我们做了短暂的停留，而在返回的途中又待了几个小时，这些时间加在一起，足以让我们对镇江的美丽景色有所认识。一大早，当船停靠不动的时候所见甚少，只有当船拔锚启航以后，周围的景色才映入我们的眼帘。返程的时候，我们是在一个阳光明媚的下午抵达了港口，因此获得了一个目睹美丽风景的绝佳时机，我也将凭着记忆自西向东地描述它。

这里最有魅力的风景名胜是"金岛"，它是一座高高的圆锥形石头山，原来位于长江中流，如今它已不再是一座岛屿，一块偶尔还会被洪水淹没的洼地把它和江岸连在了一起。岩石的顶上盖了一座圆形的小亭子；在靠近山顶一侧的岩石凹陷处，矗立着一座七层的宝塔，已经破败不堪，所有的装饰已经剥落，破碎的石头上长满了青苔。几座寺庙建筑，有的刷成白色，有的刷成红色，就环绕在巨岩的脚下，朝着西面江岸的方向。在那些高大而奇形怪状的岩石缝隙中，到处长着葱郁的树木，而那座破败的古塔，就醒目地矗立在从西边绵延而来的光秃秃的山上。在群山与河流之间，是一片开阔的冲积平原，据说长江的旧河道曾经就在这片平原靠近山脚下的那一边。目力所及的远方是一座由裸露岩石构成的大山，参差不齐的悬崖峭壁一直延伸到江的堤岸边。从江岸边到峭壁，沿着山脊是一堵古老的砖砌的城墙，那是镇江古城墙的一部分。在面向渡口的山坡上，可以看到许多建造精美、粉刷成白色的宅院；其中最显眼的建筑是英国领事馆；而外国人的定居点是那一大片白色的平房，沿着江岸一直蜿蜒伸展到位于渡口另一侧的山脚下。这座小山的顶上有城墙和敌楼，远处的另一座山上也有刷成白色的围墙。我们的目光掠过外国人的定居点向远处望去，可以看到镇江老城的全部遗迹，它坐落在四面耸立的山脚下，砌着垛口的城墙，沿着山脊修建在高低不平的山嘴和陡峭的山坡上。在古城后面的山上有一座炮台，围墙上飘扬着红色的三角旗；那一排排鲜艳的旗子和中国人的战袍可能会起到很好的震慑作用，让西方民族充满恐惧；镇江的地理位置非常适合修筑堡垒要塞。

在码头对面的港湾里，停泊着几艘大船。在它们旁边，一些内河的轮船正在卸货，附近还有许多当地人的船只，特别是在大运河的入口处挤满了舢板。在江的对岸是一大片破旧的白色洋房；据说这些房子是外国人刚来镇江定居时建造的，现在外国的移民都住在镇江城的这片区域；那边除了老洋房以外，是大量当地人矮小的房子，苫着茅草的屋顶，看起来破败不堪；但却停泊着大量的木船。这些船比载货的大型帆船略小一些，足以在江上和沿海进行贸易，因此这里也是一个交通要塞。往下游望去，可以看到一个挺大的半球形岛屿，当地人称之为银岛，就像一个巨大的蜂房矗立在水面上。这里植被茂盛，一座白色的寺庙建筑掩映在树木丛中，在夕阳的照耀下闪闪发光。关于白银岛、黄金岛、小孤儿岛和江上的其他地方，马可·波罗记载道："在这条江上的许多地方，无论是山体还是岩石的高处都建有神庙和其他建筑。"接着又以自己特有的叙述方式对记述的地方补充道："这里的人们崇拜偶像，臣服于大可汗，并且使用纸币。"

镇江距离长江的入海口大约 150 英里，位于河流的北岸，大运河的南段在外国租界的东边与长江交汇在一起。这个口岸在1842 年的时候曾经被英国人攻陷。太平天国的起义军又在 1853 年到 1857 年之间占据了这座城市，最后将它毁于一旦。直到现在，这里的残垣断壁随处可见，尽管外国租界和对外贸易给这个地方带来了新的生机，但这座城市再也不可能恢复到毁坏之前的样子了。迄今为止，对镇江最好、最有趣的描写毫无疑问是由俄理范①先生完成的，他是额尔金②勋爵使团里的历史学家，曾于1857 年至 1859 年考察过中国和日本。当时额尔金使团溯流而上到达汉口，途中曾在叛军刚刚离开的镇江待了几天，那是发生在1858 年 9 月的事情了。俄理范走访了这座满目疮痍的城市，还去到了那个修建有寺庙的岛屿，并对那里进行了详尽而有趣的描写，我们不妨从中引用一些。对于银岛的第一印象是这样描述的："现在我们绕过一个横空而出的险峻悬崖，银岛一下子就展现在我们面前，古色古香的寺庙被秋叶半遮半掩着；白色的围墙隐约可见，寺中一些邋里邋遢的和尚正在享受着正午的阳光。远处，在凸出的群山脚下，长江转了一个壮观的大弯，山顶上构筑了并不规整的镇江城墙，山坡上散落着这个城市曾经人口稠密的种种遗迹；而在更远的地方，江水中突兀地矗立着一座险峻的岩石岛，人们称它为'金岛'，上面的高塔直指苍穹。这景色极具情趣和美感，牢牢地吸引了我们的目光。"他还描述了自己游览银岛的所见："这个小岛就像是扬子江心隆起的一座坟墓，其高度不超过 200 英尺，上边覆盖着丰富的植被，每年到了这个季节，便呈现出炽热的色彩。在这个岛屿的最高处也有一座宝塔形的小建筑，不过里面没有什么比英国水手的信手涂鸦更有趣的东西了，这些文字大部分是 1842 年 8 月写下的。"他对金岛是这样描述的："让我们大吃一惊的是，当走近时发现它不再是一个岛了。在地图上标明是航道的地方，如今变成了肥沃的菜地，里面积有四英寻深的水。我们踏上这个最近才形成的半岛，步行来到金山。攀爬着在岩石上开凿出来的台阶，抵达了宝塔的基座，那

---

① 英国随军记者，1857 年曾随额尔金来华。
② 英国政治家，1857 年曾统军来华。

些使宝塔名扬四海的精美外饰已经被毁坏了，但宝塔依然屹立，像是一座残破的纪念碑，让人能够想起它逝去的荣光和周围的美景。满目疮痍的废墟告诉人们这里曾经有过众多古色古香的寺庙和宝塔。约翰·戴维斯先生这样描述自己数年前遥望这里时的感受：'著名的金山上有宝塔和装饰得非常漂亮的寺庙以及其他建筑，看起来就像是从长江水中诞生的一处仙境。这个风景如画的地方全国闻名。'"

　　轮船从镇江出发继续向目的地前进，把秀丽的岩石岛屿和向阳山坡上的白色建筑甩在了后边，江的右岸有一块富饶的冲积平原，在云雾缭绕的群山脚下一直延展开去。在江北岸，我们经过了大运河的入口，从这里能一直通到北京；那里停泊着很多舢板，还有一艘外国建造的轮船，那是一艘小型的明轮巡逻艇，属于掌管运河入口的官员所有。这个官员相当于马可·波罗当年在这里访问过时，为可汗收税的官员。他亲口告诉这个威尼斯旅行家，这条河上每年会有 20 万艘的船舶驶过。在周围矮小房子的衬托下，位于运河口的官员衙门显得比较气派。这个位于运河入口附近的小镇叫作"瓜州"，再往上走几英里就是"扬州"城了，从镇江的山顶上就可以看到它。又航行了几英里之后，我们看到前面有一支由小船组成的庞大船队，四边形的白帆在正午的阳光下分外耀眼；再往前走一段，江岸边舢板密密麻麻的桅杆映入眼帘，这些舢板就停泊在仪征的盐船总栈。这个地方也是江轮的客运站，本地的乘客就在这里上下船，不过这样的码头从不装卸货物，因为它们并非是通商口岸。当轮船正要抵达仪征的时候，一只敞篷的小船从一堆舢板里划出来，顺流而下向我们驶来。一位老人站在船尾，使劲地划着一对桨；汹涌的水流推着小船飞奔而至。船上的另一位老人手里拿着一根长长的竹竿，上面绑着印有圣安德鲁十字的蓝色旗子在空中飘扬——那是怡和洋行的旗帜。老人拼命地挥舞着旗子，似乎警告说再往前走就会有被鱼雷或大炮击中的危险，让我们的轮船赶快停下来。甲板上的船长让船逐渐慢了下来，并猜测着老人的葫芦里到底卖的什么药，因为轮船离通常载客的地方还很远。小船从轮船的右舷驶过来，它因为大船激起的波涛而猛烈地上下颠簸，划桨和拿旗的老人都仰面朝天摔倒在船上，船桨和旗杆都差点儿脱手而出。当小船被浪冲到了岸边，而我们的轮船也停止了前行，那位拿着旗子的老人很快镇定下来，开始向轮船上的通事大声喊话，而船长也赶紧让通事问问老人到底想干什么。你们猜猜这个老人冒着生命危险把轮船逼停，小题大做地想做什么呢？他说自己过来是要告诉我们，码头上有一些旅客正在等候着汽轮。我们的船继续前行，船长抓起一把扫帚，朝着那个老头挥舞了几下，意思是他这样的行为应该受到挨板子的惩罚。老头儿显得非常失望，他一定为自己好心好意跑这么一趟却没有得到赞赏而感到意气难平。当轮船驶入仪征舢板停泊的码头时，我们看到这里的帆船六个一群，八个一伙地并排停靠在一起。因为它们遍布江岸绵延数里，所以我们不可能准确地知道它们的数量，粗略估算一下至少也有 300 艘之多。

　　一个当地的造船师傅将几艘舢板拖到了自家院子前的河滩上，一大帮人正忙着修理它们。轮船在舢板附近停了几分钟，几艘小船靠了过来，乘客就这样登上了我们的甲板。所有轮船公司在仪征的代表都是在那些出售船票的房子里办理各种业务（就像其他类似的客运站一样）；在每个办公室前面都有个瞭望台，四根埋在地下的长竹竿上面，搭建了一个高高的平台，有一架梯子可以爬上去，观察员就站在那里瞭望从镇江来的轮船或者从长江上游开来的其他船只。每一个瞭望台的顶上，都飘扬着各个轮船公司的旗帜。除了航运办公室，沿着江岸还有一长串低矮的房屋，墙壁都粉刷成白色，不过它们几乎被舢板的桅杆遮掩住了。

　　刚才提到的那条顺流而下拦截我们的船只，使我们第一次发现其与长江下游以及上海黄浦江上的船存在着地域性的不同。在仪征以外的其他地方，我们看到划船的桨叫作"橹"（船上只有一支桨和一根长杆），但在这里使用的桨是另一种形状；在大船上通常会有三到四个划船的人，而小船上则只有一个，有时候会是男的，但更多的时候是女人；操桨的人站在船尾，面朝前方，两只桨在他面前上下翻飞，来回划动；桨是用一块狭长而平整的木板做成的，上边绑着一根木棍，棍子的末端又横着安了一个把手，两支桨交叉着横置在操桨手的面前。轮船离开了仪征和那里运盐的舢板，向上游走了几个时辰的航程。我们又经过了数不清的船队，它们留给我唯一深刻的印象是船帆很白，看起来像新的一样；而大多数长江下游的船只，船帆是黑乎乎的，显得又脏又破，有些简直就是一堆破布挂在竹子的帆骨上，对于利用风力基本没有什么帮助。

　　在江南岸有一大片铺展开来的绿色草地，当地民众正在那里把芦苇垛起来，他们穿着蓝色的棉袍散布在田野上，就像稻草人一样。还有一群一群的水牛在吃草。中国人弯着腰在田间劳作，如果不是因为他们穿着蓝色的衣服，几乎很难把他们跟黑色的小水牛区别开来。岸边每隔一小段距离就有人撒网捕鱼，这里的人都会这种捕鱼方式，但对于陌生人而言却会觉得它是有史以来最奇特的发明；一张大网被水平地悬挂在用竹竿做成的框子上，并通过一根杠杆将渔网沉入水中或者吊出水面，当有鱼游到大网里的时候，人们就用一个绑在长杆上的小渔网将它捞出来；虽然我们看到几百张这样的网，捕鱼的人还时不时地把它们吊出水面，但却没有看见他们有机会使用那个捞鱼的小网子，几乎没有什么收获。他们辛辛苦苦地忙活了一整天，却什么也没有捕到。

有几艘船上载着芦苇，堆得像小山一样漂浮在水面。透过薄雾，右手边的群山隐约可见；过了一会儿，山势变得渐渐清晰了；三座大山，层峦叠嶂，一座高过一座；在最远的一座山上，有一个尖峰，就像是伯纳姆或者杜西奈的石堆纪念碑一样，但用望远镜仔细一看，却是一座宝塔。左首边的山脉离江岸边还有几英里远，在我们与群山之间不是绿色的平原，而是舒缓起伏生长着大树和灌木的丘陵。前面的山峦似乎与远处的河流交融在了一起；在北岸有一座褶皱凸起的小山，叫作独木山，位于河流的一个转弯处，长江就从它的山脚下流过。独木山这个名字是因为山顶上有一棵大树，树的旁边还有一座方形的小塔。独木山下，一片冲积平原延伸出去数英里，那里集聚着成群的水牛；小男孩们在绿色的原野上打闹嬉戏，或者骑在水牛的背上，而水牛则在它们的牧场上悠闲地踱来踱去；草地上的每一头水牛都会有一个穿着蓝色棉衣的小牧童看着；这些体形庞大的动物完全不去理会那些骑在它们背上的小男孩，如果不是牧童时不时地用棍子打它们一下，它们几乎意识不到牧童的存在。一队满载着芦苇的船顺流而下，船夫们躺在几乎堆到了桅杆顶端的芦苇上面；芦苇堆放在船板上，其宽度早已越出了船舷；这样的船无法使用船桨，又因为桅杆埋在了芦苇丛中也不能用帆；不过也不需要帆了，因为巨大的草垛实际上已经为风提供了一个宽阔的受力横截面，这样船就能够乘风破浪快速向前航行了。

下一个有趣的地方是泥堡，离镇江38英里。堡垒建在长江左岸的低地上；砖块和泥土砌成的墙围成了一个大广场。墙外能看到里边唯一的东西，是一座由四根柱子支撑的巨型瞭望台，数根旗杆上悬挂的一面面三角旗随风飘扬。在堡垒的对面，大江右岸是层层叠叠的山峦，石灰岩的陡峭山崖向外突出，与长江的河道形成一个直角。紧临着长江的每座山顶上都有炮台，并且在山脚下马蹄形的山环里也能看到它们的身影。这些炮台没有一个看起来是坚不可摧、固若金汤的，但它们所处的地理位置极好，安装上几门大炮就可以封锁整个江面。在山上，爬坡过岭的平整道路将各个炮台连接起来，想必这是为士兵撤退时提供的便利。

我们愉快地航行在泥堡上游的开阔江面上，穿过无数在江面中心浮游的野鸭群；不时会有几只惊起的野鸭飞到江的上游落在江面上，再顺着湍急的水流漂下来。船头划破黄褐色的污浊水面，上边落满了黑压压的野禽。这些鸟儿漂浮过来，直到距离我们船头几码的地方才振翅飞起到上游河段，然后再次降落到水面，开启一次新的顺水航行。如果船上有热衷于打猎的人，并且还带着优良的猎鸭枪，他们一定可以射杀几百只鸭子，唯一困难的事情可能是他们如何把这些射杀的猎物从水里打捞上来。

有一个故事，讲的是在此之前一位旅客想在这段江上射鸭子。他用左轮手枪向着前面的一群鸟进行射击，这些鸟都惊得飞了起来，不过还有一个小黑点漂浮在水面上。猎人高兴地大叫起来，他觉得自己至少打死了一只鸭子。但是，当船离得那个小黑点越来越近，直到从它旁边经过时，人们才发现那不过是一团腐烂的植物而已，像是一棵卷心菜。在泥堡的正对面，有一条水路直通南京，是很少中断的深水航道。它堪称黄金水道，不过对于大轮船来说实在是太窄了；一段儿时期，内河小火轮曾被允许在这条水道中行驶，但由于出过几起舢板因火轮而沉没的事故，中国当局就禁止轮船再次驶入这条水道了，所以现在这里完全成了舢板的天下。

第二天下午四点钟，我们在江的左岸看到了一个险峻的岬角，山顶上有一座高塔。这座塔的正对面就是南京城，其位置对于一座灯塔来说再合适不过了。如果现在这座已遭损坏的寺庙宝塔被改造成灯塔，它在未来一定会发挥比过去更大的作用。虽然它坐落在连绵起伏的山峦最高峰上，可当我们行进到与宝塔几乎齐平的位置时，才发现海拔并不高。宝塔山的西南面有五六座小山，山顶都非常平坦，天然适合于构筑防御工事，上面修建有炮台；不过，我们看到的所有炮台都修建在山顶，白色的墙壁正对着江面，它们是不是坚固的防御工事，从远处根本看不出来；但有一件事可以肯定，那就是它们所处的位置极其有利。山坡上笼罩着一层蓝色的烟雾，它们在平静的空气中舒缓而奇妙地缭绕着；这些烟是当地人在山脚下、山坡上生火烧制木炭时冒出来的。在这些丘陵和长江之间的平原上，有许多帐篷一样的建筑物在阳光下熠熠发光，乍一看还以为是驻扎着中国士兵的一座座兵营，当我们最后发现它们不过是一个个的芦苇堆时，开始时的种种猜测烟消云散了。南京城对面的所见也就是这些了。

当接近这座古城的时候，我们看到从江的南岸一直到那些矗立着炮台的悬崖绝壁之间，是一片辽阔的平原，到处都是吃草的水牛和垛放芦苇的中国人。在到达这处峭壁与长江汇合的山口之前，就在那个转弯的地方，我们注意到了草地上动物们的变化，因为领航员指着一头驴说，那是"一头背负着十字架的水牛"，又指着附近的一群黑猪说，它们是"从多尼布鲁克来的爱尔兰警察"①。

我们终于看到了久负盛名的古老南京城的城墙，坐落在中国南方的帝都如今是残垣断壁，人烟稀少，再也无法重现往日的荣

---

① 多尼布鲁克集市，每年一次在爱尔兰都柏林郊区多尼布鲁克举行，并以吵闹而著名。

耀与辉煌。城墙很高，是用深蓝色的砖块砌成的，几百年的风吹雨打让它的颜色变得十分厚重。它越过了山嘴，一直延伸到远处的丘陵地带，时而出现在山顶上，时而隐没在山谷里；城墙的周长达到了二十三英里，把几座高耸入云的山峰也环绕其中。或许南京曾经是世界上最伟大的城市，可那些在城墙根下存在过的所有名胜古迹，现在都从人们的视野中消失了。

长江和城墙之间曾经是繁荣的城郊，现在留存下来的只有一座单拱的小桥，桥中央有一座小塔，桥上的路面长满了青草，石头上布满了绿色的苔藓；这儿还有几间砖瓦盖成的农舍，其中一间房子的墙刷成白色，门漆成黄色，两扇窗户则漆成了黑色，但附近却没见着一个人。农舍旁边还有一些用竹子和芦苇搭建的破旧小屋。两艘中国炮艇停靠在长江岸边；它们应该从属于中国海军中的福建水师。我们从它们旁边走过，看到甲板上安装着几门小口径的火炮，第一艘船上有两三个苦力模样的中国人倚靠着船舷，而另一艘船上有三个中国士兵在斜桅杆上正炫耀着自己的特技。往前走不了多远，紧挨着江堤就有一个用砖和灰泥砌成的兵营，四四方方占了一大块地方，其围墙大约有二十英尺高，上面布满了射击孔；兵营里旗杆上的旗子——通常都是三角形、血红色的，迎风飘扬。由四根柱子搭建而成的瞭望塔，分上下两层，最上面还有一个好看的屋顶，这就是从围墙外边能看到的全部情况了。在兵营西侧的围墙上有进一座规模不大的塔楼，外面还有一个开阔的操场，四周是一圈矮墙，西洋式样的铁门开在靠近江边的地方，一反中国大门红色门柱、挑檐顶子的风格。

在远处的江堤上有四五间房子，那是当地民众乘坐江轮时的购票处。一船的乘客早已经等候在我们轮船旁边了，正通过巨大的舱门登到船的主甲板上去，他们携带的行李多得惊人，大家都急得要命。在兵营对面，有个伸入江中的石头码头，其尽头是一座石头砌成的炮台，上边架着一门锈迹斑驳的老式大炮，现在它唯一值钱的大概就是这堆旧铁了。轮船在此停留了几分钟，直到中国的乘客全部上了船，我们才继续向前航行。

南京的城墙沿着江的右岸绵延了数英里，随着船的前行渐行渐远，最后消失在群山之中。城墙里面挨着内墙有一道山梁，山梁那边是一块面积很大的高地，险要的位置建造了防御工事和塔楼。偶然的瞬间，瞥见山脚下鳞次栉比的屋顶，想必那里应该就是城市所在了。

当我们返航的时候，在南京没有什么特别的事情值得一提，除了大约 20 名的中国乘客弃舟登岸。这些乘客大约占了一艘大船一半的空间，而另一半空间和另外两艘大船则装满了他们的行李，就是说 20 名乘客却携带了两船半的行李箱和包裹，大约一名乘客就带了 6 个箱子，算下来每人每英里的运输费用都不到一分钱。搬运的时候有几件行李掉进江里了，打捞的时候又是一番群情激动的场面。

在南京上游八九英里的地方，我们经过一条支流汇入长江的河口，那里停满了开往南京的小船。再走上两三英里，有一个小小的岩石岛，上面有一座白色围墙的寺庙。在这儿，我们第一次看到了在长江上撑木筏航行是什么样；虽然在江的上游也曾看到过几十个木筏，但这次可以说真是机会难得，因为我们在这里看到的许多特殊操作方法，是后来在其他任何地方都没有看到过的。这些木筏子是由许多的树木或者长杆子绑在一起做成的，主要来自汉口上游的洞庭湖。有些木筏一直远达上海，还有一些则在镇江就被拆解，木头被卖到镇江，然后通过大运河或者其他水系运往全国各地；长杆子则被用来建造房屋，或者舢板。木杆通常有 20 英尺到 30 英尺长，许多杆子捆在一起做成的筏子，吃水能达到 6 英尺到 8 英尺，而其宽度也在 10 英尺到 20 英尺不等，每一只木筏的长度就是木头的长度，不过通常人们会将四五节木筏连在一起，组成一个长长的筏子；在某些情况下，这种木筏子的长度惊人，有十几根杆子那么长，而且相当宽。在第一艘木筏上面，搭建着十多间的小木屋，分成两排，可以容纳很多的撑筏者和他们的家人，虽然木筏的顶端距离水面大约只有两英尺，但大大的木筏看起来简直就像是漂浮的村庄。当我们正在旁观的时候，发生了一件事情，让大家见识了这些木筏在浅水中特殊的航行方式。一艘小船从木筏上被放到江水中，带着一根用竹纤维拧成的拖绳顺流而下，行驶到距离筏子大约 200 码的地方，渐渐靠近江的右岸。这时筏子上传来咚咚咚的鼓声，小船上的人们在听到信号后，把一个巨大的木头架子推到水里，这个架子大约 10 英尺长、4 英尺宽，当地人把它称作"坠客"。他们将"坠客"沉没在水底，拖绳就固定在上面，然后筏子上所有的人手都去转动缠着拖绳的绞盘，把拖绳一点点收回来，这样就把木筏拖到了"坠客"沉没的地方，通过这样的方式他们把在浅滩上有搁浅危险的筏子弄到了安全的水域。顺便提一下，绞盘就是一种笨重的绕着立柱旋转的机械。

　　江上另一个有趣的地方是韦德岛，它其实是一个长长的沼泽地，是托马斯·韦德爵士命名的，后来他成了英国驻北京法院的全权公使。1858 年，他曾作为中文秘书陪同额尔金勋爵一起到扬子江上旅行。我们猜测在此之后这个岛屿就被赋予了这个名字，正如我们发现扬子江上的其他岛屿也具有额尔金勋爵随员的名字一样。九江下游的俄理范岛，是以劳伦斯·俄理范先生的名字命名，他是埃尔金勋爵代表团中的历史学家。

那天深夜，在芜湖下游 15 英里的地方，我们经过"天门"，那是两座圆锥形的巨型岩石矗立水中，靠近长江两岸。当地人将这两根微型的"大力神石柱"称之为"长江之门"；不过，正如布莱基斯顿船长所说，"当你驱车走在半道上的时候也可能会碰到类似的石门。""天门"就在太平城的附近，那里是太平天国叛乱爆发的地方，整个地区都因为叛乱期间发生的种种事迹而闻名。我们在航程第二晚的 10 点半左右到达了芜湖，在靠近北岸的江心抛锚停泊。南岸的芜湖城里，除了一座在月光下依稀可见的高大宝塔外什么也看不清，至于这座城市，只有沿岸的几盏灯才能让人分辨出它的位置。芜湖的那座塔被太平天国起义军毁坏了，但我们听说现在它已经被修复了。返回的时候，我们又一次在夜色中经过这里，最终也未能一睹它的真容。芜湖距离吴淞大约有 460 英里，根据海关的报告，我们得知这个码头的潮汐变化最明显是在 12 月中旬到 4 月底（在冬天河流低水位的时候），涨潮的幅度变化从 6 英寸到 2 英尺不等。我们在芜湖只做了短暂停留，以便中国的旅客下船。他们登上一条很大的摆渡船，带着许多行李。很快，轮船又上来了几乎同样多的旅客和行李，旅客和船夫大喊大叫的声音让人浑身不舒服，因为天很黑，所以他们只能摸黑行事，有时候自己也搞不清楚发生了什么，那些已经到了摆渡船上的旅客不得不提高警惕，以防轮船甲板上的人把行李箱扔到自己头上。这里的船桨与长江下游任何地方的都不一样，船工们坐在一个外国样式的座位上，划着两支又长又重的桨。别看这些船硕大而笨重，载货又多，当船工们用力划动船桨的时候，渡船很快就载着它那嘈杂的乘客和货物从人们的视线中消失，渡到江对岸的小镇去了。"长和号"轮船也很快又上路了。

第三天早上之前，我们又经过了海恩斯角、板子矶、两寻溪、大通镇客运站，然后到了费士来岛。在这个岛的对面，河的左岸可以看到一番奇特的景象。江堤高出周围的田地很多，并且以一定的倾度向内陆伸展开去，在江堤的高处摆着两排棺材，一个紧挨着一个，密密麻麻地放在一起。有些棺材长期暴露在户外，上面苦的茅草已经所剩无几，还有一些似乎是最近才盖上的稻草。其实，地面上摆放棺材的景象并不稀罕，在几乎每块田地里都能看见，但我们以前从来没有见过这么多的棺材以这种的方式暴露在河堤上面。

江的右岸是一大片低洼的草地，无数的水牛在那里吃草。我们饶有兴致地看着一头水牛沿着江堤疾奔而来，它突然站定直勾勾地盯着轮船，也许它并不知道怎样才能靠近，但那只红色的烟囱却让它感到惊奇。轮船的汽笛响了，这头水牛开始在草地上狂奔，引得牛群出现了一阵骚乱；过了一会儿，它停了下来环顾四周，当听到汽笛又一次鸣响的时候，它翘起尾巴，向平原深处的小山丘跑去。

在费士来岛和左岸之间的航道里，几条船正逆流而上，岸上的苦力，其中有些还是孩子，正用一根长长的竹纤维拖绳拉着船顶风逆水而行。江上游的左岸，有一番美丽的景色，一条宽阔的河流几乎是垂直地和长江交汇在一起，你一抬头就能看到许多舢板和小船。不远的山脚下，有一个很大的村庄，一条直直的水道通向那儿。远处另一座山脚下，一些白色的房舍为这如画的风景添上了点睛一笔。

在经过太子矶和它上面的神庙以及矗立在江心的一些信号灯之后，我们的轮船行进到长江最为危险和难行的一段。长江在这里陡然转了一个大弯，江北岸被水冲刷成四分之一个圆弧形的样子，而江南岸则凸出一大块，形成一个锐角，在南岸边四分之三的河床都遍布着暗礁石矶。1873 年 3 月 2 日，"江龙号"轮船就是在这里触礁失事的。尽管还隔着很远一段距离（就如同翘首企盼的父亲刚刚发现回头浪子的身影那么远①），领航员就已经发现一艘筏子卡在了"江龙号"沉船的顶部，因为沉船的残骸从来没有被清理过，所以还有一部分留在礁石上。木筏是个很好的标记，可以提醒领航员注意到危险的礁石，这里太需要有只木筏或者其他更适合的东西始终搁置在暗礁的上面；因为江北岸只有一座灯塔。在搁浅的木筏上大约有 6 间房子；虽然一个人也看不见，但显然船工还生活在那儿，因为还有人把蓝色的棉布衣服晾晒在外边。在疲倦地等待着水位上涨的日子里，他们只能无奈地洗洗衣服，接受与同行兄弟们不一样的现实生活。

　　"江龙号"沉船的原委是这样：吃水 10 英尺深的轮船在全速行驶时，撞到了一块 9 英尺深的暗礁上。从这块暗礁到江的南岸，水面下布满了石矶。当救援"江龙号"的人们打捞起它的大部分货物之后，一个中国人告诉他们，23 年以前，在这些暗礁上曾经有一艘漂浮的小船，一位老人守护着微弱的灯光，虽然那不过是一只纸灯笼。这个预防措施主要是为了帮助开舢板运盐的船工，而守船的老人会从每一艘经过的盐船上得到一把盐来作为报酬。但是后来，这些船工觉得自己不再需要这位灯光守护者了，于是他们从最初假装看不见他，到后来拒绝支付给老人少许盐作为酬劳。最后，老人不得不离开这个公益岗位，开走了他的小船。因此，这些对于驾驶员而言十分危险的暗礁再也没有了警示的信号。尽管外国轮船多年来一直在这条江上进行航运贸易，但是并没有发现这些暗礁，直到"江龙号"撞礁失事，完全变成了一艘沉船。这个故事是"长和号"上的船长告诉我们的，他是当

---

　　①　参见《新约》路加福音 15 卷。

年参与打捞"江龙号"失事船只的人员之一。这道横跨大半条江的岩石坝，想必大家对它都有一定的了解，因为我们发现俄理范先生在1858年关于额尔金勋爵使团的历史记录中已经提到了它，而那是沉船事故15年前的事儿了。这块暗礁直到"江龙号"撞上它之前，可能并不为人所知。

下面谈谈拦江矶，俄理范先生是这样描述的："长江那48丈或者说180码宽的航道，在这儿被超过其宽度一半的岩石所阻挡，这些岩石就像水中立着的踏脚石一样。"我们此次旅行是在3月份，这些岩石已经被淹没在江水下面了。很难猜想俄理范先生在1858年9月的时候是怎样发现这些像踏脚石一样的岩石，因为9月份的江水应该保持在很高的水位，除非这些岩石在当年比现在高得多。他继续说道："这里被当地人称作'拦江矶'，健谈的领航员生动地向我们讲述了这个名字的由来。传说很久以前，这个地方风景优美、浪漫怡人，巨大的岩石散落在原野的各处。一天，一个和尚在睡梦中看到天上的神仙和岩石里的精灵发生了争吵。领头的岩石精灵是一只母鸡；吵来吵去，这些意气难平的石头决定通过堵塞河道来发泄心里的怒气。为了实现这个报复计划，那只石头母鸡带着众岩石一起出发了。看到这一切的和尚猛然从梦中醒来，意识到大事不好，赶紧学着公鸡啼叫起来。这时，观音菩萨也显灵了，公鸡迷人的声音让领头的母鸡在江中心停住了脚步，闻讯赶来的人们趁着母鸡不备，成功地砍掉了它的脑袋。这下终于制止了这些石头继续干坏事，它们永远地留在了这里！"在拦江矶以上的河段，河宽不到半英里，河岸比下游宽阔的地方要高耸陡峭得多。在我们到达乔斯林岛之前，看到江的右岸上有大量的砖厂和石灰窑。

我们现在快到安徽省的省会安庆了。一名带着浓重口音的中国水手跑过来向舰桥上的船长报告说："通道里旅客拿的箱子太多了，需要升起两面旗子。"他的意思是来省会的乘客带着很多的行李箱，一艘摆渡船根本装不下，所以需要升起两面"怡和"的旗子向客运站发出信号，让他们派两艘船过来。

安庆坐落在长江左岸，在到达这里之前，我们路过了许多建造在筏子上的水上村庄，人们用竹纤维做成的缆绳将筏子固定在岸边的木桩上。一个非常宽阔的沙滩，就像海滩一样，许多孩子都在那里玩耍。从江上欣赏安庆的宝塔，可以看到一幅美轮美奂的景色，即使不算是当下中国最美的，也可谓是长江下游地区最好的，它正在被修复。八角形的宝塔，一共八层，外墙被刷成白色，每层的窗棂和翘起的塔檐都是黄褐色。宝塔高高地耸立在一大片从河岸向里层叠而建的建筑中间，所有的墙上都盖着青瓦作为装饰，墙面有的刷成白色，有的刷成红色。这些建筑是一座寺庙以及其他毗邻的房舍。宝塔圆锥形的塔顶上还有六个巨大的圆球，球的尺寸从下到上渐次变小，最下面的球直径非常大，而最上面的大约跟炮弹的直径差不多，两个球之间有一个圆形的铁圈。几根铁条或者是拉索从塔顶端圆球的上边，以优雅的曲线延伸到塔顶屋脊的角上；这些铁条上悬挂着许多小铃铛，而大铃铛则是悬挂在这座建筑每层突起的装饰华丽的挑檐上；当轮船从宝塔边上静静地驶过，并且在不远的地方泊好的时候，一阵微风吹来，上百个铃铛在空中摇摆，叮当悦耳的铃声此起彼伏地传到了我们的耳中。

安庆城被太平天国的叛军占据了三年，城墙周围曾发生过数次激烈的战斗。后来李鸿章收复了这里，他在平定叛乱的过程中赢得了极高的声誉。安庆是他家乡的省会，在我们记述这些的时候，他的母亲还住在那里。当时，皇帝的军队在攻城夺寨的过程中屡遭失败，城门外的这座宝塔被李鸿章相中了，他命人从宝塔顶上炮轰城里，并取得了胜利。由于这座神圣而宏伟的建筑为平定叛军立下了大功，因而得到了彻底的修缮，至今仍然完好无损，我想人们把它看作李鸿章的纪念碑是再恰当不过的了。

宝塔后边的城墙绕到江边，然后顺着江岸一直延伸到很远的地方，在城墙与江堤之间是片相当宽阔的空地，足以盖两三排的民房。在长长的沙滩上有无数载着芦苇的大船，还有许多芦苇就堆在河滩上；几百个中国人，男的女的还有孩子们在沙滩上跑来跑去，大多数都在忙着卸货或者将芦苇堆放起来。江堤上农舍的墙壁和防护墙上都能看出过去发洪水的痕迹，最高水位距离现在的水位大约有 30 英尺。附近还有一些外国风格的现代别墅，因其白色的围墙和干净整洁的外观而引人注目；其中的一栋，其阳台和绿色的百叶窗显得尤为时髦。这是供本地旅客购票的乘务室，安庆只是航运的一个客运站，还不是对外开放的口岸。开放这些长江上的客运站要归功于《芝罘条约》中的一项条款，尽管这个条约还没有得到批准。

轮船上升起的两面旗子果然召唤来了两艘大船，用来运送本地的乘客以及他们携带的数吨行李。我们又一次发现了当地船只与别的地方不同的推进方式，桨手们站在船的一边摇橹划船，长长的船桨用固定在船另一边的一根皮条绳系着。

在轮船全速向前开进的时候，从宝塔算起大约 1 英里的河岸上，我们看到的情景基本都是一样的。数以百计的船只停泊在沙滩上，巨大的芦苇堆和一捆一捆的芦苇散落在地上；江堤上面是一片白色房舍，它们背后有高大险峻的城墙；城墙里除了寺庙装饰精美的屋顶之外什么也看不见；空中有几只飞舞的风筝，这可能是城里的孩子或者老人在自娱自乐。根据我们的粗略判断，城墙在距离宝塔大约一英里的地方拐弯，从河边折向内陆，越过隆起的地面，蜿蜒绕过周围的丘陵，直到看不见为止。远处有一座群峰陡峭的高山，在氤氲的空气中依稀可见。

安庆是一座军事重镇，当轮船把它飞快地甩在身后的时候，我们又看了它最后一眼。就在这时，我们被西城墙外面的一大片方形建筑所吸引。这些建筑一看就是西洋风格，坐落在一个微微隆起的山丘上，周围有坚固的围墙；一个小烟囱冒出股股黑烟；整个建筑群看起来像是一个小型的兵工厂。在城市的这个角落，另一个显眼的建筑是一幢装饰华丽的中式宅院。它坐落在一块高地上，四周围是高高的砖墙。这或许是一栋官吏的住宅，在其优越通风的位置，视野一定可以达到安庆上下游江边的情况，并一直延伸到远处群山边的大片农田。这是一处比城里任何地方都更令人向往的居所。

离开安庆之后没多久，我们就经历了一场轻微的沙尘暴，好在并没有造成太多的不便。大约五点钟的时候，航行经过了右岸的东流镇。隔着城墙，除了看到里边有一座破败的八层宝塔和一些寺庙建筑之外，什么也看不到了。再往前行，大江两岸是一望无际的平整土地，成群的水牛在低头吃草，牧童们穿着蓝色的棉布裤褂坐在水牛的背上。这里既有广阔的牧场，也有许多的耕地——绝大多数都种着绿油油的庄稼，看起来应该是小麦。野地里这边儿一块那边儿一块，到处都有黄色的油菜花，为单调的绿色原野增添了丰富的色彩。火红的夕阳闪耀着最后的余晖慢慢落下山去，一轮满月将她温柔的月光洒满了大江，当银色的一束光柱从江的右岸一直照到轮船左舷的船头，船身、桅杆、烟囱那黑乎乎的影子就一直平铺到了江的左岸边。

当轮船经过鄱阳湖附近长江南岸的群山时，我们有幸目睹了一番壮丽的景象。一轮圆月把无垠的光辉洒满了山顶，我们看到耀眼的火苗，像龙蛇一样在山坡上升腾跳跃，呈之字形越烧越旺，直到整个山坡似乎都要被引燃了。中国工人烧制木炭的熊熊火光照亮了这浓浓夜色映衬下的山峦。

鄱阳湖的入口，以及下游距离并不甚远的小孤山，在月光下显得都有点怪异，不过在返回的途中，我们却在这儿看到了极美的风景。鄱阳湖位于长江以南的江西省，辽阔的水域容纳了该省大小河流的来水，通过一段 3 英里长、1 英里宽的狭长水道与长江相连，最终在湖口附近将湖水汇入长江混浊的水体之中。在长江右岸，湖水与江水汇合之处往下的地方，日积月累形成了一个长长的沙丘，沙丘越积越高，渐渐朝着湖心方向堆成一个非常壮观的山丘；但它与那些部分覆盖着绿色植被的沙丘不同，它的上面有许多岩石的沟壑。除了晴空万里的日子，湖面的深处几乎什么也看不见，只有一块巨大的岩石矗立在水中，在它的高处有座神庙，正如马可·波罗描述的那样。这块岩石被当地人称为"大孤山"；远处还有一块类似的石头，当地人将其当作大孤山的兄弟命名为"小孤山"，只不过大孤山在湖上而小孤山在江里。湖口城就坐落在这样一个非常浪漫的地方。最引人注目的是长江和湖泊之间的水道边蓦然耸立着的山岩；岩石顶上筑有防御工事，还有一些达官显贵的宅院。这座山岩遮挡住了后面的湖口县城，而前文中提到的连绵群山，成为这座城市背后的屏障。湖口城对面，隔着水道遥相对峙的就是著名的庐山，其海拔高达 5000 英尺。小孤山耸立在长江中间，奇形怪状的巨型岩石高出水面 300 英尺。从江面向山上望去，能看到三四排房子，鳞次栉比，越盖越高，每一排都修筑在狭长的山体缝隙当中。山的另一侧光秃秃的，垂直于江面的岩石上布满了裂纹。

　　行程第四天一大早，我们就抵达了通商口岸九江。这座古老城市及其租界都位于长江右岸，距离上海445英里。当轮船靠近码头的时候，我们看到江堤上有各种各样有趣的东西：外国人的墓地，立着一座宝塔的小山，城墙外边两三个圆形的碉堡；城墙从一个临近江边的岩石上越过去，一直向上延伸到依江而建的外国人定居点。城内给人留下深刻印象的是一座已遭毁坏的高塔。从江上望去，外国租界里，一排精美的别墅和少许简洁的二层建筑掩映在美丽的绿树丛中；一排排的树木布满了整个江堤。由于一年当中江水经常会大起大落，所以修建一堵高大坚固的堤墙变得尤为必要。从海关的报告中我们得知，在1878年1月11日，江水的水位比大堤低了有37英尺，但在这年8月短短的几天里，水位竟然上涨得超过江堤一英尺！

　　正对着码头的江面上，停泊着几艘专门为轮船装卸货物的大船。这个码头国内外贸易的交易量惊人，它主要因为仓储著名的景德镇瓷器而闻名。在租界的西边有一条河流停满了当地的船只，河的西边是一块冲积平原，角上有一个不大的中国村落，主要从事修造船只的营生。许多当地人的船只，底朝天放置在岸上，有些搁那儿是要修理，有些则是为了住人，只要船板还算完整就可以当作房子使用。离开九江之后，巍峨的群山带来了如画的美景，群山和长江之间是一块巨大的冲积平原，不时就可以看到水牛、小马和中国人。这些山脉的最高峰海拔大约有4000英尺，九江租界里的外国侨民，在这儿的山坡上开发了一项非常好的运动——狩猎野猪。

　　下一个特别有趣的地方是距离九江25英里的武穴客运站，它是国内经营盐业的重镇，镇上高大的盐仓与其他低矮的茅舍形成了鲜明的对比。武穴在江的左岸，这里江面的宽度只有四分之一英里，因而江水变得极深。从山脚下的右岸探测得知，水深达到了 30 英寻。从这里开始，我们进入长江下游景色最瑰丽的河段。在武穴城的对面，江的右岸映入眼帘的是一些半圆形的小山，一座挨着一座，其间夹着许多深沟。小山后面是更高一些的山峦，最远处是陡峭的山峰插入了万里无云的蓝色天空。在最窄的河段，一座大山山势陡峭，千沟万壑一直从山顶伸到江边，其中一条峡谷的下面竟然坐落着一个小村庄，给我留下了非常深刻的印象。沿江而上，这座山的肩峰逐渐向下倾斜，在山脚下分成两岔，一边形成半圆形的溪谷；另一边是两三座起伏的小山，它们的后面依然是高峰耸峙。

江的右岸还有一座外形奇特的大山，长长的山脊与长江平行，面朝长江的斜坡上有 20 来道深深的沟壑和高耸的山梁。逶迤的山脉绵延了大约 9 英里，直到抵达了半壁山。这些山，至少在靠近江边的地方，最显著的特点就是每一寸可耕作的土地都种着农作物。从山脚到山顶，只要是能开垦的土地，勤劳而节俭的中国农民都把它们改造成小块的梯田。在江的这边是如此之多、形态各异的山峦，而在江的北岸，风光同样引人入胜。在武穴上游一两英里的地方，有一块低洼的平地，远处陡峭的山峦连绵起伏，渐渐隐没在江上游的岸边。过了一会儿，我们行驶到一个地方，两侧的群山紧挨着江岸，尤以左岸的情形为甚。近在咫尺的是红色砂岩的丘陵，山坡就像金字塔的侧面一样，后边是高低错落的险峻山脉，悬崖绝壁随处可见，而斜坡上则是遍布着青色的巨岩。在湖北省的这些大山当中，采矿工程师一直在勘探寻找煤炭，但迄今为止几乎一无所获。不过，这些山里蕴藏着有大量的石灰岩，沿着江岸有许多用竹子编成的大筐建成的石灰窑。半壁山山势雄奇，其截断面是一个陡峭的岩石悬崖，长江在那里急遽地转了一个弯儿。当我们第一眼看到它侧面的时候，发现从山脚下到山顶上都是种着庄稼的梯田。江水转过这座山后，形成了一个新月形的江湾，右岸是一片沙滩；再往上是一大片黄绿相间的美丽田野。江湾左岸紧挨着一座宛如发髻的小山，一圈又一圈的梯田整整齐齐地从山脚下一直建到了山顶，看着又像是一个西式的圣诞蛋糕。绕过江湾之后，发现这座满是梯田的山岭，另一侧居然尽是岩石。向上游行驶的中途，这浪漫而壮丽的景色不断呈现出新的魅力和更多有趣的特征，直到最后，那些左岸多石的山脉离得江边越来越远，展现在眼前的是一片开阔的平原。

当我们快到蕲州城的时候，我们首先注意到了江左岸有座废弃的碉堡，它矗立在距离城墙角大约 150 码远的江中。虽然汹涌的江水从它旁边滚滚而过，但显然在过去，或许就在不久之前，它还与这座城市有陆地相连。当我们察看碉堡的时候，发现这个高出水面大约 20 英尺的坚固工事，上边并未使用石料，而是用砖砌成，承受水流冲击的墙体呈半圆形，其他几面则是方形。在它的顶部，清帝国海关的官员在上面设置了灯塔和一个红色的三脚架，三条支架中间有一个小箱子，看第一眼时觉得它比鸽子笼大不了多少，这是看塔人遮风避雨唯一的居所。如果不是亲眼看到一个中国老人从里边钻出来，我们绝不会相信它能容纳下一个人。

蕲州的城墙紧挨着江堤，修筑在一个多石的小山上，一个墙角正对着那个残破的碉堡。长满绿苔的城墙由青砖与石灰砌成，城墙将两三座小山也圈了进去。这座城市看起来还挺大的，右边的房子密密匝匝。城墙外边，小山的背阴旮旯里有一座白色的神庙，后边长着一棵大樟树；几乎所有中国寺庙的显眼位置上，都有这种根深叶茂的树。往江的上游望去，一条小河绕城而过，小河岸边是面积广袤的城郊，最为突出的建筑显然就是官吏的衙门了。

在蕲州城上游几英里处，有一处宽敞平坦的沙滩。我们所见最有趣的景象，莫过于一个在此驻扎帐篷、巡回演出的剧团了。戏场子四周用帆布围了起来，里边的戏台是用高杆子插在沙地里，再绑上几根横梁搭挂而成。戏台背对着江水，离地面大约有十来英尺；而观众席显然在这个简易剧场的另一侧。在这个简易剧场周围还有许多小帐篷，它们可能是演员休息的地方，或者是一些小的演出团体，就像巡回演出的大马戏团总会跟着一些小杂耍艺人一样。

当轮船即将靠岸的时候，沙滩上呼啦啦地涌来了几百号看热闹的中国人，连戏台上穿着华丽戏袍的演员也从篷布里探出半个身子，要看看外边到底发生了什么事情。即便演员们也现身，轮船靠岸这件事已经完全盖过了演出的风头。演员们穿着色彩鲜艳的长袍，有的扮演皇帝，有的扮演文臣武将各色人等。一艘轮船的靠近怎样就让戏场子里的人们都跑出来了呢？这多少让人心生疑惑，而且它就在眼皮子底下发生了。唯一合理的解释就是：当时正在上演的戏剧，一定不是多么精彩、有趣，其吸引力远远比不上轮船上的红色烟囱。岸上传来的声响，除了孩子们嬉戏打闹的叫喊声之外，就是乐队当中铿锵的锣鼓声音了。

还有一样引起我们关注的东西，是艘搁浅在南岸沙滩上的木筏子。那些放筏子的人经常会遭遇这种情形，所以，他们会在筏子上搭建一间房子，以应对不时之需。我们看到的这只木筏子已经搁浅好几个月了，而且还得再待上至少六个星期，直到夏季雨水丰沛，江水上涨起来。对筏子上的人们来说，整个冬天和春天都被困在长江边上真不是一件愉快的事情。即使不是全部，他们也必须得留一些人看船，否则这艘木筏就会一点一点地被当地的人蚕食掉。这艘筏子上果然有人在生活，因为蓝色的炊烟正从小屋的烟囱里袅袅升起。

第四天，行程还剩下最后一百英里的时候，太阳西垂即将落山，我们看到了从大海到汉口长江之行最美的景色。经过损毁严重的碉堡和蕲州古城之后，大自然在日落前最后一个小时呈现出的景色真是迷人。从蕲州上游几英里的地方开始，沿着左岸是一座接一座起伏的小山，一直连绵到了鸡头山对面长江转了个大弯的地方。这些小山一组一组地排列着，每一组似乎都是刚刚经过那一组的复制品；如果说有什么不同的话，那就是当我们从它们旁边经过时，发现一座比一座更漂亮。这些山并不高，即便最高的山峰也不过几百英尺。四五座这样的小山并列在一起，在山脚下形成一个马蹄形的半圆形山谷。一些陡峭的岩石距离江边大约有一百码，它们被湍急的水流切割成现在的样子，从上面可以看到水位很高时冲刷过的痕迹。这些江边的小山背后是稍稍高大一些的山峦，距离河谷更远的地方还有雄伟的群山。小山的山坡有的开垦成梯田种上了庄稼，其余的地方长满了灌木，一簇簇盛开的桃花在群山之间随处可见。山脚下阴凉舒适的地方，有一些用竹子和茅草，偶尔也会看到用砖石建成的农舍，这表明每一个宁静的山谷里都有与世无争的农夫。群山之间的平整土地上都种满了庄稼，一直种到了江岸边的悬崖峭壁之上。那些离地只有几英寸的庄稼长着柔嫩的绿叶，看上去就像一块块地毯。紧挨着江边的绿色作物是最低的，黄色的油菜花就在它们后面高一些的地方，再往后又是一片绿色，一直延伸到最远处山脚下的整个山谷。我们又经过了六七座像刚才那样的山谷所组成的山峦，无边的美景令人心旷神怡，我们一边欣赏一边感叹，"真遗憾呀！上海没有这么一个可爱的地方!"

"鸡头山"是耸立在长江右岸的一块隆起的陡峭岩石,江水在这里转了一个急弯,从远处看过去,这块岩石的轮廓就像一只雄鸡的鸡冠。当抵达这一江段时,我们看到岩石上面一条崎岖的裂缝一直伸到了江面。近旁垂直的岩石后边是一个很陡的斜坡,上面长满了大树和灌木;大约500英尺高的岩石顶上也覆盖着植被。在坡底附近,一个白色的神庙几乎被树丛完全遮挡住了。当我们靠近"鸡头山"时,原本褐色的脏兮兮的江水,因反射太阳的光线而闪着耀眼的光芒,夕阳把长江江面也染成了金色。外国的、本国的大小船只点缀在江面上,轮船和木筏形成鲜明的对比,平添了几分浪漫。

招商局的"江永号"是一艘美国风格的明轮船,装涂着亮丽的色彩,顺流而下从我们的右舷侧驶过。它的甲板上挤满了看"长和号"轮船的中国乘客,而我们的甲板上也一样挤满了中国人,注视着那艘黄色的明轮船从我们身边驶过。每艘船的舰桥上,船员们都挥动着白色的手帕,表达着相互之间的友好致意。"江永号"驶过之后,轮船即将抵达"鸡头山"江段,我们就看见前面,先是一只,又是一只,紧接着第三只第四只木筏,这些有着竹棚的"漂浮村庄"顺着湍急的水流急速而下。过了一两分钟,我们经过鸡头山那块巨大的岩石,大家都抬着头瞻仰这块500英尺高的峭壁。正对这块岩石的时候,大家的注意力忽然被一位隐士的洞穴所吸引,那里有一个敞开的拱形入口,可以看到里边有一间用竹竿和席子搭建的简陋窝棚,距离洞穴底部有几英尺,通过一个三阶的梯子才能进到棚子里。"里边真的住着隐士吗?""是的,我亲眼见过他,他有时会出来坐在岩石上乘风纳凉。""他吃的食物从哪儿来呢?""哦,他可以从这条窄窄的栈道，绕到岩石另一边的寺庙里边去"。当人们谈论着隐士及其洞穴的时候，我们隔着窗户玻璃看到岩石上确实有一条极其狭窄的栈道，隐士极可能就从这里过去，不过想想一个人从洞穴这边转到巨岩那边，真是令人看着都提心吊胆。那天，岩石上面最高的水渍距离江面看起来只有 15 到 20 英尺，但它实际的数据是 30 到 40 英尺。隐士的窝棚修建在比岩石上的最高水渍还高约 15 英尺的地方。船经过这块岩石不过是稍纵即逝的工夫，况且除了那个洞穴还有别的东西吸引着我们的注意。在轮船的汽笛鸣响了几次之后，我们听到了它的回声，汽笛那洪亮而悠长的爆破音引起了清晰地回响。但是汽笛及其回声并没有把那位隐士吸引出来看看外边到底发生了什么；他大概从来没有听过歌曲"伴着汽笛，我将一路寻你"。

我们全神贯注地看着这块巨岩，将那些漂流的筏子暂时抛到了九霄云外。不过此时，尽管轮船汽笛响亮，回音悠长，我们还是听到了中国人激动的喊叫声。从船舷左侧甲板上望下去，我看到四艘筏子以惊悚的速度从我们旁边掠过。这些筏子挤成一团，仿佛就要互相撞到一起。所有放筏子的人都来到了甲板上，有的人手里拿着长长的杆子，有的人拿着桨，虽说在如此湍急的水流中这些工具几乎毫无用处；其余的人紧张而焦虑地在木筏上跑来跑去，仿佛每一刻都生死攸关。四艘筏子及其上边的小屋——那些放筏客们流动的村庄，从我们轮船旁边掠过已经很长一段距离了，湍流裹挟着它们仿佛就要撞毁在那块巨岩上面，但是，没有！他们压根就没有碰到那块石头，即便他们想要靠近它也是办不到的，独特的水流把它们冲到巨石附近却又安全地从它旁边绕过，巨大的木筏以及它上边所有的人、财、货物冲向了下游宽阔的河段。

巨岩、隐士的山洞、木筏、汽笛的回声，这些与随后看到的一切相比，简直就是小巫见大巫。轮船刚刚绕过那块巨岩，我们就闻到一股微风吹来的令人沉醉的芬芳气息，扭过头向东望去，立刻就看到了一幅赏心悦目的风景。从鸡头山开始，连绵的小山舒缓地向前一直伸展到江上游 1 英里左右的河边。在江的右岸与群山脚下之间是一大片美丽而富饶的平原，绿油油地种满了长势喜人的庄稼，在这块绿色"地毯"背后，山势开始变成陡峭的斜坡，从山脚下到半山腰到处都是盛开的桃花；夕阳的余晖洒落在这万花丛中，从那里飘来阵阵沁人心脾的花香。

四天的航程就在这鸟语花香的景色中结束了。隔天清晨，我们发现自己已经置身汉口，"长和号"就停泊在码头前面一艘大船的旁边。我们在这个码头停留了大约 36 个小时，不过因为我这个作家身体不适未能上岸，所以只能从江上观察这个城市，不能滔滔不绝地描述它的情况了。这段时间大部分是在汉口友人的陪伴下度过的，非常愉快。汉口的外国租界沿着长江左岸延伸了大约有半英里，并且拥有中国所有港口中最好的码头；码头的大堤非常高，因为在一年当中长江的江水会大起大落，因此这样的设计是完全必要的。这里的江面差不多有一英里宽，冬季最低水位和夏季最高水位之间有大约 60 英尺的落差。当我们 3 月份到那里的时候，江水比去年冬天的最低水位高出了 13 英尺，站在轮船最高层的甲板上你仍然看不到码头上的路面。大堤由厚重的石头在倾斜的地基上砌成，通过长桥和跳板，与随着江水涨落起伏的浮船连在一起。在码头上有一条绿树成荫的大道，后面有一些精美的建筑耸立在花园或者深宅大院里。

汉江在汉口以西汇入长江，汉江的另一边就是汉阳，而长江的南岸则是湖北省的省会武昌府。武昌府的地理位置非常特殊，它的城池和宝塔矗立在一个靠近江岸的小山坡上，环状的城墙越过高坡，一直建到了城市后边的山脚下。一座大型炮台坐落长江东岸，据说上边装着四百门大炮，炮口正对着汉口。后边是险峻的山峦，一座高大的宝塔坐落其间，我们猜测想当年的白拉克斯顿船长曾经在这儿俯视过山峦、平原、河流和湖泊的全景，他在自己著的《扬子江》一书中写道："汉口坐落在连绵起伏的丘陵与东西走向的汉江交汇的地方，汉江两岸是地势极为平坦的乡村。即使长江处于枯水期，从这座宝塔山上俯瞰下面，人们也会觉得水域和陆地的面积相差无几。在山脚下蜿蜒流过的是将近一英里宽的壮美长江；汉江像运河一般宽窄，沿着丘陵的北缘从西边流淌过来，不仅增加了长江的水量，而且成为当地农村一条重要的水上通道。正北和西北是一片广阔的平原，几乎没有什么树木，地势稍高于江面。零零散散的村庄无一例外地修筑在土丘之上，而土丘极可能是遥远古代人工的杰作。还有几条小河穿过平原最终汇入了汉江。让我们把视线转向长江右岸，你可以看到省城外边，山峦的西北和东南两侧星罗棋布的潟湖。"

当我们在汉口的时候，江对岸的炮台看起来一派喜庆景象，长长的黄色围墙上插满了各种各样色彩鲜艳的旗帜。我们还听说了这个炮台的一起离奇事故，让人不禁想起了耶利哥城墙的故事。据说，今年夏天美国的炮舰"莫诺卡西号"访问汉口，湖广总督从武昌过来进行参观，为表示对他的敬意，舰艇上鸣放了礼炮，不想竟然对炮台造成了灾难性的影响。在距离炮台至少半英里远的地方发射的几枚空包弹所造成的空气震动，居然震塌了炮台的大部分围墙；或许是因为炮台的地基早已被洪水冲毁了。

我们在晚上八点钟左右启程离开了汉口，第二天早晨到了九江。在离开汉口大约一天之后，我们抵达了南京，然后到镇江又用了 20 个小时。在那儿停留了几个小时后，我们离开码头慢慢向前行驶，以便在天亮的时候能够到达北树和狼山渡口。从出发到返回上海全程用了八天半的时间。借助滚滚东流的江水，回来的行程要比逆流而上时快得多。我们相信，从汉口到吴淞的最快纪录应该是由一艘运茶的轮船"格兰纳特里号"在 1879 年取得的，600 英里的航程仅仅用了 37 个小时，中途它始终没有停。内河轮船完成这段航程一般需要 60 个小时左右，不过大部分时间都消耗在停靠沿途的港口上了。从上海到汉口的航程平均需要 100 个小时左右。回程时看到的一些地方，在去的旅程中已经有所描述，现在也没有什么需要额外补充的了。最后，允许我对波普船长以及"长和号"全体船员一路上的周到服务再次表示衷心的感谢！

漫谈北京

　　从通州过来，接近北京南门的时候，首先映入眼帘的是城墙上美丽的城楼。城墙有四十到五十英尺高，三十到五十英尺厚。城墙外边包着质量上好的大青砖，顶上铺的也是。这道墙方圆足足有十六英里，一共有九个城门：南面三个，北面两个，东面两个。所有的城门都建筑得很好，每个城门在内外两道门之间有一个开放的空间。前门是其中规模最宏伟最壮观的，它有三个门洞，中间的门洞对着的就是皇宫的正门，那个门只有皇帝才能出入，平时总是关闭上锁的。一年当中，除了在新年那天它们会比平时多开放一段时间之外，所有的城门在日落之后很快就会关闭。城门一旦关闭，你即便有再多的理由，再多的钱也没用，直到第二天早晨它们才会再次打开。前门会在午夜的时候开放一小段时间，以便让那些文武大臣们进去，他们不得不在凌晨四点的时候就赶到皇宫里边，上朝议政。

　　从城墙上往下看，北京就像一个大花园，至少在某些地方是这样的。远远地望去，皇城宫殿的金色屋顶在阳光下闪着熠熠的光芒，每条屋脊挑出去的角上都有蹲坐的吻兽。城墙上每隔一段很短的距离就会有一座敌楼，据说那里驻守着士兵以保卫都城。从城墙瞭望台上的武士来判断，每个敌楼里实际上可能只有一两个士兵。虽然翻越城墙进出北京意味着自寻死路，但每天晚上都有大量以这种方式进行的走私活动，显然当局对此一无所知。北京城修建得方方正正，所有的大街不是从北到南，就是从东到西。哈德门大街是北京最长的街道，它从南边的城门口开始，一直通到北边城墙安定门以东一点的地方，长度达到了大约四英里。

城里的大部分街道都很宽阔，如果不是因为路上时不时地就会冒出些"拦路虎"来，真的是很好的散步场所或者行车通道。街道两边原本是供人们行走的便道，现在却被小贩占据，俨然成为他们叫卖的大型集贸市场，这让人不禁想起了家乡集市的热闹景象。偶尔遇到一场盛大的葬礼将要举办时，人们会看到一座宽大的灵棚连续几个星期堵在路上，车辆和马匹都要绕道而行，大家对此竟也毫无异议。祭祀死者，焚烧纸做的车、马、房子、各式人物和纸钱，凡此种种都在马路中间进行，给过往的行人带来了诸多的不便。听说官府每年都要支付五十万元来改善交通状况，但街道上总是尘土飞扬，泥泞不堪，从来就没有见过有什么实质性的改进。当皇帝或太后出行的时候，所涉各条街道都垫上了红土，看起来就像是马戏团的跑道一样，所有的车辆和行人都禁止通行，一直等到皇帝的行程结束。不过，当这一切结束，街道就又回到了原来的状态。中国笨重的、没有避震弹簧的大车足以毁坏掉任何道路。曾经有人尝试着引进黄包车，但马车夫们联合起来反对这一新鲜事物，他们把那些不受欢迎的车辆扔进了城外的护城河里。

北京城里有数量众多的下水道，一位曾在中国通商口岸工作过的法国前领事，将它们的复杂功用吹捧到了天上。然而，下雨的天气，经常会发生马车颠覆、居民被淹死的事情。

中国的房子都很低矮，通常只有一层。作为建筑物，它们有许多不足之处，例如在下雨天，它们几乎没有一幢是不漏水的。一些地区的商店有华丽的装饰和雕饰精美的门面，这与它们所在的街道形成了鲜明的对比。皇帝居住的紫禁城占据了大片的土地。过去，从皇城出来有一条大道穿过汉白玉的石桥，但后来这条通道被关闭了，如今不得不修建一条通往西城的环路。

外国的公使馆大多位于北京城南的江米巷①，也就是人们常说的公使馆街。法国、英国和俄罗斯的使馆占据了以前王公贵胄的府邸，面积都非常大，每座府邸里还建了一座小教堂，并为各自人数众多的职员提供了适宜的生活场所。那些神职人员，无论是新教的还是罗马天主教的，散布在北京城里的各处。天主教徒拥有四座大的教堂，分别位于城市的东、南、西、北四个城区；其中西城的最好，占地面积也最大。

街道上的路灯设备并不是完善的煤气灯。这些为了照明目的而安装的路灯，虽然数量众多，但都是在纸糊的灯罩里放一盏火苗飘忽、光线微弱的小油灯。即便这样的路灯，也只有在主管官员趁着月光皎洁出来夜巡时才会被点亮，可想而知，这个系统远远不能令人满意。那些海关的工作人员，也只是在家里的时候才点亮煤气灯。

---

① 1900 年后更名为东交民巷。

北京关帝庙

熟悉这个话题的人常常说，普通的中国人是没有宗教信仰的，即便他们有，也只有在葬礼上，当那些出家人，包括佛教和道教的信徒，一起为死者及他那逝去的灵魂举行必不可少的仪式时才有所体现。这种说法在一定程度上是正确的，但对绝大多数人来说却显得偏颇。那些研究过汉语并且和中国人生活在一起多年的欧洲人，通过观察中国人的礼仪、习俗、行为方式，一定会得出完全相反的结论。我们可以简要地陈述一些事实来证明，偶像崇拜对中国人的影响比人们通常认为的要大许多。

在离英国驻北京公使馆后门不远，有一条通往蒙古市场的小街，一座崭新的漂亮寺庙已经拔地而起，里边供奉的主要是武神关帝。这座寺庙的所有者是一个中国商人，他在生意上失败了，就用剩余的资金建造了这个供人膜拜的地方，并指望着靠此来维持自己的生计。这座武神庙里没有住持，只有两个普通的中国苦力在这里打扫卫生，照看香火。除了关帝的塑像之外，在大殿的后面还建了其他几尊神像。在药王的旁边端坐着财神，而土地爷也与医神并列在一起。在最后一尊神像面前，一根蜡烛还在燃烧，或许是由于一年当中的这个时期人们都在寻求这尊神仙的帮助与庇护吧。院子里的墙上画着三国的历史故事，表现了英雄关帝征战沙场的丰功伟绩。我们在庙里待了没多久，就看到一个中国人带着一个七八岁的小男孩进了庙里。他们径直走到医神面前，从照管的苦力那儿买了一束香。当苦力帮他们把香在蜡烛上点燃后，大人就把香传递到小男孩的手中。小男孩以头磕地，行了几个跪拜礼，把香插在了神像前面祭台上的香炉里。在小孩磕头的时候，那个苦力敲击着旁边桌案上摆放的磬，或许是要引起神灵的注意。在此之后，苦力拿过了一个竹筒，里面放着写有编号的竹签。他把竹筒从香烟雾霭中递给男孩，让他从中抽出一根。男孩把抽出的签子递回去，苦力看了看，然后就挑出一张写着同样数字的纸张。这个小男孩似乎一直饱受咳嗽的折磨，令人好奇的是，挑出来的纸上居然有一个处方，苦力告诉男孩的父亲，如果从药铺购买并按时服用药物，小孩的病将能完全治愈。父亲给了这人 15 元之后，带着孩子，拿着处方，到城里去找药铺了。

　　这样的事情每天都在发生。特别是在一年当中的某个季节，北京城里城外的一些寺庙就会有成群结队的信徒前去上香，他们中的许多人得徒步走好几天才到达这些个神圣的地方。有些人可能是为生病的朋友或亲戚来烧香拜佛的，而许多妇女到庙里则是祈求神灵保佑她生一个儿子。如果你看到挂在山门外、寺庙里或者它们附近墙壁上的各种条幅的数量，就会发现中国人崇拜偶像的习惯根本不缺乏令人信服的证据。在卧佛寺里，人们会看到无数大大小小的靴子被供奉在神像面前。在北京东北方向安定门外的一座寺庙里，人们供奉了不计其数的丝绸和纸元宝。雍和宫是位于北京北城安定门旁边的一座大喇嘛寺，里面有一尊站立的佛陀塑像，高约 70 英尺，是用木头和黏土制成的，其右脚的大拇指几乎被信徒们吻掉了，就像罗马圣彼得雕像的脚趾一样。关于神祇、风水以及种种类似的神秘主义，对于在中国从事商业活动的有关阶层，诸如店主、买办、服务生、收银员、记账员以及其他受雇于外国人的职员都有所影响，并可以从每一个外国居民的日常生活经验中得到证明。他们的祖先在远古时代就已经形成了自己的宗教体系，今天的中国人对这个体系非常满意。他们有苦恼，也会安之若素，采用父辈们的方式去化解——膜拜他们的神、为神献上自己的祭品，然后在祖宗所建神殿的黏土塑像前，虔诚地叩头祈祷。毫无疑问，在一般情况下普通中国人很少为精神上的事情而伤费脑筋，不过一旦陷入困境，就会像古代戏剧中的一个主角胡迪布拉斯所说：

"恶人染疾，其心向善；一朝病去，本性重现。"

中国西部之旅

"宜昌，前往重庆途中需要经过的一个小地方。"一本上海杂志对它的描述只有这寥寥数语，如果在古代，生活在宜昌的同义词就相当于被流放。不过，最近几年国人的暴乱，使得这个小小的口岸城市引起了世人的关注。普通的外国民众借助于最新修订的地图集，也能知道宜昌的确切位置，它不为人知的状况已经发生改变。

至少，我们从汉口出发，经过一段愉快的航程后就发现了它，轮船停泊在作为英国领事馆的那栋乌漆漆的建筑对面。这一路上我们得到了凯恩船长和"德馨号"工作人员的热情照顾。说到乘坐轮船，从汉口到宜昌的交通过去完全掌控在挂着龙旗的公司手中，如今却发生了很大的变化，这不能不让人感到高兴。那时的旅客和托运行李的人都体验过店大欺客的傲慢无礼和粗心大意，幸运的是现在（1892年）可以避免那种情况了。

宜昌的通商口岸是一片热火朝天的景象；挂着各个公司旗子的众多舢板停靠在轮船边上，它们有些是顺流而来的，还有些则准备开启逆水行舟的返程之旅。就在最近，海关的工作人员得到了大量补充，他们的住宿问题通过租用许多四川的舢板船得以解决。

我们在宜昌的主要事务就是为西部的旅行做前期准备，而写这些日记的目的则是为了把沿途的所见所闻告诉大家。首先，此行必须得租到一艘船。这个事情绝不像乍一听那么容易。由于客流量大增，在宜昌对大型客轮的需求也不断上升，运费价格自然是水涨船高，旅行者如果能在一天内达成公平的交易就算很幸运了。对于业余运动员、环球旅行家之类的人来说，通常的做法是找一个机构的买办来为自己服务，这人能操着似懂非懂的洋泾浜英语，在收了佣金之后找船老板去"砍价"。有时候，轮船上的乘务人员也会抱着极大的热情搭讪着操办这类事情，当然，前提是他从中能得到好处，一次这样的经历就足以给人留下深刻的印象。

几个远方来的旅行者胆量过人，专门到这里"勇闯三峡"。当时即将进入冬季，九月底的长江水位却依然很高，他们以令人吃惊的昂贵价格租了一条船，就这么出发了。第一峡的前半截行程一切顺利，但接下来的三天为了等水位下降，却不得不做短暂休整，这令游客们懊恼不已，随着日子一天天过去，他们的脾气也越来越坏。第三天的时候，船老大被叫了过来，在会说英语的厨师帮助下，他被告知"明天早上必须出发"。船老大一个人据理力争，但最终还是屈服了，只好去做出发前的准备。第二天一早，所有的人手都吃饱喝足，然后拖着一根长绳子上了岸。这艘船从一个小江湾里被推了出去，渐渐驶入了高高耸立的悬崖绝壁下面汹涌澎湃的激流之中。那些纤夫们攀伏在江岸窄窄的岩石边沿，原本的路径已经被洪水淹没，他们只能拼尽全力向前拉。人们的心都提到了嗓子眼儿，没过多久，纤绳猛然间啪的一声断了，小船不由自主地荡到了江心，随着水流开始不停地打转儿。相对于这条大江而言，这只船无论其造构还是比例，都显得不堪一击。船顺着水流风驰电掣地漂了很长的距离才终于靠到了岸边，找了一个能系船的地方。船老大早已吓得面无人色，而游客们也都气急败坏。于是你便看到了这样一幕：船老大跪在地上苦苦地哀求这位外国大老爷实在是不能再走了，只有等到水位降下来；而那个外国人，挥舞着拳头，喋喋不休地骂着脏话，要求马上开船出发，否则"他会发疯的"，为了加强语气，他还会并无恶意地捶打船老大一两下。这种情况又持续了三天，虽然有一些变化，但旅客们最终还是决定前往上海，留下船夫、中间人以及其他相关人等去瓜分各自的收益。

在写这篇文章的时候（1892 年春天），可容纳 3 到 5 人的普通四舱轮船，其运费在 150 至 165 两白银，三舱船的运费是 110 到 120 两。这笔钱包括了船费、酒钱、纤夫的工钱等，到水流湍急处，还需付额外费用再雇纤夫。当你要雇佣一支 30 名水手的船队另外再加一艘小船和 6 名船员随航，开始长达一个月之久的航行时，这样低廉价格真是让人意想不到。曾几何时，外国人甚至可以开出比这还便宜 20% 的价格。

这条河流显然变得更加繁忙了。你会看到一些熟悉的，比如太古、肯金斯以及其他洋行的旗帜，在体形庞大却操控自如的中国帆船桅杆上飘扬。这些船只在人们期盼已久的"火轮船"投入使用以前，不得不充当着水上运输的主力。除非火车能够像蒸汽轮船一样被人们所广泛地使用，而那也是一些心怀梦想的中国人所希望的。

"距离险滩还有多远呢？"这是一个被人们反复问及的问题。因而，想要针对险滩说一些与别人已经说过或写过的不一样的话显然并非易事。有的人坚称这里有 10 英尺高的垂直落差，还有人断言这样的说法纯粹是子虚乌有。实际的情形是一年当中河流的面貌经常会发生变化，某个季节看到的景象，在另一个季节可能完全不一样了。事实上，每年这个时候，河床里都会险滩密布，各种船只都难以航行，其中最为著名的有青滩、泄滩和崆岭滩。为了应对这些险滩和可能突发的险情，我们拉纤的人数从50人增加到了60人，同时纤绳也加成了两根。这些急流险滩给长江上游日益繁忙的交通运输带来了巨大的问题。例如在青滩，可能有不少于100艘大大小小的船只在等着被拖曳到上游去。一般来说，每艘船只都需要在这里停留，如果以每艘船上30个左右的船员来估算，那么就会有大约3000人不得不无所事事地在此等待好几天。更不必说货物在运输途中的耽搁，以及船只拥挤在青滩下游相互碰撞、刮擦而导致的损失了。船只在许多险滩都需要向上拖曳，无论时间长短，延误是必然的。现在这里亟须一个统一的筹划并严格落实，从而使船只能够更快地到达目的地。我们相信，由一个精力充沛、善于管理的人来负责这件事情，会极大地促进这里航运的发展，并消除路途中的各种障碍。

进入四川省界以后，人们可以看到一条新修的马路，它比江面高出许多，据说其平均宽度达到了6英尺，铺着坚硬的石头；当水路无法通行时，这条陆路就成为极为重要的交通要塞。这是一项艰巨的工程！有些地方整条道路都是在坚硬的岩石上爆破开凿，悬空的崖壁在道路的上方形成了一个穹顶。沟壑之处不得不架设桥梁建造台阶，以及克服各种各样的困难，总之为此付出了巨大的成本。不过，它实际的利用价值却因为没有全部修建完毕而大打折扣。四川省政府已经修筑了隶属于本省的路段，不仅铺设得非常平整，还建造了一些驿站，一直通到与湖北省交界的地方，但湖北省政府似乎什么也没做。因此，对于两省的相互沟通而言，这仍然是一个失败的例子。

两地的人们对我们的态度倒是没有什么不同，总的来说都挺友好。一路上不断地有人给我们讲述关于"宝藏"的古老传说。有个人曾经郑重其事地告诉我们，几个外国人曾经出价 300 两银子，想要在山里边寻找一个山洞，据说洞里边塞满了金银财宝，只有外国人才能得到，但最终他们还是徒劳而返。明天我们希望能够到达夔州府，那里是长江上收取厘金的重要关卡，一般来说船只在那儿都会耽搁。我们想观察一下他们如何对待载着外国人的船只，这可能是一件很有趣的事情。据人们传言，货船发生延误这种事情可不仅仅是令人生厌那么简单。

进入夔州府地界，那些西行的游客渐渐远离了长江三峡，四处是宽阔的乡野。这条大江一路向东冲出狭窄的河谷，气势磅礴，令人难忘。遮天蔽日的幽暗有助于增强开阔的视觉效果，然而一般来说，过于短促的三峡无法淋漓尽致地显现它的壮美：当一个人刚刚在心底里升腾起惊奇和庄严的感觉，并准备进一步沉醉其中时，突然一个转弯，前面便打开了一个新的、更加广阔的画面，适才惊险瑰丽的感觉瞬时被打破了。这是一种特殊的体验，清风拂面，船可以自由航行无须纤夫费力。各种奇妙的感觉实在是太短暂了，以致无法让三峡给人留下深刻的整体印象。

离开山风鼓荡的峡谷之后，最显眼的是在离城大约一英里的沙滩上有一座座蒸气和烟雾弥漫的席棚，那里是开采卤水煮盐的地方。当江水水位升高的时候，这些地方都会被淹没，由于中国人没有什么办法能阻拦卤水不流入外边的淡水，所以一年当中所获的食盐有相当一部分就这样被冲走了。厘金关卡的官吏对待我们颇为礼貌，一点都没有耽误我们的行程。在这一点上，他们的所作所为与过去已经有了很大的不同。我们在此稍做停留后，换乘了另一艘小船，辞退了一些闲杂人等，很快又上路了。顺便说一下，此番通关如此顺利，据说是因为前段时间，负责厘金收缴的官员收到了一封措辞严厉的信件，指出这里存在故意拖延货运船只的问题，因此情况才有所改善。在夔州府和云阳县之间，枯水期的时候会有一些非常危险的险滩，但令人称奇的是，一旦进入丰水期那里会好走一些。现在，人们开始关注起四川的气候特征了。雾蒙蒙的阴天里，人们几乎看不到太阳，山坡上到处都飘荡着云雾，仿佛要出其不意地将雨洒落在已经灌满了水的田地上。作为大自然的馈赠，每一种生长的植物——从山坡上摇曳的竹子到覆盖在田野上如同地毯一般的蔬菜——都闪耀着绿油油的光芒。积雪覆盖在高高的山顶上，但雪花却无法下落到山谷或者河流当中，显然，当它们下落到半空中的时候已经化成了雨水。

在这一段江水的两岸，你能看到一些低矮的稻草窝棚以及淘金者的粗陋设备。不用问，干这个行当的人都很穷，只能靠从沙子和砾石中寻找贵金属来勉强维持生计。长江岸边到处都是砾石，淘金的工具就是一个搁在岩石上过滤砾石的筛子，那些含有黄金的沙砾留在了筛子底部的细布里。工人再将这些细沙收集到一起，用水银进行加工提纯，金子就从中分离出来了。在那些只有沙子的地方，工人们用一个木制的托盘进行淘洗，然后采取同样的方法从托盘底部留下的黑色细沙中收集金子。淘金的工人告诉我们，每份儿黄金可以卖得 200 钱，一个人一天大约能挣到 200 到 300 钱。

从万县到重庆通常要走 12 到 15 天，其间并没有什么吸引人的地方。农民一直将田地开垦到了岸边。只要水位下降留出一小块沙地，农民就带着锄头或者耕犁，把那块不再泥泞的土地平整出来，种上小麦、豌豆或者芜菁的种子。

我们终于有惊无险地来到了重庆，两条江水在朝天门外汇合，船停靠的岸边人声鼎沸。如果能看到重庆的真容，它极可能是一座美丽的城市，但一年四季的云雾笼罩，让游客很难看到它的宏伟气象。当你进入城市，看到的就是永远没有尽头的台阶，只要试图走路，身上就会被溅到令人讨厌的泥水。即便乘坐滑竿，也无法带来应有的舒适感。在下行的时候，你会看到身下那一长串泥泞的、滑溜溜的石阶，因此，得小心翼翼地抓紧滑竿扶手，万一轿夫失足将你抛进一个可怕的泥坑里，将会是一个让围观者都捧腹大笑的场面。而在上行时，你不断地提心吊胆，还得采取措施，以防止从摇摇欲坠的椅背上摔下来，而轿夫摇来摆去的动作也让人有一种晕船时的感觉，即使满地泥泞你也会愿意站在地上。

重庆毫无疑问是一座繁华的城市，到处都充满了欣欣向荣的迹象。主干道两旁林立着一座座大型商号，商品琳琅满目品种齐全，从熙熙攘攘的人群可以看出这里买卖兴隆，贸易规模庞大。近年来，这里的外国社区有所增加，但是由于它们分散在城市的不同地区（有些甚至中间隔着一条大河），因此，如果一个人没有充足的时间，想要走亲访友就成了一件困难的事情。这座城市也是交通的咽喉要冲，往西、往南以及往北一些地方的旅客都在此集聚。继续西行的游客要在这里换乘船只，甚至于需要加以调整才能适应船上的生活。

从重庆继续向上游进发，江流并不太深，到处可以见到人们在田间耕作，泥沙或砾石组成的长长河滩成为一道令人难忘的风景。在江两岸的山坡上可以看到大片的橘园，无须多费银两就可以买到非常好的水果。到处都堆放着黑色的煤炭和白色的石灰，种种迹象表明这儿的乡村富裕且生机勃勃。这里的人彬彬有礼，漂亮的房子刷得雪白，掩映在一丛丛的绿竹当中，加之那些歌颂高尚道德的诗歌作品，这一切都无时无刻不吸引着好奇心切的旅行者。他们目不转睛地盯着这里的每一处美景，以便能够更深入地了解这个陌生的地方。

泸州是一座不大不小的城市，距离重庆大约 10 天的路程。这里有西部主要的电报基站，这个政府服务部门的职员都是非常能干而谦恭的绅士，与他们打交道是一件令人愉快的事情。在这里我们转入了长江的一条支流，开启了一段轻松愉快的旅程，目的地是颇负盛名，四川人引以为傲的盐井。我们一直乘船到了富顺县，然后再步行或者乘坐滑竿前往自流井，官道的路况很好，旁边就是一条绿色的小溪，据说水是咸的，有浓浓的盐味。

在第二天下午，我们来到一个杂乱无章的大镇子（或者说是一排溜的小村子），它坐落在一条小河的两岸，一直延伸到附近的山谷之中。眼前的这一切构成最令人震撼的场景，或许是西部地区最不中国化的一个场景。这条河的两岸整齐地排列着拉盐的船只，山坡上盖满了房屋，密密麻麻的烟囱里喷出一股股的浓烟。建筑物之间是从井里吊起卤水的一个个井架。盐井的主人显然是个热心肠，积极地带着游客们参观他引以为傲的生产设施和当地名胜。这里的盐井几乎随处可见，大都分布在河流两岸，而小镇的布局也就自然而然地随着河流的走向铺呈开来；因此，人们看到的各式建筑就显得异常杂乱，它们唯一的相似之处就是那些井架，其他设施都环绕在井架的周围。

我们走进一个看起来十分有趣的院落，彬彬有礼的主人带我们参观拴在院子两边露天大棚里的水牛，它们毛色油光，一个个吃得圆滚滚的。它们所受到的照顾，可能比有些地方代替水牛劳作的苦力还要好很多。此外，我们看到的就是一个笨重而简陋的井架了，它有 30 到 40 英尺高，顶部安装着一个粗笨的铁轮，一根生牛皮做成的绳子绕在上边，一头拴着一根放入到盐井里的竹竿桶，另一头则系在一个用于提升和放下竹竿桶的巨大绞盘上。井口不大，其直径有 5 至 7 英寸，按照业主的描述，井深达到了 2000 至 3000 英尺。只需要放松绞盘，井里的竹竿桶就落了下去，随着重力加速度，绞盘也转动得越来越快，直到把绳子全部放完。当竹竿桶里灌满了盐水，一个自动阀门便阻止了盐水外流，此时就可以把竹竿桶吊上来了。有的地方，人们把一只只水牛套在绞盘的外侧，慢慢地拉着绞盘转动，拉竹竿桶的绳子也就一圈一圈地绕在绞盘上。这些水牛走得实在是太慢了，看着都让人心急上火。还有一些地方，则有三四十个大人和孩子用绳套拉动绞盘，代替水牛做着同样的工作。最后，当绳子被绕到尽头，那根竹竿桶就悬在了井架的顶端。当堵头上的阀门被打开时，盐水就经过一个专门建造的输送管道，一直流到蒸发水分的棚子里，而这个棚子通常跟盐井之间有很长一段的距离。在盐水蒸发的过程中，当地的人们利用了周边丰富的天然气资源，因此他们比西边大约 150 英里的嘉定产盐区更有优势。嘉定盐区需要使用烟煤，无疑成本更高，还造成了污染。天然气从采气井输送到盐水蒸发的作坊是通过竹筒来完成的，竹筒连接的地方用稻草来密封和固定，防止运输过程中泄漏；不过毫无疑问，如此简陋的方式肯定会产生巨大的浪费。在盐水蒸发的棚子里，人们可以看到一排排平行的浅底大铁锅安置在巨型天然气炉火喷头上。盐水从一个摆放在合适位置的水箱里源源不断地流入这些浅底盐锅中，整个加工流程并不完善，存在着严重的跑冒滴漏现象。从种种迹象来看，也没有什么好办法能检测并且增加天然气的供应，所以你会看到一排排的天燃气炉子，在白天的时候被熄灭，而在夜晚的时候才开始燃烧。这里的作坊主们都想听听西方是怎么完成这些工作的，希望身边能有个得力的帮手给自己提供更好的方法。不过，说上半天也没有什么用处，他们最终的态度估计就是叶公好龙，听听而已。

当地钻井的工艺以一种引人注目的方式进行，一方面展示了中国人在面对发展困境时超强的毅力，另一方面也暴露了他们耗费体力的笨拙做法。当一个地方被选中作为盐井的基址，梦想中的计划便开始着手进行了。一个沉重的木头间架结构的房子被竖立了起来，一根粗大的横梁以杠杆的形式悬吊在木屋的一侧；其较长一端位于木屋里边，而较短一端异常沉重，处于室外，下面与钻头的设备相连。当这一切准备就绪，五六个人就在木屋里开始工作，他们同时站在横梁较长的一端，这边就在众人巨大的重力作用下降落下来。当下降到极点时，工人们敏捷地跳下来，于是这边就翘了起来，而加重的一端就以巨大的力量撞击打井的钻头。就这样日复一日，年复一年，打好这样一口井不仅耗时，还需要花费一笔巨款。

自流井并不缺乏能源，只是浪费过于惊人；不过，采盐这个行业的回报还是相当丰厚的；有些人因此而富裕起来，以致皇帝也会偶尔向一些有钱的财主们"借钱"，然而，绝大多数的穷人依然不得不在盐井边讨生活。

有件事情值得一提，我们欣喜地发现，在许多地方都有为贫苦老人服务的养老院。有人还亲自考察了收容着几十个穷人的养老院。那里环境舒适，每个人都将在自己居住的小房间里度过余生。还有专门为无家可归的孩子办的孤儿院，不过据我观察，有些并非孤苦无依的孩子也能享受到它的庇护。

四川向游客们展现了许多令人愉悦的特色，尤其是那些勤劳而彬彬有礼的人，然而无论他们多么热切地想要看看这些"洋人"，但却很少有人会肆意地招惹他们。

在今天的泸州城下游大约 120 里的地方，有一个日渐衰败的地方，人们称之为老泸州。当地人说，在明朝的时候这个城市的特权因为一桩命案被褫夺了。在中国人看来，罪犯的恶行简直令人发指，因此发生这桩案件的地方也应该受到相应惩罚。事情具体发生在哪一年已经不清楚了，一个小伙子（具体多大年龄也不清楚，当地人称之为"娃娃"）打死了他的祖母。为了维护这个城市的声誉，有人辩护说这个男孩是个精神病患者。为检验一下这个说法是否属实，当地的行政长官把这个男孩提审到自己的大堂之上，然后在犯人面前放了一碗米饭让他吃，犯人照做了。官员看他吃完，下令将他处决了。这位官员的理由是："如果犯人用筷子圆的这头吃饭，说明他神志清醒；如果没有采用常人的习惯，用方的那头，那就无疑说明他已经精神错乱了。"不幸的是那个男孩恰恰是用正常使用筷子的方式吃下了米饭。按照官员的逻辑，男孩最终身首异处，而老泸州城自然也失去了它的特权。放下这个故事不谈，只要认真比较一下新旧两座城市的自然条件，人们不难发现，如此断案不过是为了把泸州这座城市迁到当前所在地的一个借口。因为新的泸州城控制着通往盐井的水道，而且有一年四季都能停靠船只的优质码头。无独有偶，最近在长江上游的一座城市也发生了一个类似的故事。1890 年，叙州府南溪县一个逆子杀死了他的父亲。因为有前车之鉴，所以地方上的官吏和城里的市民立刻变得紧张起来，马上开始进行募捐，很快就凑了一大笔钱。接下来地方官就带上金银跑到省会上下打点，成功地贿赂了总督。总督没有向北京报告这起谋杀案，这样，地方官保住了乌纱帽，而城市也保住了它的名誉。

叙州府位于岷江与长江的交汇处。这是一个热闹的城市，民众对外国人也特别友好。从这里向西南是通往云南的公路，向北则通往成都、嘉定和著名的峨眉山。在叙州府的正西，行走大约两天的路程，过了前往云南的岔路口就到了"蛮子"控制的地域。"蛮子"是汉人对于山地部落的一种称谓，他们占据了川西的大片土地，并且还保持着颇有争议的独立性，这无疑损害了中央王朝的统治地位。为此，朝廷曾不断地试图征服这些尚未开化的野蛮人，但实质上他们从未被真正地征服过。

汉人们声称，他们讨厌这些居住在山里、远离汉人聚居城市的弃民。他们在提到那些尚未开化的蒙昧人群时总是说"蛮子们没有教养"，但是也从来没有采取过什么措施把中国人所固有的教义信条教给他们。

在泸州上游，习惯于长江下游生活的旅行者们很快发现了两地许多细微的差别。这里每隔一小段距离，就可以看到一根小石柱，雕刻粗糙的柱头上面刻着神秘的符号"阿弥陀佛"。它们是四川这一地区的鲜明特色，我们这些进入神秘西部的借宿者可以从中得知当地民众的佛教信仰及其广泛的影响力。在这里我们还会观察到，在水急浪高的河岸上往往建有许多新的寺庙或者神殿，那是为庇护往来的商旅而兴建的。一个僧人站在水岸边，手里拿着一根长长的杆子，前边绑着一个小兜，船夫们会将现金放在里边，以报答神灵的庇佑及僧侣对神灵的守护。不过在我们看来，一种更为明智的做法是在江心竖起旗杆，向那些顺流而下的船只指明危险岩石的位置。在这个季节里，都江下游有很长一段十分凶险的急流暗滩；一支大木筏子在漂流途中遇到了暗礁，撞得粉身碎骨。在下游有一片宽阔的河面，一排小船停泊在那里，这些船主们靠打捞失事船只上的东西而挣了不少钱。但站在岸上的那个不幸的船主，正在让人们看他那空空的钱袋子，哭诉着自己遭受的巨大损失。对于这个可怜的人来说，这简直就是灭顶之灾。还有两艘船的残骸搁浅在附近的岸边，难过的船主坐在岸上，周围堆放着一些他们从沉船上打捞上来的杂物。如果沿着这条河走下去，你还会遇到许多起这样的悲剧。我们看到一艘满载着棉布的大船被风吹翻了，桅杆插在河里，没被水冲走的货物在一个小河湾里打着转。

离开了叙州府，我们沿着都江向北穿过令人心旷神怡的乡村，沿途常常会遇到一支支由小木船和竹筏子组成的船队。这些竹筏子专门在通往雅州的青衣江里航行。雅州是一个地级市，距离嘉定府西北大约 100 英里。筏子吃水很浅，它们不过是用几条青竹篾将十几根长竹子牢牢地捆扎在一起，在筏子中间有一个几英寸高的平台，货物就堆放在上面。它们主要往江的上游运送酒和棉布，往下游运送木材、中草药等。

都江这一段有一个显著的特征，那就是在高高的悬崖峭壁上有许多人工开凿的蛮子洞。它们大部分是方形的，远远望去就像是某个皇家陵墓的入口。深入勘察就会发现，那里有一个主入口，然后分出了许多的支岔，有些支岔甬道还很长。尽管这些砂岩的质地并不十分坚硬，还算比较容易施工，但想必当年建造这些洞穴也一定是一项艰巨的工程。由此看来，当地人并非像外人称谓的那样是"野蛮人"，而是相当聪明的一群人。

通往嘉定的道路真是美不胜收。乡村看起来虽然落后但却风景如画，嘉定城位于大渡河、青衣江和岷江交汇的地方，占据了最为有利的地理位置。嘉定城下游大约 10 英里处有一个生机勃勃的地方，这里卤水的开采工艺和自流井相仿，只是规模要小很多。因为当地只能使用烟煤来蒸发卤水中的水分，所以，四周围的山上就笼罩了一层青色的烟幕。这里的人不像通常遇到的川西民众那样好打交道，但是也并不敌视我们这些外国人。

　　在嘉定城的最低处，可以看到对面高耸入云的悬崖峭壁上，有一尊依山开凿出来的巨型佛陀雕像。佛像临江危坐，据说高达300英尺。每当江水上涨的时候，距离大佛最近的观赏点大约也有1英里远，中间还隔着汹涌咆哮的江水，隐藏在杂草和灌木丛中的佛像变得难以辨认了。人们传言开凿这尊佛像就是为了镇住面前这条岷江的水患，呜呼！他到底能不能够做到呢？

　　沿着城墙外边的岷江河岸一路走下去，有一条修建平坦，干净整洁的街道，这里是让嘉定城闻名遐迩的丝绸生产中心。你会看到穿着讲究，处世圆滑的商人立在他们自己的商铺里，里边还陈列着各种颜色、图案和不同价格的丝绸制品。嘉定是一座值得慢慢品味的城市。从这里我们取道游览了著名的神山——峨眉山，后来又去了打箭炉，那里是中国内陆和西藏之间的一个口岸。从嘉定到峨眉山真一趟浪漫的旅程，是对一路颠簸和辛苦攀爬最好的回报。

　　天朗气清的时候，从嘉定的城墙上向西望，便可以看到一幅引人入胜的画卷。在近处雅江和岷江汇合在一起，流经一片肥沃的、风景如画的平原，上面装点着一丛一丛的翠竹和浓荫密布的大树；而远处则是一大片山峦从平原上陡然升起，每一座山都映衬在蔚蓝色的天空之下。在眼前这些丘陵的后面，神圣的峨眉山那清晰的轮廓浮现在波涛汹涌的云海之上；在它左边，还有两座山峰吸引了人们的注意，它们被称为"二峨山"和"三峨山"。

　　这里的轿子、滑竿很多，尽管嘉定的苦力脾气急，嘴巴快，而且常常在你最着急的时候却张口向你要更多的劳务费，令人大为恼火，但他们工作高效，有了他们的相助，即使是夏天前往峨眉山展开朝圣之旅，也可以变得轻松愉快。

　　作为一个旅行者从新修缮的城门里出来，我发现自己行进在一条保养得相当不错的官道上，路上行人如织。如果一个人充满好奇心，就会觉得这里有很多东西吸引着自己去尝试，特别是路边小摊上令人垂涎三尺的美食，那些食物诱人的外表足以唤醒人们旺盛的食欲，不过真正合乎自己胃口的却少之又少。再走上几英里，你就来到了青衣江的岸边，浅浅的河水潺潺地汇入了下边那条更宽的河流。许多的桌椅板凳、苦力，还有赶集之后的各色人等，诸如衙门里的捕快、差役，都等待着要到青衣江和岷江的对岸去，而用竹篙和木桨摆渡的速度真是足以让人抓狂。

离开嘉定城 30 里，我们来到了热闹的苏稽小镇。这里的环境非常舒适，如果让一个比中国人更有想象力的人来管理，我想它会变得更加具有吸引力。事实上，大自然慷慨地赋予这里丰富的山川河流、百草树木、昆虫飞鸟，但镇上的人们除了一味地索取与破坏之外，对未来却并没有什么建树。破败肮脏、摇摇欲坠的房子、污秽不堪的街道，还有随处可见的"穷秀才"、乞丐以及大摇大摆的猪和鸡群。一个人会不断地被这里的污浊所困扰，丝毫无法享受新鲜的空气，这种气息是外来人完全无法忍受的。强壮的欧洲民族甚至会认为这样的环境是致命的。也许因为当地人是土生土长，从小就习惯了，否则，我们无法想象他们是如何在此繁衍生息的！

宽阔的小溪上横跨着一座精美的石桥，一直通向对岸美丽的村庄和田野，它是用大块的石板建造而成的，桥墩也使用了同样质地的石材。

大约再走 50 里路，我们就到达了峨眉山。这条道路穿过一片肥沃的平原，我们已经习惯于把它和与农村相关的美丽富饶联系在一起。这里的人们举止得体、待人彬彬有礼，他们早已见惯了各式各样的游客，因而见到外国人也并不多加留意。路边有一个无人问津的地方给我留下了深刻印象，一条清澈的小溪缓缓流淌，两岸柳枝低垂，绿草如茵，让人不禁想起了遥远的英格兰诺福克郡的夏日景色。厚厚的白云遮挡住了太阳，整个世界仿佛都睡着了，只有鱼儿时不时地跃出溪流平静的水面，给这梦境般静谧的景色平添了一份生命的跃动。在到处种植着水稻的田野里，如此美景真是鲜见，以致一不小心就可能错过了。

峨眉县城是一个狭长而杂乱的镇子，有许多的天主教徒，他们在这一地区的数量确实非比寻常。这里的店铺里几乎没有什么外国的商品出售，最引人注目的还是香、香袋、峨眉山的地图以及登山朝圣者使用的其他小玩意儿。我们住的旅馆实在是太过逼仄拥挤了，时不时地还会看到各种活蹦乱跳的昆虫。夜晚闷热难耐，只有清晨才最为舒适让人欢喜。当浓重的露水挂在稻穗上，太阳还没有从峨眉山顶升起之前，我们就在熹微的晨光中出发了。芸芸众生当中，有人把生命交给了这遥远仙境里他们所礼拜的神灵，认定他们当中肯定会有一个能救苦救难，慈航普度这世间的可怜生灵。不过，期望每一个三宝弟子都能把自己的全部身心投入到慈悲和仁爱的实践中去或许是一种奢望。是的，他们或许会在清晨的薄雾中起床，撞响庙里的大钟，然后在贴金彩绘的佛像前敬上点燃的香火。他们又或是会长途跋涉到遥远的圣地去朝拜，乞食化斋的时候就如同路边令人厌烦的乞丐。他们抑或可以利用闲暇时间和自己的专长，在逝者的房中反反复复地吟唱不明所以的超度祷文。只要"思虑计划"周全，他们甚至也会抽出时间来，找个地方打牌，或许去做离经叛道的事情。少有人曾经见过僧人伸出他那布道的双手触碰患者的床榻，或者听到他安慰弥留之际的逝者——佛陀正在西天极乐世界恭迎他的到来。或许我们眼前所见的一切，也暗含着众生皆苦的慈悲意味。

昨天，当我们在稻田埂上绕来绕去的时候，峨眉的群山仿佛就近在咫尺。今天原本看到它与那片美丽的白蜡树林紧挨着，但真正走近它，距离心目中那个"更自由的蓝天与空气"的圣地一点也不近。人们不断抱怨着"怎么还没有到山跟前？""离峨眉山到底还有多远？"面对这些提问，抬滑竿的苦力总是向前噘噘嘴唇、翘翘下巴，将人们的目光引向前方，以此作为回答。这条路仿佛没有尽头，如果一个人能够辨别出哪条路是通向山上的，他肯定会为这条路的千回百转而感到痛苦。

终于，我们开始向上攀登了。当到达了山下丘陵的一处坡顶时，突然看到前行道路即将穿过一个山谷，山谷里到处长满了低矮的白蜡树。白蜡作为这里最典型的植物本来并不稀奇，但它们在这个可爱的山谷里长得格外茂盛引人注目。它们的蜡，大部分在这个季节到来之前就已经被收集完毕了，仅剩下的一些，也足以让我们见微知著地想象它那独特而令人震撼的场面。白蜡树的树枝看上去就像花楸一样，只不过它们的树干都被砍短了，在砍斫的截面那儿又生出了许多新的枝芽，就像是戴了一顶绿色的皇冠。枝条上覆盖着一层厚厚的白霜，在耀眼的阳光下闪闪发亮。这种物质就是当地特产的白蜡，它在中国广为人知并被加以使用。

从这个地方开始，山道就一路攀升，每到达一处高点就可以看到一幅更清晰的美景，显现出更宏伟的高度。我们很快就把一片片的稻田甩在了脑后；现在随处可见的是玉米，它那高高的茎秆排列在道路两旁，遮挡住了人们的视线。途中我们要经过一条清澈的山涧小溪，它的上面架着一座纤细的悬索桥，走上去摇摆得十分厉害，让人迫不及待地想踏上对岸坚实的土地。

我们终于走完了第一阶段的旅程，抵达了海拔近 4000 英尺的万年寺。在这座虽略显突兀但位置极佳的山峰上，寺院连同毗连的庙宇和四周附属的许多建筑，几乎占据了的整个山顶。山上到处是亚热带的植物，枝繁叶茂，四周环境极具自然美。这些寺庙建筑本身会让那些久闻峨眉胜境的游客多少有些心生遗憾，因为他们总是期盼能够看到一些超乎寻常的，能够彰显"亚洲文明之光"的极精细、极瑰丽的泥塑与彩画。在这里不妨说，虽然在没有什么鉴别力的中国民众眼中，峨眉山可能是神圣的，但它真正的迷人之处恰恰在于其自然美。

在关于四川省的一部最新文学作品里，有一段关于峨眉山的详尽描写，提到了一头神圣的青铜大象，它被安置在一座构造精美的砖石建筑当中，它的头从其躯体所在的一间不太宽敞的房子里伸了出来。我们怀着极大的热忱开始到处寻找文中提到的这头四足神兽，当然，我们希望能够发现一些作家和艺术家都未曾强调的有趣东西。我们真的努力了，却并没有发现什么。在一番匆忙的搜寻之后，我们找到了大象，与设想不同，它并非矗立在户外，高贵的头颅在明媚的阳光下让我们一览无余。相反，我们在几个年轻僧人的热情帮助之下，借助许多的蜡烛，才看到高大粗壮的石头栏杆围着高贵的神兽，它被保护在黑暗之中。因此，人们对这一稀世珍宝不可能有完整的认识。不得不说，这非常令人失望，因为我们已经为这个神兽做了种种美好的假设。还有一些锲而不舍的朝圣者围拢在这个地方，借助于长长的"手臂"，可以费力地触摸到大象的青铜身体，在那儿，虔诚的信徒把一些普通的铜钱磨得发亮，并坚信它们拥有了超凡的魔力。庙里的许多神像都是新塑的，有些看起来还相当漂亮，不过除此之外，各处就没有什么可看的东西了。有一尊神像显然有伤风化，于是有人找来了一块红布搭在上面，然而此番好意却被附近一个顽皮的孩子彻底地挫败了。他显然得意于自己的行为，让这样一尊不雅的物品吸引了所有人的目光。在另一幢建筑里，有人告诉我们佛祖的牙舍利正在展出，邀请我们去参观。这枚珍贵的佛牙舍利安放在旁边的贡桌上，盖着一块脏兮兮的黄布。和尚向我们喋喋不休地讲述着这件珍贵遗物，以便引起大家对它的兴趣（这其实是多余的，因为我们已经做好了会大吃了一惊的思想准备）。他终于揭去了盖在宝物上的布子，天哪！这就是佛牙舍利！它真的是一颗牙齿！有着不可思议的比例，被一代代好奇的朝圣者深情抚摸得光滑明亮。总而言之，万年寺的僧人是和蔼可亲的，为了让客人们感到舒适而尽心费力。

从万年寺到峨眉山风景秀丽的山巅——"金顶"，尽管对于第一次尝试的那些可怜行人来说有一点困难，但却是一次有趣而愉快的行程。有时，这条路会陡然抬升，我们不得不走几步就停下来喘息片刻；有时，它又会突然下行，让人总担心自己走错了，跑了冤枉路。沿途每隔五六里就会遇到一座寺庙，可以为旅客提供歇脚的地方，如果旅客需要过夜的话，也可以提供相当不错的客堂。在随后的旅程当中，我们渐次地观察到植物群落的变化，那些在低海拔地区生长的丰富植被随着海拔上升很快就减少了。震耳欲聋的蝉鸣可以说是那片草木茂盛的地方最令人不快的记忆了，可离开万年寺不到 20 里就基本上听不到蝉鸣的声音了。鸟类也不多见了，蝴蝶和各种各样的昆虫更是变得越来越少。

在洗象池，有一棵枝繁叶茂的大树，几乎像是一片森林；在那儿，你会看到一个脏兮兮的小池塘，据说那是把声名显赫的普贤菩萨驮到峨眉山的大象洗过澡的地方，故而得名。一条拾级而上的道路到了这儿变得好走了，在不久前，一些虔诚的佛教徒花了很大的开销刚刚铺好了这条路（几英里都是石头台阶），对此，即便是那些与他们信仰不同的人也应表示感谢。沿途有些地方，无论你是向上、向下还是向四周看，都是壮丽的景色。顺着路边树木的缺口望下去，你会看到在蜿蜒的山谷中无与伦比的层层美景。令人眩晕的高度让欣赏者变得小心翼翼，生怕坠落下去。而在人的左右及上方，则有一种无声的庄严与威仪，可以感觉到，但却无法用言语形容。

当我们跨过顶峰的门槛爬上金顶的平台时，展现在眼前的瑰丽景象，远非自己贫乏的语言所能形容和描绘。太阳渐渐西沉，如一颗赤金色的明珠镶嵌在汹涌浩瀚的云海之中。云海沐浴着温暖的阳光，仿佛已经调和了太阳刺眼的光芒，充当了一轮红日气势磅礴的艺术背景，折射的光线映红了头顶上无边无际的蓝天，也映红了云朵下面逶迤的群山。那些西藏东部地区的皑皑雪山，看起来离我们并不遥远。它们的形状和色彩真是美轮美奂，闪闪发光的山脊被一片黑黝黝的裸露山体衬托得分外鲜明，后来，我们再也没有见到过如此壮美的景象了。此时此刻，你必须成为一位审美大师，否则，怎么能够对得起"金顶的美丽"！

那些谷仓一样的寺庙建筑不足称道，它们唯一的价值就是为游客提供住宿，其他方面只能说是在大自然引以为傲的画卷上留下的败笔。环视一圈，这里有山谷、森林、彩云、悬崖、远方隐约可见的万年积雪，还有峨眉山的"佛光"。那天我们所看到的"佛光"并非完美，不过我想人们描述的大体也就是这样吧。著名的舍身崖面朝东方，通常情况下，从崖上向下望去，整个山谷被一团团厚厚的白云塞得满满的。如果这样的情形发生在下午，灿烂的阳光将山的阴影轮廓投射在云层的表面。而在阴影和白云交界的地方，人们常常会看到一个五彩的光环，就如同是中世纪图画中圣人头上的光轮（有人无礼地将它称作汤盘）。这是佛陀的圣光，它对于提升那些敏感朝圣者的想象产生了惊人的影响，以致一些冲动的灵魂会跳下悬崖坠入那片"圣光"。为了阻止这类事件的发生，僧侣们在悬崖的边上拉了一根布满尖刺的铁链，但是"哪里有意愿，哪里就会有办法"，对于那些受蒙蔽的可怜受害者而言，这仍然是通往"幸福"最直接的通道。

在特定的时节，你会遇到不计其数远道而来的朝圣者。那些上了岁数裹着小脚的妇女，步履蹒跚地在这些折磨人的台阶上艰难地跋涉；有些法会可能是由当地寺庙里"穿着袈裟的大和尚"在亲自布道。这里我们要专门提一下住在峨眉山上最偏远寺庙里的那个年轻和尚，否则这篇描述胜境的文章就不够完美。山上的许多僧侣虽声称早已放下，但似乎都渴望得到金钱。这个只有26岁的年轻和尚，却给人留下了与众不同的印象。他一个人独自生活，并且立志成佛、笃定修行。他过去游历颇广，并且知悉北京、上海、杭州等都市，为了确定的人生目标，他在这里几乎禁锢了自己的青春。他和他的众神灵——他称之为"看不见的榜样"一起生活在这个小庙里，远离人世间悲伤和痛苦的名利场。尽管许多人钦佩他现在追求精进的状态，但又有谁不希望看到，他也不过是芸芸众生中的一员，承受着世间压在许多人身上的那份属于自己的重担呢？

圣地频繁发生两类事件让人们知道，老虎和火灾乃是峨眉山上最可怕的两种灾难。在去年年初的时候，一场大火烧毁了金顶，十座寺庙就烧毁了八座，除了和尚安然无恙之外，神像、家具以及其他的东西几乎都被烧得荡然无存。面对众人奚落火神既救不了自己也救不了他人时，僧人如此回应道："隔段时间就打扫一下你住的房子，这是一种习俗，不是吗？今年就恰逢其时，于是火神就又来了。"这样一说，那些质疑的人变得哑口无言，而和尚们也不免扬扬得意了。

嘉定城是通往打箭炉商路的起点，很少有人知道这里是四川西部的一个商业重镇。从嘉定到雅州，大约需要四天的行程，道路就一直沿着浅浅的、哗哗流淌的雅江江岸铺设。四周的乡村美丽而富饶，到处都是低矮的山峦，这让我们的旅程变得不再单调，可以随时随地欣赏不停转换的风景。至于群山的背后还有些什么，人们只能是胡猜乱想了，因为四川的空气总是处在一种天然的朦胧雾气状态，所以除了能看清自己周围的景物之外，远处的一切都被有效地遮蔽了。在这个地区，几乎见不到船只，它们被吃水很浅的竹筏所替代。各种货物放在竹筏上面，从下游一路艰难地拖曳到雅州，那里是一个更加偏远的重要商品集散地。同行的中国人一边走一边夸夸其谈地讲述去西藏路上遇到的各种危险故事，再加上对陌生地域自然而生的恐惧，既让人有一丝不祥的预感，又让人有些莫名的兴奋。这些故事的主人公并不局限于中国商旅，还有一些胆大的外国游客，他们希望在这儿的"昆虫王国"里有新的发现，其故事也同样光怪陆离。

从雅州出发的第一天，就要翻越一个崎岖不平的山口，在8月炎炎的烈日之下，人很快就变得疲惫不堪，但随后的事实证明，这只不过是通往更远、海拔更高地区的一个前奏。走了30英里之后，我们就到达了荥经县，这段路显得特别漫长，而头顶的太阳似乎比任何时候都要更加炙热。这座繁华的县城是与西藏进行砖茶贸易的中心。从这个地方往西走，你就会看到源源不断的驮着货物的马帮，还有就是长长的苦力队伍了。他们搬运着茶叶，为了占据整条道路，和驮着货物的牲畜不可避免地发生争抢，除了能够说话，能更好地照顾好自己之外，他们似乎没有什么别的优待了。你会看到他们当中哪个年龄段的都有，父亲背着壮年才能扛动的货物，而他身后的男孩子们则根据体能的状况驮着大小不等的背包，有时我们也会看到母亲在这长长的队伍中艰难地行进。看着眼前的景象，特别是那些年幼的孩子，还有原本柔弱的女人，真是让人心里十分难过。尽管他们背负着如此沉重的负载（有些强壮男人背负的重量相当于 400 磅），但他们的报酬真是少得可怜，吃的东西也很粗糙，那些用玉米面或荞麦面做成的窝头，又大又硬。他们只能勉强维持生计，根本没有能力为将来的年老和疾病做更多的打算。无须费心的计算就能看出，通过这条线路运输货物的成本其实很高，而向南开通一条连接西藏与印度，并通往海上的线路，将使运输变得快捷而高效，那将对中国内地和西藏之间的贸易产生极大的影响。那些派往印度，与英国官员谈判《锡金条约》的中国政治家对这种可能性极为担忧。一位参与条约谈判的重要官员，在康定对一个消息灵通的外国人说：如果英国主张他们在锡金山谷的权利，并且将它与大吉岭用铁路连接起来，那将对中国内地与藏南地区的贸易造成致命的打击。如果真的修建了这样一条铁路，那么经由陆路到日光城拉萨只需几天的时间，而且沿途除了一处例外，基本没有什么天然的障碍；加之印度有丰富的茶叶，而西藏有羊毛、兽皮、油脂等可以与之进行互市交换。可从中国内地这边则要花几个月的时间才能到达那里，翻越的高山关隘举不胜举，再加上糟糕的路况，根本无法保障安全。

我们的队伍继续向西行进，海拔越来越高，行走越来越难，尽管还是 8 月份，我们把全部的衣服都套在了身上，但还是冻得直打哆嗦。黄昏时分，在一些山口休息的时候，我们会挤坐在那些脾气温和的苦力们中间，围着冒烟的柴火，听他们讲些"短小而简单的故事"以消磨日落后的时光。然后，他们会在地上铺一张稻草的垫子，"上床睡觉"，好好休息。到这里的所有行人必须自己携带干粮，路旁客栈的老板只提供火和水（这儿的水，冰凉清澈，来自雪山）；这样旅客们就省下了一笔钱。

在泸定州，我们从大渡河上那座著名的悬索桥上走过。这座桥大概有300码长，由五根连接两岸的铁链子并排组成，上面固定着木板。桥的两侧各悬挂着两条铁链，防止行人不慎坠入下面奔涌咆哮的激流当中，的确，这个地方太需要采取这样的预防措施了。只要有几个人同时过桥，它就会剧烈地晃动起来，所以就需要请向导来引路，苦力们也不得不雇用一个受过专门训练的当地人来帮他们过桥。我们的一个同伴舍不得掏这笔费用给等在那里的搬运工人，对方提出可以把他和他的行李护送到对岸去。他没有理会对方，冒冒失失地就出发了，但走出去还没有三分之一的距离，就坐在了桥面上，背的行李已经散乱，而他也狼狈不堪地成为众人嘲笑的对象。直到支付了5元的现金给那个刚才鄙夷过的当地向导后，他才得以在对方的帮助下摆脱了困境。

康定城就位于崇山峻岭之间的一个狭长地带，一条湍急的溪流将它分割成两半儿，飞流直下的溪水冲击着岩石激起丰富的白色泡沫。各种嘈杂的说话声不绝于耳，人们健壮的身躯上穿着原始粗野的服装。男人戴着耳环，女人的脚很大，简直可以说是相当大！男人的头上盘着辫子，在他们的前额上装饰着近乎头颅大小的银环，妇女们有着美丽的脸庞，她们一点也不羞怯，自由自在地在大街上走着。道路两旁商品丰富——牛肉、黄油、奶酪、面包，应有尽有；我们匆匆忙忙地穿过街道，走马观花地浏览了一下，并记在心里以备将来不时之需！在"洋喇嘛"那里，我们受到了藏族妇女的欢迎，并很快就享用了一桌她们精心准备好的食品。

康定城的人口是不断流动的，在特定的季节，中国内地的商人会从东边过来做生意，而藏民则从西边过来，带着大包小包的货物，其中的一些商品甚至销往了上海。大家相互之间都很客气，有些已经成了熟人。有一天，我和德让先生度过了一个有趣的下午。德让先生是一位谦恭的牧师，负责管理北门外罗马天主教会的住宅和商铺房屋。我们参观了他的花园，饲养的家禽，还看到了令人感到非常凄凉的景象，不能不让人伤怀。花园的上沿是一圈坟墓，也是本地基督徒的安息之所，它们一个挨着一个，简朴的坟墓上立着十字架，那是许多人所珍视的信仰的象征。这一排坟墓无声地证明，即使在如此偏远的地区，人生无常也一定会发生。

这座城市的地理位置非常适宜居住，海拔高度大约为 8400 英尺，而且交通便利，真是夏季避暑的好去处。正如人们所体验到的，平日里微风习习地吹过山谷。人们对自然现象的观察远比英文书里的知识更确切，"康定就像一个杯子，风不停地吹呀、吹呀、吹呀……"就我们观察到的情形来看，确实如此。

藏民们穿着羊毛做成的衣服，浑身散发着"糌粑"的味道，那是他们天然的食品。把茶和黄油充分地搅拌在一起，这看起来真是一种奇特的混合物，但是却非常美味可口，再把它和已经焙好的青稞面混合在一起时，就成了疲惫的旅行者们所渴望的美食了。

我们只能零零星星地观察这些友善藏民的生活情况，我们期望未来有一天，他们这里不再是一个"隐士的国度"。

凤凰山的游艇之旅

对于那些抽不出时间到日本旅游度假的人来说，利用周末的闲暇时光，乘着游艇到上海人所说的"凤凰山"去做一个短暂的休整，也可以给远东租界里沉闷乏味的生活找到一丝乐趣。星期六中午，我们驱车来到极司菲尔花园①，道儿并不远，一路上欢声笑语。游艇就停泊在大路的旁边，一切已准备就绪，只待出发。它并不豪华，只是一艘平底大船，大约有 35 英尺长，线条轻灵，船身主体都是客舱，摇橹的船员和船老大坐在船尾；船头前面有着舒适的空间，可以让游人露天休息，享受清新的空气，欣赏沿途的美景。

我们上了船，找到一个不错的客舱，有 8 英尺高，10 英尺宽，15 英尺长。它一半的空间被两个宽敞的铺位一边一个占据了，中间留了个过道，顶头有一扇门，可以通往储藏室、厨房和操作间，那里不仅可以为我们准备食物，而且也是服务生和厨师夜间休息的地方。餐厅的前边，服务生正在那里摆放午餐用的桌子。刚才也是他帮我们把行李打开，并妥善地将其放入床铺下面宽大的抽屉里。餐厅非常温馨舒适，不仅两边窗户上挂着窗帘，而且每个铺位下边也挂着帘子，把里边的东西很好地遮挡起来。

---

① 今天的中山公园——译者注。

安乐椅、猎枪架、一排排整齐摆放的酒瓶，都足以让我们尽情赏玩半天。壁炉架下边的炉子，虽然只是个摆设，但与高处的镜子、四下里的古玩、字画搭配在一起，就给人一种家的温馨感觉。

在办公室工作了一上午之后，我们要好好地享用面前的这顿美食，补充一下体能。游船出发了，顺着小溪平缓地向前开进，经过稻穗起伏的无垠田野。船上共有八名船员，却只有我们两名乘客。船舱外边微风习习，碧波荡漾，我俩越发兴高采烈。山羊、绵羊还有小羊羔，这里一群，那里一伙地在岸边绿色的牧场上走来走去地吃草。恍如隔世的景象不时映入我们的眼帘，唤醒了我对英格兰古老农场的记忆，只不过茅草的屋顶属于这里的东方气候。我们与一艘苏州的邮政船擦身而过，它是低矮而细长的轻舟，椭圆形席篷的船舱，船主慵懒地坐在船尾，用脚踩着船橹，用手操控着船舵。虽然如今在上海和苏州之间每天都有许多蒸汽船往来穿梭，但是本地的邮政依然采用这种老式的慢船，因此，在这个不可思议的地方，即使蒸汽船的普及也并没有加快一丁点儿通信的速度。在小河岸边，一群人正在忙着用竹架子脱粒稻谷。他们用手抓着一捆稻谷的茎秆，然后"嗖、嗖、嗖"地将稻穗卖力地甩在倾斜的横杆上边。在不远的地方，有人用竹连枷替代了这种脱粒的方法。

这里农作物就像家乡的一样，是如此熟悉，大部分土地上播种着小麦、大麦和蚕豆。每隔 50 英尺左右，就会看到一架用竹子做成的绞水车，许多竖起来的方形木头刮板在粗糙的竹子水槽里循环做功。一头水牛被乌龟壳做的眼罩蒙住了眼睛，在一个茅草搭建的凉亭下不停地转圈，拉动一个七齿的木头轮，为绞水车提供源源不断的动力。

餐后，我们登上了甲板。游艇前部的冰柜为我们提供了一个方便的座位，而船尾的旗杆上还挂着一个好看的救生圈。船静静地向前行驶，我们享受着清新而凉爽的空气。一眼望去到处是苍翠的树木，叽叽喳喳的小鸟正在枝头上鸣唱。正当我们沉浸在这美好的一切中时，突然被一股浓烈的臭味打断了，原来遇到了一艘运送农家肥料的小船，它正将大粪从上海运到农村的稻田里去。

没过多久，我们的注意力又不知不觉地被一艘在我们船舷左侧，载着鸬鹚的小船所吸引。六只看起来黑不溜秋的鸟，面对面地伫立在船舷的两侧，仿佛已经被喂饱了一样，还有两只占据着船头；它们的主人带着这些披着羽毛的奴仆去"狩猎场"为自己去捕鱼。偶尔，你会碰到一群妇女坐在低矮的竹凳上在地里干活，她们会停下手里的活计盯着我们看，只不过已经不再大惊小怪了。男苦力有时会冲着我们喊叫"懒赤佬"或者"贼骨头"；但更多的情形是一群半裸着身子的孩子，一边沿着河岸奔跑，一边喊着他们唯一会说的英语："我说！我说！"

这可真是一个好天气！阳光明媚，凉风习习，树荫下的温度只有78华氏度，我们一路上惬意地欣赏着野玫瑰和金银花。远处，当地人看起来脏兮兮的淡蓝色衣服不仅与周围的景色十分协调，并且还增添了一点亮丽的色彩。

当我们快要到达吴淞的时候，夜幕悄然降临了。在我们的右边，可以看到一些土筑的炮台，以及穿着宽松的蓝布红边漂亮衣服的士兵。从貌似非常坚固的围墙缺口望过去，我们看见两只体形巨大、面目狰狞、色彩艳丽的狮子，让所有看到它们的人无不心生恐惧。不过，它们就像那个土炮台一样，充其量也就是"看起来很厉害"，并没有真正的威力。游艇行进间，在我们前面冒出了一座梯形的桥梁，它是用雕琢修整过的大块石头砌成的，非常坚固。正中间是一个巨大的半圆形桥洞，其两侧又各有一个小的拱洞。行进到这里时，我们不得不收起船帆，降下桅杆，好让游艇顺利地通过。又走了几英里，四下里就只剩下我们这一艘船了。抛锚系舟后，我这个作家钓了一个小时的鱼，但一无所获，而我的同伴，则穿上蓝色的棉布马裤和卡其色的训练服，戴了一顶过时的棕色软帽，出去散步了。对我们来说，是否劳累并不重要，我们出来就是为了放松、休闲和娱乐。

过了一会儿，我们又拔锚起航了。小河沿岸杨柳低垂，犹如一条长长的绿色隧道。唯一美中不足的是时不时会闻到岸边巨大粪坑里散发出来的污浊气味，那是当地的粪场从上海和其他城市买来了大粪及其他肥料，堆放在里边，等待腐熟后再零售给周边的农民。不过，用不了多久，这一截儿就过去了。到晚上 8 点钟，我们就可以坐在餐桌旁，美美地享用一顿由波士顿焗豆和猪肉为主材做成的丰盛晚餐了。一道道菜品都如愿以偿地端了上来，就像我们在岸上所能享受到的一样，唯一显得不够专业的地方是由于侍应生的大意，没有带上调料瓶。只能用一个旧的锡罐来装胡椒，而用鸡蛋杯来盛放盐和芥末了。

晚饭过后，我们穿上厚一些的外套，坐在船头的安乐椅上，点燃了方头雪茄。深夜的露珠渐渐变得凝重，但我们对此毫不在意。银色的月光在小溪的水面上跳跃，而我们在柔和的夜色中啜饮。除了船尾摇橹发出的欸乃水声和隐隐的蛙鸣，你听不到别的声音。一路上顺风顺水，大部分的路程都能够扬帆起航，所以在晚上 10 点之前我们就到达了这片不大的丘陵地带。事实证明，整个中国并非是一片被污秽的水沟分割开来的单调乏味的平原。夜色中，我们与船下清冷明澈的溪水和空中皎洁的月亮道别，换上睡衣，躺下后很快就进入了沉沉的梦乡，一觉睡到了天亮。

　　我们在百灵鸟的婉转啼鸣声中起床，跑去唤醒了侍应生为我们准备一天中必不可少的早茶和烤面包。然后走到甲板上，发现昨晚船就停泊在天主教修道院所在的山丘脚下背阴的小河湾里。我们的后边还有两艘游艇，估计是昨天深夜才到达的。我俩匆匆忙忙地跑进船舱前面的盥洗室，洗了把脸，迅速穿好衣服，抓紧时间在早饭前享受一下岸上散步的愉悦，因为种种迹象表明今儿又是闷热的一天。六点半的时候，我们已经爬上了修道院的小山，听到教堂的钟声正在召唤信徒们去做晨祷。当我们爬上山顶，纵身扑倒在罗马天主教堂后面的岩石上，深深地呼吸着早晨清新的空气。

　　这儿的景色可真是让人心旷神怡，五六座小山静卧在一望无际的碧绿田野上，弯弯曲曲的银色小河在朝阳的照耀下闪闪发光。各种小鸟儿在我们四周，欢快地唱着自己的晨曲。山脚下，任劳任怨的水牛正在牵引着绞水车，而身穿蓝色衣服的当地人已经在田间开始了耕作。太阳渐渐升高，越来越炙热，我们也意兴阑珊地向山下走去。途中又经过那座早已破旧不堪的古塔，上边挂着的铃铛在微风中叮当作响，让人不禁对那些曾经出资建塔，现已作古的乡民充满了无限的感怀。

　　回到船上，我们胃口大开，美美地享用了一顿丰盛的早餐。然后就懒洋洋地躺在游船甲板上，恬静地度过了一天时光。夜幕降临的时候，我们拔锚返航，途中经过泗泾古镇，这里有一大片水域，可以说是所有划船俱乐部都渴望能举办年度赛舟会的地方。第二天早上醒来的时候，我们发现自己已经身处徐家汇天文台附近的一条窄河汊里了，外边正下着倾盆大雨。弃舟登岸后，我们上了一辆黄包车回到了租界。旅行结束了，我们又满血复活，准备迎接下一周的工作。